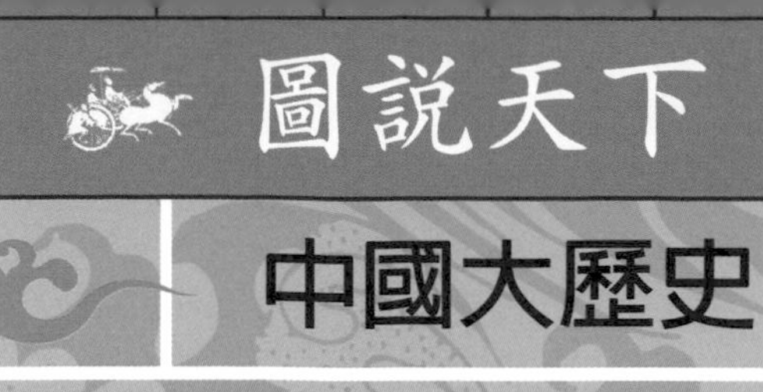

圖說天下

中國大歷史

◎主編 童超

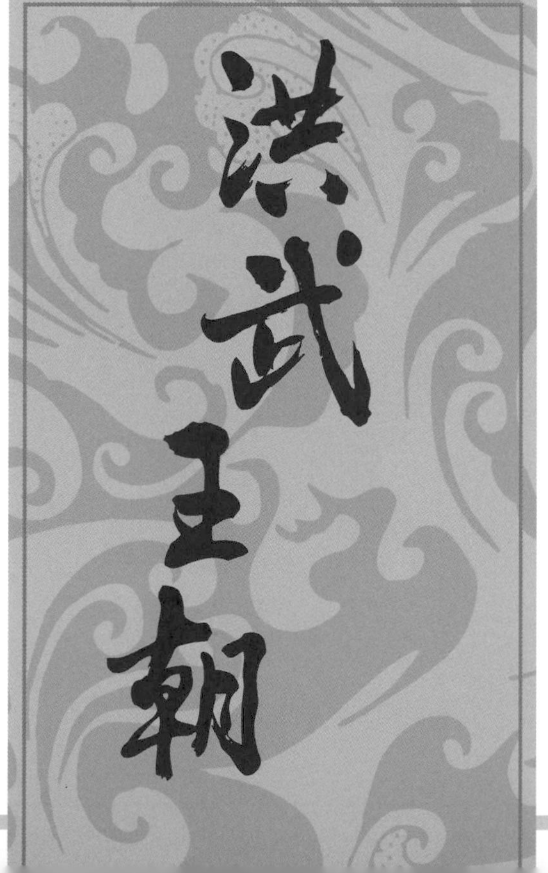

洪武王朝

圖說天下

前言

歷史是一幅無限延展的畫卷，在這幅畫卷中，一代代鮮活的人物，一個個喧囂的王朝，不斷演繹著時代的傳奇。

元朝泰定五年（一三二八年）是不平凡的一年，大明王朝的序幕從此揭開序幕。在神仙托夢、紅光滿屋的傳說中，開創了洪武三十一年盛世、開闢了大明王朝二百七十六年基業的傳奇天子朱元璋誕生了。飢寒交迫、四處流浪是朱元璋早年生活的寫照。然而，征塵滾滾，烽煙四起，隨著紅巾軍登高一呼，朱元璋從此穿上戎裝，開始了新的人生旅程。

草莽英雄，莫問出處。在徐達、湯和、周德興等二十四騎的簇擁下，年僅二十五歲的朱元璋，以過人的膽識和才智，收編諸路匪兵、鄉勇，先占滁州，再克和州，以著名的「高築牆・廣積糧・緩稱王」九字箴言為戰略，迅速崛起於淮西腹地，敢與群雄爭鋒，窺伺江北元廷。

同一時期，以劉伯溫、常遇春、陳友諒、張士誠為代表的一代英傑，也陸續出現在這幅歷史畫卷中。聽，南京城外的龍灣，響起了江東橋戰役的廝殺聲；看，湖光蕩漾、碧波千里的鄱陽湖，曾被數十萬將士的鮮血染成紅海。久圍不克的蘇州城裡，是至死不降的張士誠；末路窮途的東海之上，是順應大勢的方國珍；穿州越省的凱歌聲中，是徐達率領的北伐大軍。數年間，大明的旗幟遍插諸省，南京城裡奏響了開國的樂章。

然而歷史告訴我們，常有共患難的君主，卻罕遇同富貴的帝王。沉溺在封賞喜悅中的功臣們，首先遇難的便是看破世事的劉伯溫；隨著洪武四大案的落幕，數萬顆人頭落地，百萬戶人家背井離鄉。那張曾經寫滿功臣名錄的皇紙，儼然成為一張陰森可怖的死亡名單。

隨著一個個功臣的離去，滿手血腥的朱元璋也在極度的恐慌中走完了他的一生。不過，由他一手創立的大明王朝，並沒有如他策劃的那樣，安安穩穩地千秋萬代流傳下去；無論是兄弟還是叔侄，在權力和榮華的誘惑下，均在重複著奪位的血戰……。

雖然洪武盛世早已逝去，大明王朝也已成過往煙雲，但是六百多年前的風風雨雨卻將為歷史所銘記。

洪武王朝

目次

重八分牛

身為大明王朝二百七十六年基業的開創者，朱元璋的一生充滿了傳奇色彩。雖然是一介布衣，他卻擁有過人的智慧和膽識，並在中國歷史上留下了濃墨重彩的一筆。發生在他童年的分牛趣事，則似乎早早就顯露出了這個小牧童的與眾不同。

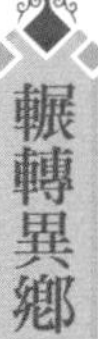

輾轉異鄉

朱元璋，元泰定五年至洪武三十一年（一三二八年至一三九八年），字國瑞，原名朱重八，後改名朱元璋，祖先原本定居沛縣（今江蘇沛縣），到了他祖父這一代搬到了句容（今江蘇句容）。元朝初年時，朱家還是個淘金戶，雖然當地並不出產金子，但官府每年仍然要按額收繳，逼得朱元璋的祖父只好拿糧食去換錢，然後再去買金子回來繳納賦稅，生活艱難。就這樣過了幾年，祖父一家實在是過不下去了，只好逃到泗州盱眙縣（今江蘇盱眙）開荒種地。

到了朱元璋的父親這一輩，官府更加腐敗，老百姓的日子也更加窮苦。朱元璋的大伯繼承祖父留下的基業，一直留在泗州盱眙縣，並且生了四個兒子，但是後來幾個兒子先後去世，生活更加無以爲繼。朱元璋的父親朱五四（官名世珍），想去人少的地方墾荒，於是全家從泗州盱眙縣搬到了靈璧縣（今安徽靈璧）。朱元璋的父親在五十歲那年，又帶領全家一次搬遷，來到了濠州鍾離（今安徽鳳陽）東鄉，並且在這裡一住就是十年，朱元璋就是在這裡出生。雖然全家人一年到頭都下田幹活，但是到了年終繳租的時候，有六成交給了地主。有時好不容易收成比較好，地主就會馬上加租，朱五四一家實在無力負擔田租，就又從鍾離東鄉搬到了西鄉，沒多久又搬到了孤莊村，並且在這裡一直住到朱元璋十六歲。

天降吉光

據說，朱元璋的外祖父陳公早年曾經是南宋大將張世傑手下的親兵。南宋德祐二年（元至元十三年，一二七六年）蒙古兵攻下南宋都城臨安之後，張世傑和陸秀夫保著小皇帝一路逃到崖山，集結一千多條大船與蒙古兵進行決戰。不過最後寡不敵眾，陸秀夫絕望之下抱起幼帝跳海殉國。張世傑死戰，帶領十幾條船衝出重圍，船隊剛到平章山洋面，便被一陣颶風吹翻了，張世傑溺水身亡。朱元璋的外祖父陳公被人救起後不願爲元朝當兵，於是舉家遷居盱眙津裡鎮。他以風水相術爲生，先後生了兩個女兒，二女兒便是朱元璋的母親陳二娘。

元天歷元年（一三二八年）九月十八日，朱元璋出生了。傳說當晚朱元璋的母親夢見一個老神仙給了她一顆藥丸，放在掌心裡熠熠生輝。朱元璋的母親把這粒藥丸吞下後，感覺嘴裡還留有餘香。等到後來要生產的時候，一陣陣紅光從朱家破舊的茅草房照射出來，鄰居們以爲朱家失了火，紛紛跑來相救，跑到院子才知道原來是朱五四的第四個兒子出世了。大家都說剛才的紅光是吉兆，這個孩子長大後一定會出人頭地。

「重八」的由來

朱家是典型的農民，主要生活來源是爲

安徽鳳陽明中都皇故城午門

明中都皇故城位於安徽鳳陽縣城西北，始建於明洪武二年（一三六九年），在中國古代都城建築發展史上佔有重要位置，後來的南京故宮和北京故宮就是以它為藍圖所建造。

地主種地。除了父親朱五四、母親陳二娘，朱元璋上面還有三個哥哥和兩個姐姐，他在家中排行最小。原本朱家得了貴子是件喜事，可是朱元璋出生後，過了三、四天仍然不會吃奶，肚子脹得圓鼓鼓的，眼看著就要沒救了。父親朱五四，抱起朱元璋一路跑到了皇覺寺，向佛祖許願要把他送給寺裡的住持高彬法師做弟子。說來也怪，從寺裡回來之後，朱元璋居然會吃奶了，沒過幾天肚脹也好了。

朱元璋一生中曾用過幾個名字，重八是他的乳名。對於重八這個名字的來歷，有許多說法。有人說他剛出生的時候，身上有蟲子在爬，於是他的父親就給他起名爲蟲扒，後來覺得不雅，取諧音，改名重八。除了蟲扒一說，也有人說朱元璋出生那年正巧是閏八月，又逢初八，此爲大吉之日，因此得名。還有人說因爲他父母年齡相加正好八十八，故得名重八。這些說法聽起來比較有趣，不過重八這一稱呼的眞正由來卻不是這樣。

在中國古代，家族中爲男孩子起名字講究輩分，朱元璋的祖父朱初一有兩個兒子，即五一和五四（朱元璋的父親），到了重八這一代是「重」字輩，以出生先後爲序，大伯朱五一這一脈的四個兒子分別起名爲重一、重二、重三、重五，朱五四這一脈的四個兒子起名爲重四、重六、重七、重八，朱重八這個名字即由此而來。

分牛趣事

由於家境貧寒，朱元璋很小的時候便以爲地主放牛放羊餬口。當時，村子裡像他這樣的孩子有很多，他們常常聚在一起玩耍。朱元璋是孩子王，不論大大

重八分牛

清代年畫，描繪幼時家貧的朱元璋和小玩伴分牛的趣事。畫面色彩鮮艷、畫工細膩，非常有趣。

珍珠翡翠白玉湯

父母雙亡後，朱元璋來到皇覺寺，當了一名僧人。可是沒多久，他在寺廟裡的生活也過不下去了。沒辦法，他只好離開皇覺寺，過起了遊方僧人的生活，以乞討度日。有一次，他一連幾天沒有討到吃的東西，昏倒在地。一位好心的老婆婆見他還有一口氣，就把他救回家中，把家裡僅有的一點剩飯和菠菜、豆腐熬成一碗湯，餵給他吃。朱元璋幾天沒有進食，這碗湯眞說得上是天下第一美味。喝過湯之後，朱元璋覺得精神好了許多，他跳下床，問老婆婆剛才給他喝的是什麼東西。老婆婆苦中作樂，說那是「珍珠（剩飯）翡翠（菠菜）白玉（豆腐）湯」。

後來朱元璋當了皇帝，有一次生了病，吃什麼都不香，想起「珍珠翡翠白玉湯」，令御廚做給他吃。那御廚費盡心思也做不出這碗湯，眼看就要遭殺身之禍。曾聽說過「珍珠翡翠白玉湯」故事的馬皇后不忍爲一碗湯亂傷人命，便從中指點，終於使御廚免遭死罪。

小小的孩子們，都習慣聽他的指揮。

有一天，孩子們像往日一樣聚在一起放牛、玩耍，忽然間有個孩子嚷嚷餓了。本來就吃不飽飯的孩子們，馬上所有人都覺得肚子餓。於是，大家你一言我一語地談論起食物來，有的想吃麵，有的想吃米飯，還有的想吃肉。一起放牛的周德興、湯和與徐達說著說著，竟然還流下來口水。

主意最多的朱元璋看見夥伴們又饞又餓的樣子，哈哈大笑，他對大家說：「放著現成的肉不吃，你們眞是笨。」說著，便把一頭小牛牽到大家面前，大家一看立刻明白了他的意思，七手八腳地就把牛放倒了，然後用繩子捆了小牛的四條腿，將牠死死地按在地上。很快地，小牛就不再動彈了。朱元璋讓湯和、徐達等人扒皮割肉，叫其他人去砍柴草，指揮得頭頭是道。大家手忙腳亂了一陣，火生起來了，大家便圍坐在火堆四周，一邊烤肉，一邊嬉鬧，個個興高采烈，沒有人想到後果。

等到太陽快下山了，一頭小牛只剩下了一張皮、一堆骨頭和一條尾巴，想到馬上就要回去向地主交差，大家這才感到害怕，一些膽子小些的孩子愈想愈害怕，竟然哭了起來。朱元璋心想：主意是自己出的，牛是自己帶頭分了吃的，責任也應該由自己扛下來，於是他拍著胸脯說罪名由他來擔。朱元璋叫夥伴們幫著埋掉了牛骨、牛皮，只留下一條尾巴，然後找了個石頭縫，將牛尾用力地插了進去。回去後，朱元璋對地主說，小牛鑽到山洞裡怎麼拉也拉不出來，只剩下一條牛尾巴留在外面。結果，朱元璋被毒打了一頓，並且被趕回家去。

不過，自從這件事後，朱元璋在孩子們心中成了大英雄，大家都信任他，甘心擁護他爲頭領。

平地起墳

大災之年不僅為瀕臨崩潰的元朝埋下了亡國的伏筆，也讓朱元璋一家在半月之內連死數人。也許是上天也不忍看朱元璋的親人死無葬身之地，竟然平地起墳，就地掩埋了他們。這件事到底是福還是禍，沒人知道。不過此後，孤苦無依的朱元璋被迫投到皇覺寺，做起了和尚。

災難連連

元至正四年（一三四四年），自從這一年入春以來，淮河流域遭遇了百年難見的大旱災，貧瘠的土地像佈滿皺紋的臉，到處可見地表龜裂的痕跡。緊接著，蝗災接踵而至，鋪天蓋野的蝗蟲像一團團烏雲四處飄移，飄到哪，哪裡的綠色植物就被吞噬得一乾二淨。偏偏在這個時候，淮河流域又鬧瘟疫，一發不可收拾，屍橫遍野，一片淒涼景象。

五月黃河北決白茅堤，六月又決金堤，山東、河南沿岸的數十萬百姓一夜之間淪爲難民。面對如此大災之年，統治者想要做點事來防止人民造反爲亂。這樣一來，朝堂之上立刻分爲兩派，一派主張修堤，另一派主張不修。主張修堤的大臣們的觀點是救民於水火，提出不修堤的大臣們則是害怕黃河沿岸一下子聚集十數萬民工，會引發大規模暴動事件，危及大元的江山社稷。

元順帝最終還是聽從了宰相脫脫的建議，召集大量民工築壩修堤。不過，這件工程卻爲元朝的覆滅埋下了種子。

神奇天葬

淮河流域的瘟疫來勢極其兇猛，疫情很快蔓延到了鍾離太平鄉。在此之前，這一帶的百姓已經用樹皮、草根充飢了很長一段時間。剛入四月，便有不少人接連病倒，起初只是渾身無力，毫無精神，接著就是上吐下瀉，折騰一兩天便斷了氣。由於消息封閉，誰也不知道是瘟疫，等到了一個村子一天死了好幾口人的時候，大家才開始驚慌。人心惶惶，許多村民攜家帶口地逃離村子，投靠親朋好友。沒過幾天時間，太平鄉十數個村子人煙寥寥。

遷居孤莊村四年的朱元璋家裡也

是喪事連連，四月初六父親朱五四病死，初九大哥朱重四病死，十二日大哥長子病死，二十二日母親陳二娘病死，僅僅半個月，朱家上下死了四口人；此時朱元璋還不滿十六歲。眼看著親人們一個個病倒，沒有錢請郎中看病抓藥，連吃頓飽飯都不能，最後只能病死，朱元璋傷心到了極點。

這時，朱元璋的三哥重七被人招贅，遠在異鄉；大姐嫁給了王七一，這次瘟疫王家也是連死數人；二姐早在盱眙的時候就訂好了親，嫁進了李家，後來聽說二姐死了，二姐夫帶著外甥保兒逃荒不知去向。整個朱家就只剩下二哥重六、侄兒文正、大娘王氏，還有朱元璋四個人了。

兄弟倆沒有辦法，只好用破衣裳包裹屍體，再用草蓆綑好，準備到野外找塊地把家人的屍體埋了。誰知道，走到同村劉繼祖家的地時，天突然陰沉下來，一時電閃雷鳴，暴雨傾盆而下，倆人忙找了一棵樹避雨。沒過多久，雲開雨收，兄弟倆擔心親人的屍首，匆匆忙忙跑到剛才放屍體的地方。可是，眼前的情景卻讓兄弟倆大吃一驚。原來剛才一陣暴雨把坡上疏鬆的泥土沖塌了，恰好埋在了屍首上，眞可謂平地起墳。此事傳到劉繼祖那裡，劉繼祖認爲是天意使然，於是便將那塊地施與朱家做墳地。後來，村裡的老人們都說那是老天爺的安排，是朱家子孫好運的開始。

淮河春色

淮河流域地處中國東部，位於長江和黃河兩流域之間。流域內除山區、丘陵和平原外，還有為數眾多、星羅棋布的湖泊、窪地。

挑動黃河天下反

元至正十一年，長期利用白蓮教在民間活動的韓山童、劉福通利用修築黃河河堤的機會，宣傳明王轉世和獨眼佛人的傳説，發動了元末紅巾軍發難，各地紛紛響應。

黃河之災

元至正四年（一三四四年）五月，黃河一帶連降二十天大雨，河水暴漲，衝破白茅堤（今山東曹縣、東明之間），六月又決金堤。洪水向北、向東不斷湧向濟寧（今山東濟寧）、曹州（今山東菏澤）、東平（今山東東平）等二十個州縣，直達安山（今山東梁山北），湧入會通河。次年七月，黃河在濟陰一段決口，河水向北迅速蔓延，直接威脅到濟南、河間這些重鎭。這一地區是元朝漕運重地，有兩漕司下轄的鹽場，關係元朝經濟命脈，於是元順帝急忙下令有關官員，限期提交治河方案。

元順帝的命令雖然緊急，但此時的元政府已經極度腐敗，此事被拖延了整整四年。直到元至正八年（一三四八年）二月，元朝設立鄆城行都水監，任賈魯爲都水使者。賈魯上任之後，沿河進行實地考察，提出了兩種治理方案：一是加固北面堤壩，預防決口；二是加固河堤與疏通河道並舉，將黃河引回故道。可是這兩個方案上奏朝廷之後，因爲賈魯的調職均被擱置了。

直到至正九年（一三四九年）冬，元朝名臣脫脫恢復丞相一職，治河一事才被重視起來。在脫脫以丞相身分大力主張治理黃河的朝議上，以賈魯和成遵爲代表分成了兩派，展開

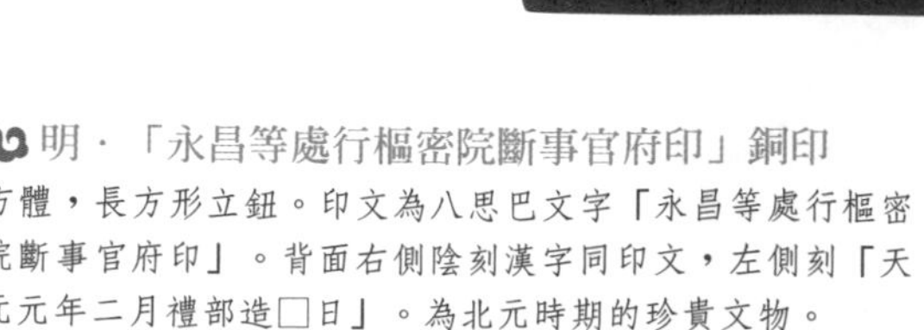

明．「永昌等處行樞密院斷事官府印」銅印

方體，長方形立鈕。印文為八思巴文字「永昌等處行樞密院斷事官府印」。背面右側陰刻漢字同印文，左側刻「天元元年二月禮部造□日」。為北元時期的珍貴文物。

了針鋒相對的激烈辯論。成遵出身寒微卻勤學不輟，進國子學，最終高居工部尚書之位。黃河氾濫之後，他不懼地方上可能出現民變的危險，帶領部屬深入實地，鑿井測量沿途地勢高低，並參照大量史料，寫出了極爲詳細的調查報告，最終得出結論，認爲賈魯的治河方案不具備可行性，而且徵調十數萬民工進行勞役，極易引發大規模暴亂。

最終，賈魯在獲得當朝權相脫脫大力支持的情況下，接任了工部尚書的職務，主持治河大計，並採用了自己的第二套方案，成遵則被罷免。

奔騰咆哮的黃河

黃河是中國第二長河，也是世界上含沙量最多的河流。

賈魯治河

賈魯，字友恆，山西高平（今山西高平）人，少年時即才智過人，成人後更加奮發圖強，從儒學教授做起，歷任縣尹、戶部主事、監察御史、工部郎中等職，直至工部尚書。他在任工部郎中期間，親眼見到黃泛區災民慘況，曾多次領導治理黃河，救民於危難。這次奉命主持治河大計，賈魯深知責任重大。

經過了一段時間的籌備工作，至正十一年（一三五一年）四月初四，朝廷正式頒布任命賈魯的詔書，進秩二品，充總治河防使，負責督率汴梁（今河南開封）、大名（今河北大名）等十三路河工，共計十五萬人，及廬州（今安徽廬州）等處駐軍兩萬人，共同治理黃河。

賈魯首先集中力量開鑿並疏通了從白茅口到楊青村二百八十餘里的河道。八月時，又將黃河由白茅口引到楊青村，截彎取直，引回故道。接下來賈魯於九月七日將二十七艘大船並排成方舟，又令河工裝滿石塊，同時鑿沉於河堤決口處，再迅速投入大量裝有石塊、草土的竹籠，成功堵住決口。這種沉船築壩法加快了治河的進度，也是治理黃河的一個創舉。

從四月二十二日正式開工，七月疏通河道，八月黃河引歸故道，九月舟楫通行，十一月完成水土加固工作，賈魯在僅僅七個月的時間內，便成功解決了爲害多年的黃河水患。其工程之巨，效率之高，堪稱古代治河史上的奇蹟。

然而之前成遵所擔憂的情況也出現了。由於此次治理黃河動用民力過甚，導致社會衝突變得更加尖銳，才剛開始治河沒多久，便爆發了元末紅巾軍起義。

獨眼佛人

在賈魯治河初期，白蓮教教主韓山童認爲發動抗爭的時機終於到來，於是他命人暗地裡刻了一尊獨眼佛人的石像，偷偷埋在黃陵岡的施工工地，並令教徒四下散佈歌謠說「石人一隻眼，挑動黃河天下反」。當時，朝廷撥發的修河經費幾乎全被各級官員中飽私囊，河工們生活困苦，早已怨聲載道，韓山童的歌謠和明王轉世的傳說爲河工帶來新生活的希望。

有一天，開河的河工挖到黃陵岡地段，挖出一個獨眼佛人，一時之間所有的人都驚呆了。很快地，參加修河的十數萬河工全都知道了這件事，大家三五成群地私下議論，相信光明的一天終於到來。

由於河工中早已安插了韓山童的人，這些人一煽動，人群馬上就亂了起來。於是，白蓮教教徒劉福通聚集了三千人在白鹿莊斬白馬、黑牛祭告天地，宣稱韓山童是宋徽宗第八世孫，自己是宋朝大將劉光世的後人，恢復大宋江山的時候到了。大家擁立韓山童爲「明王」，以紅巾裹頭，約好時間一同起兵。正當眾人情緒高漲的時候，不知誰走漏了消息，永年縣（今河北永年）縣令帶兵趕來鎮壓。由於未加防範，韓山童被殺，他的妻子楊氏帶著兒子韓林兒趁亂逃出重圍，隱居到武安山中。

劉福通見事已敗露，迅速集結部隊，一鼓作氣，攻下潁州、羅山、上蔡、正陽、霍山等地，之後又分兵進攻舞陽、葉縣。黃陵岡的河工們得到消息，也紛紛揭竿而起，殺了監工的元朝官員。幾支起義部隊很快會合在一起，不到一個月，紅巾軍已是擁有五、六萬人馬的大部隊了。

江淮一帶的百姓早就盼著這天的

明教

明教於西元三世紀（約中國三國時期）創立，唐代時傳入中國，因爲創教者是波斯人摩尼（Mani），所以又名摩尼教。他們將世界分成明暗兩種不同的力量，叫做明暗二宗，明即善、即理，暗即惡、即欲，光明拯救萬物蒼生，所到之處黑暗就會消失，萬事萬物都會變得美好。除了宣揚「二宗」的思想外，還有「三際」說。所謂「三際」是指過去、現在、將來，也就是教中所說的初際、中際和後際。明教中的「三際」理論和佛教中的彌勒觀念的三世論基本是同一個概念。到了宋朝，摩尼教這個名字已被明教所取代，據說由於明教的神是金髮碧眼的白種人形象，當時許多中國百姓沒見過，以爲是魔鬼，因此明教也多了一個別名，叫做魔教。

到來，消息所到之處，百姓聞風來投。紅巾軍接著又攻下了汝寧數地。在紅巾軍的影響下，豐沛的芝麻李、彭大、趙均用，蘄黃的徐壽輝，袁州的彭瑩玉，濠州的郭子興、孫德崖、張天等相繼高舉紅巾軍的旗號起兵造反，元朝政權陷入了空前的危機。

河南開封龍亭公園中，元末紅巾軍劉福通起義泥塑。

西系紅巾軍彭瑩玉

民間流傳的「明王轉世」、「彌勒降生」的傳說，對受盡元朝統治者壓迫的窮苦百姓來說絕對是精神支柱。

出身瀏陽農家，後來在袁州慈化寺出家爲僧的遊方和尚彭瑩玉，利用和尚身分加上擅長醫術的技能，在淮西一帶祕密活動，傳佈彌勒佛降生的教義。彭瑩玉所傳佈的宗教雖然是多元化的，但主要尊奉的是彌勒佛和明王，其主要經典《彌勒降生經》和《大小明王出世經》在淮西一帶傳佈甚廣。

趙州欒城的韓家幾代都是白蓮教會首，他們燒香結眾，深得百姓擁護。白蓮教和彌勒教都是宣傳天下大亂、彌勒降生和明王出世的言論，並以此爲根基，要起兵推翻元朝腐敗的政權。於是，大家都用紅巾裹頭，稱爲紅巾軍。彭瑩玉的活動區域在南方，韓家則在北方，當時的人將紅巾軍看做南北兩大派系，彭瑩玉則是西系紅巾軍的開山祖師了。

其實早在朱元璋十多歲的時候，彭瑩玉便輔佐他的徒弟周子旺在袁州起事。他們先是勸人念彌勒佛佛號，每夜焚香祭拜，並且口宣佛偈，信奉的人極多。師徒二人見時機成熟，便約定寅年寅月寅日寅時起兵反元，所有參加的人背心上用赤砂寫著一個「佛」字，號稱刀槍不入。

至正四年（一三四四年）正好是農曆戊寅年，等到寅年寅月寅日寅時，周子旺自稱周王，率領五千教眾正式起兵造反，然而這支隊伍根本沒有經過訓練，很快就被元軍打散了。周子旺被俘遇害，彭瑩玉僥倖逃脫，躲起來繼續祕密傳播彌勒教，伺機再反，十三年後在袁州再度起兵。

朱元璋投軍

隨著北方紅巾軍的聲勢日漸茁壯，定州人郭子興趁勢在濠州起兵。這時，濠州城裡來了一個投軍的人。此人舉止不凡，引起了郭子興的注意，並委以重任。自此，郭子興大軍陣營中又多了一員大將。

勇奪濠州

自韓山童、劉福通在黃陵岡起義後，數月間，大江南北各方豪傑紛紛起兵響應。當時在定遠（今安徽定遠）有個叫郭子興的人。郭子興原本是曹州人，遠祖為唐末汾陽王郭子儀第六子郭曖。到了郭子興父親這一代，遷居到定遠，以在街頭算卦為生。在這定遠城中，有一戶大財主，家裡有個女兒，相貌甚為標緻，只可惜是個瞎子，一直嫁不出去。後來郭子興的父親被大財主招贅，接管了財主所有家產，並生了三個兒子，第二個兒子便是郭子興。

郭子興性格慷慨，喜好結交豪傑。當時，白蓮教在定遠民間有很高的地位，郭子興不但信奉白蓮教，而且還加入了白蓮教組織，常常救濟貧困的教友。後來，韓山童起兵的消息傳到定遠，郭子興意識到機會終於到來，在他的號召下，定遠附近的百姓扔掉農具，拿起兵器，很快便組成了一支上萬人的隊伍。

至正十二年（一三五二年）二月二十七日，郭子興選出幾千名精兵，趁著黑夜先後潛入濠州城，進城後眾人到州衙附近集會。子夜時突然一聲砲響，喊殺聲響徹全城，郭子興帶人率先衝進州官府邸，殺了州官。與此同時，屬下各部義軍控制住城中各處關要，濠州城就此落入郭子興手裡。

皇覺寺的生活

朱元璋在埋葬了親人之後，走投無路，最後想起皇覺寺，只好去廟裡討生活。於是，皇覺寺又多了一個光頭的小和尚。當時，在元政府的制度下，和尚有自己的田地，還能結婚並有自己的妻女，朱元璋很快便發現，原來和尚也只是一種職業。

朱元璋每天除了要低聲下氣地伺

候高彬法師的老婆、孩子，還要受廟裡其他和尚欺負，那些師兄們什麼工作都讓他做，而他們卻不唸經、不拜佛，就連佛像也不擦。為了能有一口飯吃，朱元璋也只能一忍再忍，在無人的時候拿這些泥菩薩出氣。

有一天，師兄們又讓他去清掃佛殿，掃到伽藍殿時，他已經累得氣喘吁吁，一個不留神絆在了伽藍神像腳上，重重摔了一跤。朱元璋發怒了，他揮起掃帚用力打了伽藍神像一頓，這才出了這口惡氣。事隔數日，大殿供奉的大紅蠟燭被老鼠咬壞了，害得他被師父狠狠地訓了一頓，等師父走後，朱元璋心想伽藍神專管殿宇卻看到老鼠也不管，讓自己受罵，於是跑到伽藍神背後寫上「發配三千里」，罰菩薩去充軍。

皇覺寺主要的糧食來源是向佃戶收租，這一年災情嚴重，佃戶們交不出租金，於是連百年古剎也經營不下去。沒有辦法，朱元璋只得離開皇覺寺，另謀出路。

一封來信

從離開皇覺寺後，朱元璋走遍了淮西一帶的名都大邑。在這一段日子裡，他不但熟識了每一條河流，每一座高山，而且對當地的風土人情以及城池村鎮的特點都瞭然於心。至正八年（一三四八年），朱元璋聽說家鄉一帶常常鬧盜匪，這不禁勾起了他的思鄉情緒，於是他又回到了皇覺寺。

在離開皇覺寺的這三年裡，朱元璋的想法發生了很大的變化。他所遊蕩的淮西一帶，正是西系紅巾軍開山祖師彭瑩玉活動過的地方，就是在那裡，他加入了明教組織。

回到皇覺寺之後，朱元璋努力讀書識字，四處結交了一些有膽有識的江湖壯士。各地紅巾軍成功起義的消息傳來時，他極為興奮，原本有心投效郭子興，但是當他聽說小小濠州城竟有五個元帥，而且還相互爭鬥不休的時候，感到十分失望，覺得投

明．架火戰車（模型）

長一百二十公分，寬五十二公分，高八十七公分。這是一種明代創製的以獨輪車裝載火箭的戰車。

奔這些人不會有什麼光明前途。

正當朱元璋躍躍欲試，拿不定主意的時候，有人從濠州捎來了一封信。這封信是他童年時好夥伴湯和寫的，信中大體內容是他現在投到郭子興的門下，做了千戶長，勸朱元璋也來投軍。這封信的到來，使朱元璋更覺得茫然。正當他猶豫不決時，不知哪裡走漏了風聲，突然有官兵前來抓人，這下他沒有選擇，只好離開皇覺寺去投軍。

混進濠州城

郭子興攻佔濠州之後，元將徹里不花退到城外幾十里處紮下大營。他見紅巾軍聲勢浩大，不敢攻城，於是派兵將抓了一些附近的百姓，包上紅巾，充當俘虜交差。濠州城任何一支紅巾軍都不是元軍對手，但是五帥又互不信任，不肯聯手抗敵。元軍與紅巾軍兩邊這樣僵持著，最倒霉的就是百姓。元軍抓百姓充數，紅巾軍這邊怕元軍派奸細混進城，也嚴加盤查。

至正十二年（一三五二年）閏三月初一，城門的守軍擋住了一個相貌奇特的大和尚。軍士問他是哪裡人，要幹什麼。他只說來投郭子興，想當義軍。這時濠州城被元軍圍困，情勢危急，居然還有人主動來投義軍，這引起了城門守軍的懷疑，當下就把朱元璋五花大綁，要砍他的首級。

明．琺琅纏枝蓮紋象耳爐

爐銅胎，圓形，鼓腹，像首卷鼻耳，圈足。琺琅色澤渾厚諧調，是一件高水準的明代掐絲琺琅作品。

砍人需要令旗，有士卒到帥府去取令旗，郭子興問明來由，心生好奇。於是，他便跟著取令的士卒回到城門口。當他第一眼看到朱元璋的時候，覺得這個人看似五官粗大，實則不怒而威。無論士卒如何喝斥、恐嚇，哪怕是要把他推出去砍頭，他也只是怒瞪著雙眼，並不害怕，也不求饒。

郭子興覺得十分詫異，他下馬上前，親自問話；聽說他是自己手下得力大將湯和寫信招來的好朋友，郭子興這才明白原來是一場誤會。就這樣，朱元璋投身軍營，成爲郭子興的部下。

誅元利器

朱元璋入伍之後，很快就在軍營中嶄露頭角。濠州城被圍以來，紅巾軍常派士卒作爲哨探，探聽元軍情況。朱元璋每次都能出色地完成任務，深得隊長賞識，隊長有什麼事都找他商量。兩個月後，某一天，郭子興帶著親兵衛隊來巡營，經過朱元璋所在的隊伍。在全隊士卒中，朱元璋的個子最高，站在隊伍中特別引人注目。郭子興看見朱元璋，想起當初的事，就把隊長叫過來，詢問朱元璋入伍後的表現。隊長當然是極力稱讚，從此朱元璋便成爲郭子興身邊親兵衛隊的十夫長。

做了十夫長之後，朱元璋更加勤快，遇事小心，敢作敢爲，在作戰中也表現得機智勇敢，所得到的戰利品，無論是衣物還是銀兩、軍械，總是如數上繳給大帥，無半點保留。得到的賞賜也總是與同隊的弟兄們分享，絕不獨佔。他的主意很多，看事情也想得長遠，又認識一些字，樂於助人。於是頗受眾人讚賞，連郭子興也將他看做心腹。

在郭子興的軍中，有個姓馬的姑娘，名叫馬秀英。這位馬姑娘原本是郭子興的老朋友馬公的女兒，後來馬公及夫人被殺，於是郭子興夫婦收養了馬姑娘。

馬姑娘名叫馬秀英，爲人相當賢惠，深得郭子興的喜愛。郭夫人早聽說朱元璋才能出眾，智勇雙全，再加上濠州城五個大帥之中，郭子興最受排擠，如果能得到朱元璋的長期輔佐，想必會扭轉不利局勢。於是，郭子興和夫人經過商量，決定招朱元璋爲女婿。從此，朱元璋在軍中被人尊稱爲朱公子。郭子興還幫他改名，將「重八」改爲「元璋」。璋，是指一種尖銳的玉器，朱元璋這個名字，巧借了朱的諧音「誅」，意思是誅滅元朝的利器。改名後的朱元璋，也名副其實地成爲一個令元朝聞風膽寒的誅元利器。

藏兵洞

藏兵洞古代的一種軍事設施。明代的藏兵洞依托雄偉的長城和險峻的崖壁。

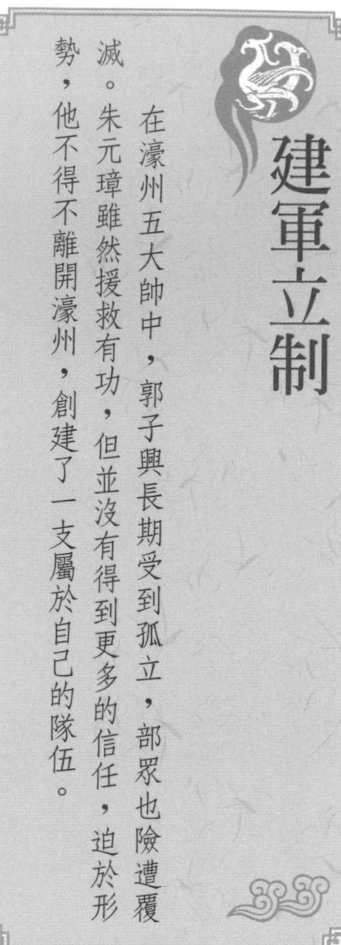

建軍立制

在濠州五大帥中，郭子興長期受到孤立，部眾也險遭覆滅。朱元璋雖然援救有功，但並沒有得到更多的信任，迫於形勢，他不得不離開濠州，創建了一支屬於自己的隊伍。

郭子興遭綁

濠州城五大帥相互之間誰看誰都不順眼，背地裡都盤算著如何收拾對方。朱元璋擔心大家會鬧決裂，一邊勸著郭子興，私底下又與孫德崖聯絡感情。

至正十二年（一三五二年）九月間，元朝丞相脫脫統率番、漢兵馬十萬進攻徐州（今江蘇徐州），又在當地招募了三萬人，身著黃衣黃帽，號稱黃軍。元朝大軍在後方，督令黃軍全力攻城，竟然順利拿下徐州。徐州城義軍首領芝麻李逃出沒多遠，便被受俘被殺。其部下彭大、趙均用率領殘兵投奔到濠州。彭大是個有見識的人，跟郭子興走得比較近。孫德崖擔心吃虧，就拉攏趙均用，濠州城裡繼續明爭暗鬥。

沒多久，孫德崖先動手了。他趁郭子興只帶著兩名隨從逛街的機會，令部下喬裝打扮，在沒有人的地方綁架郭子興，將其押入大牢，打算趁郭部群龍無首的機會，一舉吃掉這支隊伍。朱元璋聽說郭子興被綁後，非常吃驚，他預測孫德崖必有更大的行動，於是趕緊叫郭子興的兩個兒子天敘、天爵一起去找彭大，並許諾事成後推舉他爲淮王。彭大知道後馬上就

虎頭木牌

明代發明的一種利用盾牌製造的火器。

率領部隊包圍了孫府，朱元璋獨自進入孫府進行談判。孫德崖見事情敗露，只好放了郭子興。透過這次事件，郭子興認識到了朱元璋的才幹。可是，他無法容忍一個能力比他強的人在他身邊，時時擔憂被取而代之，於是對朱元璋的態度急轉直下。

心生離意

有一天，郭子興找了個理由，把朱元璋關了起來，目的是殺殺他的威風，而郭子興的兩個兒子也落井下石，暗中叫人不給朱元璋飯吃。這下急壞了朱元璋的妻子馬秀英，她偷偷去廚房找到了幾張剛剛烙好的大餅。誰知，正當她要給朱元璋送去時，郭夫人碰巧走了過來。馬秀英一時著急，把大餅揣到了懷中。郭夫人見馬秀英神情慌張，覺得不對，細問之下才知道事情的經過。郭夫人一邊答應會替朱元璋求情，一邊趕緊叫馬秀英把大餅拿出來，可憐的馬秀英胸前竟然被烙餅燙傷。

郭子興原本只是想嚇嚇朱元璋，並不是眞想殺他，所以郭夫人一求情，他便下令放了朱元璋。但是經過此事之後，朱元璋決心離開他，去闖一番自己的事業。

由於長期被圍困，濠州城裡的糧草和兵力都極爲短缺。朱元璋藉機請命，先是弄來一些鹽，然後又到懷遠換了一些米回來獻給郭子興。不過，這些大米並沒有換回郭子興對他往日的信任，反倒加重了郭子興的擔憂，於是他撥給朱元璋一些老弱殘兵，命令他攻打有重兵看守的定遠，想藉機除掉朱元璋。沒想到，朱元璋一舉攻克了定遠，獲取物資後又趕在元軍回援之前成功撤離，此後連連攻下懷遠、安奉、含山、虹縣四城，四戰四捷。取得這些勝利後，他又回到鍾離，招募兵丁七百餘人，其中包括徐

四菜一湯

據說朱元璋稱帝後，那些貧民出身的官員們窮奢極欲，天天過著紙醉金迷的生活。朱元璋看不慣，決心要整治這股歪風邪氣。

沒多久，馬皇后過生日，各路官員都來祝壽，等到人來的差不多了，朱元璋叫人上菜，第一道是炒蘿蔔，第二道是炒韭菜，第三道是兩大盤青菜，最後一道是蔥花豆腐湯。眾臣子大為不解，朱元璋解釋道：「蘿蔔上了街，藥店無買賣」、「韭菜青又青，長治久安定人心」、「兩碗青菜一樣香，兩袖清風好丞相」、「小蔥豆腐青又白，公正廉潔如日月」。

群臣聽罷，都領會了朱元璋的用意，朱元璋借此時機向眾官宣布，今後請客只能「四菜一湯」，這次皇后的壽宴就是榜樣，有敢違反，嚴懲不貸。從此，「四菜一湯」的規矩便成為廉政的榜樣了。

達、周德興等人。至正十三年（一三五三年）六月，朱元璋升作帶兵官。

組建隊伍

朱元璋見在濠州稱王的彭大和趙均用兩派人馬互相勾心鬥角，根本無心治軍，而郭子興又不信任自己，於是主動請辭，精選了湯和、徐達、周德興、花雲、鄧愈等二十四人離開了濠州，來到定遠，組織起一支千人左右的隊伍。

朱元璋急於擴軍，他聽說在定遠附近有一個驢牌寨，寨子裡有一支三千多人的隊伍，於是來到寨子裡，打算招降。一見寨主，朱元璋大喜過望，原來寨主竟然是舊時好友。當談到歸降一事時，寨主馬上就答應了朱元璋。過了兩天，朱元璋派使者前來收降，寨主很熱情地接待了使者，可是提起收降的事，寨主卻找種種藉口推托，使者無奈，只好回去將此事如實報告朱元璋。這樣一來激怒了朱元璋，他以邀請寨主過來飲宴爲由，當下就把寨主給關押了起來。就這樣，這支三千多人的隊伍成了朱元璋的部隊。

明．噴射火器

世界上最早的噴射火器。在箭支前端綁火藥筒，利用火藥向後噴發產生的反作用力把箭射出去。

朱元璋的野心愈來愈大，他又把矛頭指向橫澗山一支有數萬人馬的土匪部隊。這幫土匪的頭目叫作繆大亨，當繆大亨聽說朱元璋帶著四千人馬，要來攻打橫澗山的時候，並沒有放在心上。哪知朱元璋藉著夜色偷偷包圍了橫澗山，以猛將花雲爲先鋒，半夜裡一聲砲響，衝上山來，使繆大亨措手不及。元將張知院聽到砲響，早就嚇得逃之夭夭。繆大亨的部隊雖然人數眾多，卻遠遠不是朱元璋部隊的對手，幾乎沒有什麼抵抗，便全數歸降了。朱元璋從降兵中留下精銳兩萬，嚴加訓練，從此他才眞正擁有了屬於自己的部隊。

馮氏兄弟

收編了橫澗山兩萬精兵之後，朱元璋仍然沒有一個安身立命的地方。在觀察了附近大大小小的城鎮之後，他決定先攻取地勢險要的滁州（今安徽滁州），作爲根據地。要攻滁州，先要穩定軍心，要把這些收降的士卒，變成眞正屬於自己的人馬，並不那麼容易。朱元璋在對降卒訓話時，並沒有像其他帶兵將領那樣，高談日後有福同享之類的話，而是毫不留情地指出降卒們爲什麼幾萬人馬打不過幾千人的道理。降卒們聽了之後，非常佩服。他們認爲跟著朱元璋這樣一個軍紀嚴明、胸懷謀略的將領是有前途的，軍心從此開始穩定下來。

在此期間，定遠人馮國用、馮國勝（後改名馮勝）兩兄弟，原本是定遠附近的地主，因爲天下大亂，所以組織地方上的一些佃戶和鄉民，用以自衛。他們聽說朱元璋夜襲橫澗山，收編繆大亨兩萬精兵的事後，瞭解到這支部隊不但軍紀嚴明、作戰勇猛，而且還有一個了不起的將領，便帶著隊伍投到朱元璋的麾下。

朱元璋見這兩個人打扮得像讀書識字的秀才，於是就向他們討教。馮國用認爲集慶（今江蘇南京）這個地方不可不取，因爲許很多古書上都形容此地「虎踞龍盤」，應該先攻取集慶，立穩之後再向外擴充地盤。馮國用接著又說不能貪圖眼前的金銀玉帛，要多做好事，爭取百姓的支持，這樣建功就不是難事。朱元璋聽後很高興，便留下他們做了軍中的參謀，從此朱元璋帳下又多了兩位賢能之士。

馮國用在接下來的滁州、和州、渡江、太平、集慶等戰役中屢立軍功，升任親軍都指揮使，不久病死軍中。洪武三年（一三七〇年），朱元璋大封功臣，仍不忘他的功勞，追封他爲郢國公，肖像立於功臣廟，排位第八。而他的弟弟馮國勝在繼承了兄長的職務之後，軍功累積，中原平定時，被封爲宋國公。

明．掐絲琺琅甪端香熏

甪端，銅胎。獨角，雙耳，二目圓睜，方形口，圓形垂尾，四爪為足直立。通體以豆綠色琺琅為地，用紅、黃、白、藍等色的琺琅裝飾花紋。頭部可以轉動，為放置熏香之用。

佔據滁州

擁有了個人部隊的朱元璋，緊接著打下滁州這座名城作為根據地。在此期間，許多人慕名前來投效，這些人後來成為了大明開國的股肱之臣。然而，內亂不止，外患又至，滁州城又陷入重重危機之中。

人才薈萃

朱元璋收編了驢牌寨、橫澗山和馮氏兄弟這三支隊伍之後，加強練兵，建立嚴明的軍紀，使這支三萬人的部隊的戰鬥力大爲提高。爲了站穩腳跟，尋求一處穩定的根據地，接下來最大的任務，就是南下攻取滁州。

在朱元璋大軍開往滁州的路上，定遠人李善長主動求見。李善長是個智謀超群的人，善觀時局。初次交談，朱元璋就覺得相見恨晚。李善長以漢高祖劉邦爲例，稱讚平民出身的漢高祖氣度不凡、目光高遠、善用人才。最後他還說了一句「公濠產，距沛（漢高祖劉邦家鄉）不遠」，更是讓同是平民出身的朱元璋萌生稱霸天下的野心。從此，朱元璋常常拿自己和漢高祖作比較，視李善長爲心腹。

滁州城地勢險要，易守難攻。朱元璋的大軍來到滁州城下，卻發現在這裡守城的元軍的力量極爲單薄，黑將軍花雲一個人帶隊衝鋒就佔領了這座名城。

攻下滁州之後，朱元璋的侄子朱文正來投，姐夫李貞也帶著外甥保兒（後來改名文忠）來到滁州。定遠人沐英，父母在戰亂時死去，孤苦無依。朱元璋將保兒、沐英收爲義子，

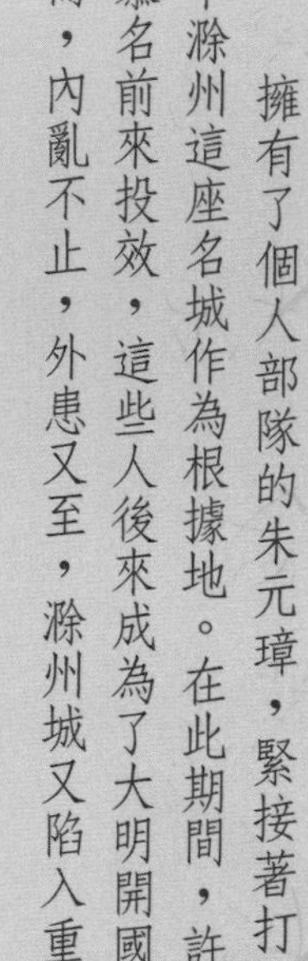

一窩蜂（模型）

這是明代的一種筒形火箭架。它把幾十支火箭放在一個大木筒裡，引線連在一起，用時點總線，數十支箭齊發，宛如群蜂螫人，故稱「一窩蜂」。

改姓朱。

在此期間，虹縣人鄧愈率部來投，虹縣人胡大海也帶著全家來投。胡大海祖籍波斯，祖輩隨著蒙古大軍來到中土，到他這一代成了炸油條的小商販。胡大海不但身材魁梧，力氣過人，而且很有見識。雖然他不識字，卻知道禮賢下士，曾多次舉薦大賢，如劉基、宋濂、葉琛、章溢等人。他的出現，對於朱元璋宏圖霸業的發展大有幫助。

滁州之危

在朱元璋攻下滁州的這段時間，濠州城發生了很大的變化。自稱魯淮王的彭大，與自稱永義王的趙均用率領紅巾軍主力，攻下盱眙泗州。他們兩個平時就因爲郭子興和孫德崖的問題不和，這次更是鬧得不可開交。趙均用和孫德崖在內的四帥是一派，彭大和郭子興是一派。由於部隊實力上的差距，結果很明顯，最後彭大不是他們的對手，手下得力的人也被他們一個個收買過去，他一時氣悶，竟發病死了。

彭大一死，郭子興的處境更加艱難，孫德崖幾次想借題發揮，置他於死地，想到屯兵幾萬的朱元璋就在不遠的滁州，只好暫時作罷。不久，孫德崖等人想出了一個斬草除根的毒計，下令調朱元璋回來守盱眙。朱元璋心裡很明白，於是假稱部隊暫時調動不開，同時又用錢收買趙均用府上的人，並不時地勸趙均用，不要聽了小人的挑撥，削減自家隊伍的實力。趙均用最後終於決定放過郭子興，讓他帶著原有的一萬多人馬去滁州。朱元璋怕郭子興多心，就把兵權交給他，郭子興十分高興。

至正十四年（一三五四年）十一月，元丞相脫脫統兵在高郵大敗張士誠，之後分兵圍了六合，六合主將向郭子興求救。此地處於滁州東側，一旦失守，下一個目標肯定就是滁州。但是郭子興與六合主將有仇，不肯出兵，朱元璋一番苦勸，說明要保住滁州必先救六合的道理後，這才帶了一隊人馬去救六合。元兵號稱百萬，除了滁州城的援軍，沒有誰敢前來救援。在元軍猛烈的攻勢下，朱元璋只好掩護六合的百姓撤往滁州。

百姓們才剛剛撤離出城，守城軍心便散了，六合城當下失守。元軍乘勢追擊，卻誤中朱元璋設下的埋伏，延緩了進攻的速度。然而，即使朱元璋全軍成功退往滁州，但是滁州孤城無援。在沒有任何解圍辦法的情況下，朱元璋只好忍氣吞聲，準備了牛肉和好酒，又將繳獲的戰馬送還元軍，苦苦哀求，並表示情願爲元軍提供軍需。元軍這才移兵他地，滁州算是保住了。

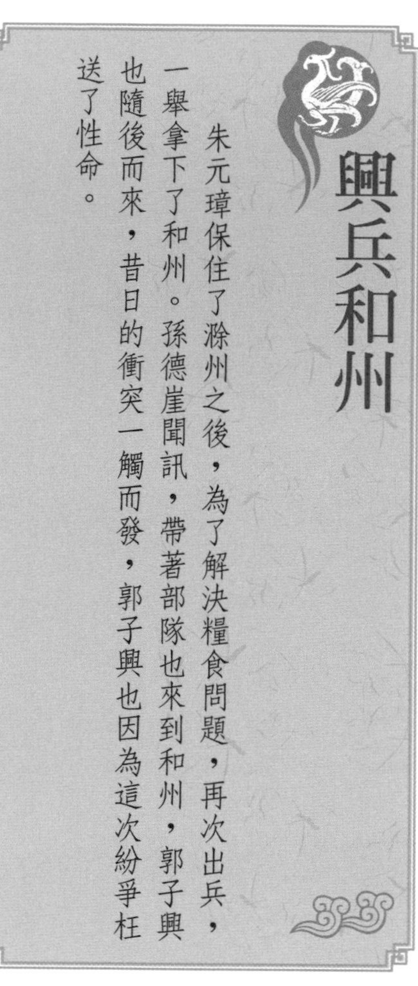

興兵和州

朱元璋保住了滁州之後，為了解決糧食問題，再次出兵，一舉拿下了和州。孫德崖聞訊，帶著部隊也來到和州，郭子興也隨後而來，昔日的衝突一觸而發，郭子興也因為這次紛爭枉送了性命。

計奪和州

元至正十五年（一三五五年）春，朱元璋雖然保住滁州，但是城中忽然間多出了幾萬兵馬，糧草不足，開始產生軍心恐慌的狀況。於是，朱元璋向郭子興建議南取和州（今安徽和縣），移兵就食，以解糧草之危。這個建議馬上獲得批准，朱元璋便著手準備奪取和州，他命趙繼祖假扮成元軍特使，由張天祐帶領三百精兵化裝成元朝駐廬州兵馬，以護送特使爲名，一同前往和州。朱元璋又命耿再成帶領紅巾軍的主力部隊約萬餘人悄悄尾隨在張天後面，等僞裝成護送元使的張天祐進了城，舉火爲號，耿再成再率領主力部隊發動突襲，裡應外合，以奪取和州。

不過張天祐因爲軍隊就餐方便，臨時改了路線，因而延誤時間。耿再成的大軍來到城外，埋伏了很久，不見火光，從時間上推斷，認爲張天已經入城，於是大軍開到和州城下，開始攻城。元朝和州守將也先帖木兒急忙關閉城門，搭飛橋從城上放下士兵，發動奇襲式的反攻。耿再成部被這一突變打亂了計畫，在攻城不利、主將中箭的情況下只好敗走。

城中元軍乘勝追殺出十五里，一直殺到千秋壩（今安徽和縣西南），見天色太晚，恐有伏兵，才折返和州。因爲改變路線延誤時間的張天祐部隊此時恰好趕到，馬上展開了與元軍的激戰。然而，他們在黑夜之中遭到不明部隊的突襲，元軍大敗，拚命奔回和州。張天祐的部隊乘勢緊隨其後，一路追殺到和州小西門，奪取城門飛橋，殺入和州城，也先帖木兒慌亂中帶領餘部趁夜色逃走。

此時的耿再成並不知道張天祐遭遇敵軍並取得勝利，他帶著敗兵，回報朱元璋。朱元璋親率部隊，馳援和州張天，等援軍趕到，張天祐已經攻佔了和州城，迎接朱元璋大軍入城，做好防禦，以備敵人天明後反撲。不過這股元軍自知無力奪回，沒有再回來攻城。

和州大捷

進入三月，元朝太子禿堅、樞密副使絆住馬及民兵元帥陳野先領兵十萬，先後屯兵於新塘（今安徽和縣附近）、高望（今江蘇浦南）、雞籠山（今安徽和縣西北）等三處要地，切斷了和州的糧道，包圍和州。而朱元璋手上只有萬餘人堅守和州，形勢相當不利。然而朱元璋並不畏懼，他不斷派兵主動出擊，與元軍幾次接戰，均能取得勝利。最後元軍考慮到附近其他各城均駐有紅巾軍，又見朱元璋善戰，恐腹背受敵，於是正面的元軍先行撤退。朱元璋從長遠考慮，爲了徹底打通糧道，解除後患，他在正面元軍撤圍之後，繼續出擊，接連擊敗新塘、高望、青山（今安徽和縣東北）、雞籠山等地的元軍，解除了和州的威脅。

至正十五年（一三五五年）四月，和州方面傳來捷報，郭子興大喜，派人委任朱元璋爲總兵官全權負責鎮守和州。

威懾中軍

朱元璋在名義上總領了和州軍事，也有郭子興給他的委任書，但是朱元璋在軍中名位不高，年紀又輕，手下諸將多有不服，於是他想出一個辦法。那時諸將開會商議軍務，中軍大廳上要排公座，各級武官均要按官位、年紀入座。在開會的前一晚，朱元璋叫人把公座撤去，換上一排木凳子。第二天諸將先後來到大廳。元朝時期，座位以右側爲尊，等朱元璋進入大廳，就

明 · 窯白釉三壺連通器

此器釉汁細膩潔白，且胎骨極薄，似乎只見釉層不見胎，能映見手指螺紋，還可看到上面刻畫的雲龍花卉和暗款。

只剩下左側最後一個位置，他也不說什麼，坐下等著開會。談論起軍務，諸將只會講一些衝鋒陷陣、如何勇猛的話，到了出謀劃策的時候，卻一個個啞口無言。這時，朱元璋站起身，提出自己的策略，講得頭頭是道，諸將都對他刮目相看。

在中軍帳議定了分工修築城池，每個人有負責的地段，限三天完工。到了期限，諸將巡視城防修建情況，結果只有朱元璋負責的一段完工。朱元璋非常生氣，他拿出郭子興的委任書，痛斥諸將不知責任重大、人心不齊。諸將雖然一個個馬上認罪求饒，但心裡卻仍不服氣。籍由湯和維護朱元璋，李善長又從中調和，朱元璋這才慢慢穩定了和州總兵官的地位。

某日，朱元璋在和州城內巡視，看到路旁有個小孩在哭，便走上前去，詢問小孩的父親在哪裡。小孩說父親在為官長餵馬，母親也在官長處。原來佔領和州之後，各級將領大肆搶奪，害得百姓家破人亡，人心惶惶。朱元璋聽了小孩的話，馬上回營召來諸將，頒布軍令。軍令中明示，大軍從滁州來到和州，誰都沒有帶妻小，如今佔了和州，凡是擄獲的婦女，沒有出嫁的，可以娶回家中，有夫之婦絕不允許強佔。這一道令發布的第二天，城中被強行擄去的男人、女人們都從營中放了出來。夫婦、父女團聚，有哭有笑，原來淒涼的城中，總算恢復了生機，和州城不再是駐軍的軍城，也有百姓了。

郭子興之死

孫德崖聽說和州有糧，於是帶領部隊佔據了和州四鄉民家。之後又帶了幾個親兵，說要進城住些時日。朱元璋兵力不如孫德崖，不敢前去阻攔。身在滁州的郭子興聽說此事後，帶著人馬也來到和州。

原來郭子興聽了小人的閒話，說朱元璋不但在和州強搶財物，還和孫德崖合兵，有意投靠。天剛入夜，郭子興怒氣沖沖地闖進朱元璋的帥府，話也不說地坐在帥位上。事發突然，朱元璋來不及迎接，只好跪在地上，等著答話，後來終於找了個機會，稟明孫德崖正帶大軍在此地，提醒郭子興做此準備。郭子興將信將疑，並沒有表示什麼。

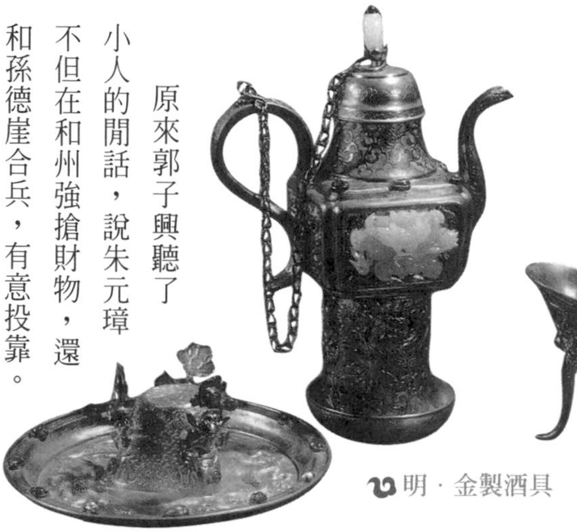

明‧金製酒具

天還沒有大亮，孫德崖聽說郭子興已經進城，擔心自己孤身住在城裡，恐受其害，便來找朱元璋告辭。朱元璋假意挽留，但是察言觀色，見他似乎並無動武之意，於是就勸他先帶著隊伍回濠州，以防兩軍衝突引發大禍。孫德崖也不想多事，一口答應了下來。

朱元璋陪同孫部撤回濠州，愈送愈遠。正要回城的時候，軍中有人傳話，說兩軍在城中打了起來。孫部將士恐主帥遇害，當即綁了朱元璋等人作爲人質，又派人回城確定消息。信使回城，來到帥府，見孫德崖被捆著與郭子興對桌喝酒。郭子興知道朱元璋被俘後急了，提出要走馬換將，可是兩家誰也不肯先放人，最後想出一個折衷的辦法，派郭部大將徐達做人質換回朱元璋，等朱元璋回了城，再放回孫德崖，然後再放回徐達。在被囚的這三天裡，朱元璋險遭殺害，幸好他平日與孫部一些將領相處得很好，有人肯爲他說情，才能平安地回到本部。

至正十五年（一三五五年）二月，東系紅巾統帥劉福通在碭山（今江蘇碭山）夾河找到了韓山童的兒子韓林兒，接到亳州（今安徽亳州），立爲皇帝，時稱小明王，國號爲宋，年號龍鳳。小明王登基後，尊母親楊氏爲皇太后，拜杜遵道、盛文郁爲丞相，劉福通、羅文素爲平章。立國沒多久，杜遵道得寵擅權，惹惱了劉福通，劉福通暗伏甲士，殺了杜遵道，自立爲丞相，後又改爲太保，東系紅巾的大權完全落在了他的手裡。

在小明王重建大宋的同時，和州的郭、孫之爭已經結束。郭子興對孫德崖懷有極深的舊怨，這次爲了交換朱元璋回來，親手放了仇人，怨憤之氣難消，終於得了重病，不治身亡，葬在滁州。軍中事務暫由郭子興的長子郭天敘、妻弟張天祐和朱元璋共同商議。大家擔心元兵此時來攻，孤軍無援，便推舉張天祐爲代表向小明王請命。沒幾天便帶回了小明王的文告，委任郭天敘爲都元帥，張天祐爲右副元帥，朱元璋爲左副元帥，從此義軍中的文告均採用龍鳳年號。

火龍出水（模型）

明代製作的水戰火器，龍身用五尺竹筒做成，前後安裝木製龍頭、龍尾。龍身前後兩側各扎一支大火藥筒用以推動龍身飛行，腹內裝有火箭。是世界上最早的二級火箭；歐洲從十六世紀以後才有二級、三級火箭的構想。

進攻集慶

郭子興死後，朱元璋雖無主帥之名，卻行主帥之實。在元軍不斷進攻下，小城和州已不能滿足數萬人馬的供給，要想解決這個問題，只能進攻江北的集慶（今江蘇南京）。憑藉一萬餘名水軍的幫助，朱元璋最終順利渡江，並且成為軍中名正言順的主帥，而集慶最後也成為他的屬地。

目標集慶

郭子興死後不久，小明王委任郭天敘為主帥，張天祐和朱元璋為副帥，全軍上下都要聽從主帥號令。然而郭天敘軍事經驗不足，張天祐遇事又全無決斷，只有朱元璋可以決斷全軍上下，堪稱這支部隊真正的主帥。

此時郭部數萬大軍駐紮和州，城小人多，元軍幾次圍攻過後，糧食問題更加嚴重。和州城東南靠著長江，而長江對面的太平（今安徽當塗）南靠蕪湖，東鄰丹陽湖，自古以來就是著名的糧食生產區。面對只有一江之隔的天然「糧倉」，朱元璋下一步的軍事行動必然指向這裡。對岸這些產糧地區其實不難攻取，要擺脫糧食問題的制約，就要長期佔據北岸，要佔據北岸就要打下集慶作為新的根據地，於是集慶成了朱元璋最終鎖定的目標。

集慶地處長江中下游蘇、皖兩省的交界處，交通四通八達。在朱元璋剛剛收編橫澗山土匪繆大亨兩萬精兵的時候，定遠人馮國用就建議佔據此地，以求逐步發展。

鎖定目標後，最大的難題莫過於水軍。長江夾在和州與集慶之間，沒有上千條戰船，根本別想打過去。數千條戰船，那就是一支強大的水軍。朱元璋有數萬精兵，幾十員良將，卻沒一個水軍，就連水手也沒有。所以望著對岸的集慶城，朱元璋只能望江興歎。

第一支水軍

正當朱元璋望著江對岸一片片稻田歎氣的時候，巢湖水軍頭領李扒頭（李國勝）派代表求見。原來從天下大亂那年開始，巢湖一帶的豪族俞家就召集地方武裝，推舉李扒頭為頭領，雙刀趙（趙普勝）爲二頭領，屯泊巢湖一帶，聯結水寨，建立起一支擁有千餘艘船隻、上萬人馬的水軍。他們和廬州守軍頭目左君弼結了仇，因爲勢單力孤，幾次交手均不敵，這次處境更加危險，於是派人來向朱元璋求援。

朱元璋接到消息後，大喜過望，親自到巢湖與李扒頭會面，苦勸他們渡江攻城奪地。這時正逢五月梅雨季節，一連下了二十幾天雨，河水上漲，河道中的暗坑也被淹平了，恰好方便集結船隻。李扒頭聽任朱元璋的調遣，將大小船隻千餘艘全數停靠在和州岸邊。

元至正十五年（一三五五年）六月初一，朱元璋見風向有利，就決定在此日出征。大軍乘風渡江，直奔采石磯江岸。朱元璋大膽任用剛剛投軍的常遇春爲先鋒，果然不負眾望，常遇春持戈率先跳上江岸，爲後續部隊攻取灘頭陣地。全軍奮勇向前，元兵大敗，沿江堡壘守軍全數歸降。

和州的部隊好久沒有吃過飽飯，一見糧草、牲畜，就拚命往船上搬，打算運回和州以備軍糧。但朱元璋要借勢直取太平，一戰站穩腳跟。他命人將船纜砍斷，任其順流漂走，這個舉動引起了士卒們一陣慌亂。朱元璋登上高處，公布要打太平路的決定，並聲言打下太平路後，金銀、糧草任由他們搬回家。士卒們無奈，飽飯過後大軍直指太平路。

太平路守軍並無準備，朱元璋的部隊一戰入城，朱元璋早已命李善長寫下禁令，不許官兵擄掠，違令者立斬不赦，並叫人四處張貼，太平路的百姓免遭大劫。可是朱元璋又擔心軍心不穩，便逼著當地的財主獻上金銀財帛，分賞給攻城的將官。

這次渡江戰役，巢湖李扒頭的水

明．聖思桃形杯

此杯杯體為一半剖的桃實，杯下三足為小桃，又附有花、枝、葉，是一件構思奇巧、製作精妙的紫砂工藝極品。

軍功勞最大，但雙方只是合作關係，始終不是自己的水軍。朱元璋在船上擺了酒宴慶功，席間灌醉了李扒頭，將其捆了手腳扔到江裡。雙刀趙不服，逃出去之後投奔了徐壽輝。李扒頭部下諸將群龍無首，又沒有船隻，只好投降。朱元璋從此有了自己的水軍，其中俞家三父子和廖家兩兄弟成爲他後來打江山的得力水軍大將。

兩攻集慶

朱元璋攻下太平路之後，改太平路爲太平府。當地儒士李習、陶安求見，朱元璋深感二人學識過人、見解不俗，任命陶安在元帥府做令史，任命李習爲知府。此外，朱元璋建置太平興國翼元帥府，自己做大元帥，李善長爲帥府都事，汪廣洋爲帥府令史，潘庭堅爲帥府教授，召集鄉民編爲民兵，準備守城，以防元軍反撲。

果然不出所料，沒過幾天，元軍分兩路包圍太平府，在水路用大船封鎖了采石磯，堵住紅巾軍的歸路，在陸路則令民兵元帥陳野先率軍數萬猛攻太平城。朱元璋親自登上城樓，帶領士兵拚命抗敵；另選一隊精兵，繞到敵人背後，前後夾擊敵軍。元軍大敗，陳野先被生擒。朱元璋勸他歸降，並結爲兄弟，次日，陳野先率殘部歸降，約好同取集慶。

朱元璋與陳野先結拜兄弟只不過是一種緩兵之計，彼此之間並不信任。陳野先的妻子留在太平府做人質，其部下隨張天祐一同去攻打集慶。陳野先的性格反覆無常，在攻打集慶的時候，他暗自裡吩咐部下裝出打仗的樣子，過幾日再調轉矛頭攻打紅巾軍。豈知這些話讓朱元璋的心腹檢校聽到了。朱元璋心裡很清楚，不過他並沒有告訴張天祐。張天祐攻了半天的城，只有少數人出力在打，所以吃了敗仗回來。

朱元璋料到會有這樣的結果，索性放了陳野先，讓他帶著自己的部隊和郭天敘、張天合軍，再攻集慶。陳野先早就暗中約好了集慶守將福壽，要伺機夾攻紅巾軍。當天，他邀郭天敘一起喝酒，將其殺死，然後又生擒張天祐，送到福壽面前殺死。元軍的兩支部隊會師後，大敗紅巾軍。陳野先一路窮追猛打，將死傷已經兩萬多的紅巾軍殘部趕到了溧陽，不過人困馬乏的他後來被當地民兵設伏殺死，所部盡歸陳兆先接管。

三攻集慶

朱元璋借陳野先的刀，殺了郭天敘、張天祐兩位大帥，郭子興的舊部從此全數歸了朱元璋領導，他也成爲名副其實的元帥，在軍中再不受任何人節制。郭子興的小兒子郭天爵被小明王任命爲中書右丞，在朱元璋手下做事，他眼睜睜看著郭家的基業拱手讓人，忍不住暗地裡發些牢騷，有幾個忠於郭家的舊部有心幫他，後來被朱元璋發覺。朱元璋找了個理由，把他們全給殺了。

朱元璋在率領大軍渡江之前，把妻子馬秀英以及將士們的家眷留在了和州。這樣一來，和州就成了他的後方根據地，既有親信鎮守，將士們的家眷也有專人照顧，將士們能夠安心作戰。和州與太平府的交通僅有水路，朱元璋用七、八個月的時間，陸續佔領了溧水、溧陽、句容、蕪湖一些城鎮，形成了三面包圍集慶的局面。可是水路被元軍切斷了，消息不通，這樣就脫離了與和州的聯繫，軍心開始浮躁起來。

至正十六年（龍鳳二年，一三五六年）二月，朱元璋進行了周密部署，終於大敗元朝水軍，截獲大量戰船，從此兩地往來恢復了暢通。有了和州方面的消息，軍心又重新恢復穩定。

三月初一，朱元璋率水陸大軍並進，發動第三次攻取集慶的戰役。屯兵城外的陳兆先最先戰敗，率所部三萬六千餘人歸降。隨後，集慶城破，守城元將福壽戰死，元帥康茂才和軍民五十餘萬歸降。

入城之後，朱元璋馬上出榜安民，迅速恢復了秩序。他改集慶路為應天府，任命廖永安為統軍元帥，趙忠為興國翼元帥，守太平府，先後又有儒士夏煜、孫炎、楊憲等十幾人求見，均被錄用。小明王聞訊後，升朱元璋為樞密院同僉，不久又升為江南等處行中書省平章，李善長為左右司郎中，諸將皆為元帥。二十九歲的朱元璋轉眼之間成了手握十數萬大軍的一方統帥。

明・孫隆・花石游鵝圖

描繪江南秋天的江岸小景。作者用沒骨法繪秋景花鳥，用筆水分飽和，注重層次。

高築牆·廣積糧·緩稱王

攻佔集慶之後，朱元璋的軍事地位大為提高。在此期間，他聽取了儒士朱升「高築牆·廣積糧·緩稱王」的九字策略，從「高築牆」入手，逐步攻取應天周圍的軍事要地，以求穩固，然後積極改革軍糧籌備的方法，屯田養兵、獎賞農耕，實施「廣積糧」的方針。這樣一來，朱元璋的實力大增。

四面受敵

朱元璋佔據集慶並改名應天之後，其統治疆域發生了很大的變化，以應天爲中心，西起滁州至蕪湖，東起句容至溧陽，在地圖上畫出了一個西面長、東邊短的四邊形。然而，應天周圍有不少勢力，從表面上看來，任何一股勢力都比朱元璋的力量強，也比他的地盤大，應天被包圍在其中，隨時都有被併吞的危險。不過，這些勢力卻因爲朱元璋過於弱小，誰也沒有把他放在眼中，反而忙著相互攻打。除此之外，在朱元璋勢力的北面，元軍正全力和小明王作戰，就在攻下應天的前一年十二月，元將答失八都魯大敗劉福通於太康（今河南太康），率部包圍亳州（今安徽亳州）城，小明王逃往安豐（今安徽壽縣）。察罕帖木兒和紅巾軍在河南打得如火如荼，無法顧及南面，在他們眼裡，對付這樣的小股力量，只要一出手就可以掃平。

就在江北打得戰火連天的時候，張士誠正在不斷地發起攻勢，湘漢流域的徐壽輝也在攻城奪地，元軍兩面受制。至正十六年（龍鳳二年，一三五六年）秋，紅巾軍終於發動了著名的三路北伐，一路破武關（今陝西商縣東），攻商州（今陝西商縣），進兵關中（今陝西）；一路橫掃山東北部；一路進逼晉冀。戰局馬上逆轉，到了至正十八年（龍鳳四年，一三五八年）五月，北系紅巾攻下汴梁，迎小明王在此建都，元軍的力量大大受到牽制。

在朱元璋的周圍，有三大政權，東面張士誠，北面小明王，西邊徐壽輝，這三大政權恰好把他保護在中間，使元軍主力無法直接攻擊他。在這幾年間，朱元璋藉機迅速鞏固地盤，擴充實力，逐漸強大起來，甚至可以與元軍正面對決。不過此時，他最大的敵人並不是元軍，而是身旁兩個鄰居——張士誠和陳友諒。

養士

在馮國用和李善長投到朱元璋麾下之後，朱元璋的隊伍裡終於有了儒士輔佐，軍中大小事務變得有條理，士卒與長官之間更加和睦團結。這些顯著的變化讓朱元璋深深意識到儒士的重要作用，同時也悟出了和他們相處的方法。只要以禮相待，多加讚賞，生活安定，這些讀書人就會用心地出謀劃策。這種善待讀書人的做法被朱元璋稱爲「養士」。

在養士方面，朱元璋的想法其實很簡單，只要誠心誠意地善待讀書人，不用花費多少精力和財力，就可以讓這些讀書人全心全意地爲自己做事；相反地，如果不加重視，他們很可能會投效敵人，反倒成了禍亂。爲了防止這些讀書人爲其他人效命，他下令禁止部下的將官們與儒士打交道，也不允許其他人養士，一切只能由他來親自包辦。

朱元璋意識到，養士除了能夠輔佐自己之外，還有一個更大的優點：有些讀書人在地方多有賢名，深受百姓尊敬。當這些儒士被請到自己帳下的時候，那些敬重他們的百姓也自然而然地倒向他的陣營。拿出極爲有限的精力和財物，卻可以得到一方的民心，這對朱元璋而言是非常重要的事情。

正因爲認識到了養士諸多益處，朱元璋每佔領一處新城，必定要派人尋訪名士，軟硬兼施，網羅到自己的帳下，委任幕府、顧問一類的職務，作爲自己的參謀。攻下徽州（今安徽徽州）之後，朱元璋得到一位名叫朱升的老儒指點，他只告訴了朱元璋三句話，即「高築牆．廣積糧．緩稱王」，就是這短短三句話，成爲指導朱元璋奪取天下、建立大明王朝的行動綱領。

明．銀爵

造型仿青銅器。敞口，尾較長，直腹、圓底、空心、蹄足，口上立二柱。

高築牆

四面受敵的應天受到各方勢力的威脅：東邊鎮江如果落到張士誠的手裡，他的大軍可以直搗應天；南邊的寧國（今安徽寧國）如果被徐壽輝佔據，就等於在背後插了一把利刃。朱元璋明白，要想高枕無憂，就必須先拿下這些據點。

朱元璋安頓好了應天軍政事務之後，立即派大將徐達率軍先打鎮江，分兵再去佔領金壇（今江蘇金壇）、丹陽（今江蘇丹陽）等縣，以防範張士誠。六月他又令鄧愈攻下廣德路（今安徽廣德），擋住後門。

明．藍釉美人圖制硯屏

硯屏是豎立在硯的背後，以阻擋塵埃的用具。流傳至今的硯屏則以觀賞用的居多，材料有漆制、陶瓷、象牙等。

在大軍出征之前，朱元璋擔心諸將會殺人放火、姦淫擄掠，而失了民心。於是他私下與軍中大將徐達商議，演出一場「苦肉計」給諸將看。這一天，他故意找了徐達的錯處，讓人五花大綁地押到大殿上來，要殺將立威。以李善長爲首的文臣和武將們再三求情，他才放了徐達，但是要徐達保證，這次出兵，攻下城池後不可殺人，不可搶劫，不可放火燒房子，否則二罪歸一，定要嚴懲。徐達叩恩謝罪，其他將官看在眼裡，也不敢再亂來。

徐達的部隊破了鎮江後，真的做到了不擾民、不害民。諸將也以徐達爲榜樣，順利地攻克長興、常州、寧國、江陰、常熟、池州、徽州、揚州等地。

至正十七年（龍鳳三年，一三五七年），應天周圍的軍事據點已經全數掌握在朱元璋的手裡，從湖南到長興（今浙江長興）構成的防線，擋住了張士誠西犯的大門；寧國、徽州屯重兵，隨時準備南下攻取浙東；西線和徐壽輝接界的地方，採取以攻爲守的戰略；北面有小明王擋住元軍，不必過分擔憂；下一步的重點落在了孤立無援的浙東元軍身上。短短一年間，朱元璋的勢力已大不同前了。

廣積糧

攻取應天一帶糧食產區之後，軍糧依舊不足。連年戰亂使農村壯丁大部分都去效軍旅，耕種土地的勞動力大大缺乏，加上糧田被毀，糧食收成銳減。在這種局勢下，軍糧成爲軍中一大問題。

朱元璋看清了這個情況，就派人到各個鄉村張貼大榜，招安農民納糧，稱爲寨糧，其實就是強行向百姓要糧。生產減少了，相對需求量卻增加了，百姓交了寨糧後常有餓死的情況發生，但是軍隊仍然吃不飽。揚州的青衣軍甚至拿人做糧食，行軍概不支糧。在這種環境下，朱元璋立下了個軍規：「入敵境，聽從捎糧」，意思是若攻城時遇到強烈抵抗，城破後任由將士們搶劫，所搶財物全部歸己；若降，進城後不得擾民。這裡說的「捎糧」只是個文雅的說法，實際上就是強行徵糧和搶糧。這項軍規推出後，軍隊的戰鬥力受到刺激，士卒們個個奮勇向前，深怕落人之後搶不到東西。

但這並不是長遠的辦法，後來胡大海和常遇春向朱元璋進言，說這種寨糧的辦法後患無窮，若把百姓逼得走投無路，反而不利。朱元璋覺得他們說得有道理，認爲與其向百姓強搶硬奪，倒不如自己來生產。

至正十八年（龍鳳四年，一三五八年）二月，朱元璋任康茂才爲都水營田使，專門負責修堤引水，開荒墾地，恢復農業生產，供給軍需。同時他又令各部將官四處開荒，以收成產量來決定賞罰。朱元璋停止了寨糧，以耕待戰，短短幾年時間，成效顯著，不但有了充足的軍糧，百姓們的負擔也減輕了。

之後，朱元璋又設立管領民兵的萬戶府，將民間壯丁編製成民兵，農時耕種，閒時練兵備戰，作爲維護地方安全的力量。這樣一來，不但軍隊戰鬥力加強了，生產力大爲發展。而這正是在元末群雄並起，朱元璋能夠脫穎而出一統江山的主要原因。

明代皇帝朱元璋出遊的石刻

石刻位於四川峨眉山。

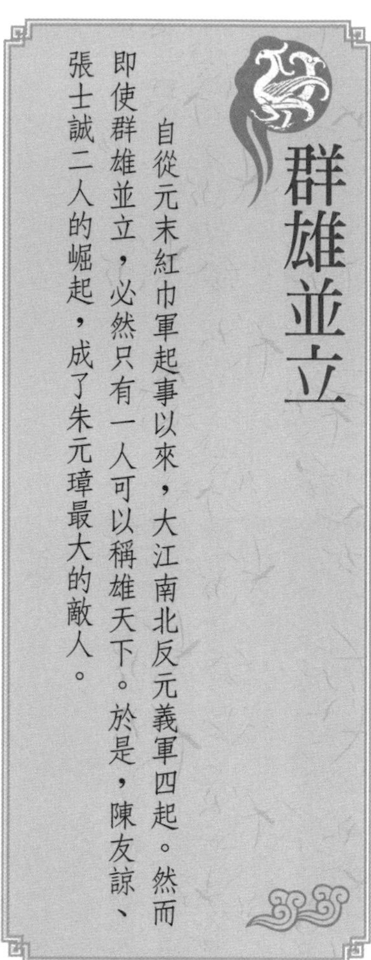

群雄並立

自從元末紅巾軍起事以來，大江南北反元義軍四起。然而即使群雄並立，必然只有一人可以稱雄天下。於是，陳友諒、張士誠二人的崛起，成了朱元璋最大的敵人。

四鄰之地

至正十八年（龍鳳四年，一三五八年），經過兩年的努力，朱元璋解除了外圍的威脅，也掌握了處理內部生產的辦法，他把下一步的目標轉向了浙東、浙西的糧倉之地。在正式出征之前，他先打下了皖南諸縣鞏固了自己的大後方，然後由徽州（今安徽徽州）進取建德路（今浙江建德），後改建德路爲建安府，先遣部隊迅速來到浦江（今浙江浦江），完成了對婺州（今浙江金華）的側面包圍。同年十月，朱元璋親率十萬大軍攻取婺州，設置中書浙東行省。

婺州是兩百多年來的理學中心，有「小鄒魯」的雅稱，經過這些年的戰亂，學堂都關上大門，儒生們都不知流落何方。朱元璋一進城，馬上聘請當地有名的儒生來爲他講解經史，並建立郡學，復興學堂。從這時開始，朱元璋接觸到宋儒學問，他的思想也從此發生了變化。

攻克婺州後，朱元璋又分兵攻取了浙東諸地，至正十九年（一三五九年）五月，小明王升任朱元璋爲儀同三司江南等處行中書省左丞相。同年八月，元將察罕帖木兒攻陷汴梁，迫使劉福通、小明王又撤回安豐。朱元璋的大軍在此期間相繼佔領了諸暨和衢州、處州，浙東地區被孤立的元軍據點也被逐一消滅。

此時，朱元璋的割據範圍產生變

青玉雙龍耳杯

明代飲酒器，龍身彎曲接附於杯體上端兩側形成杯把，做工精巧。

化，東面和北面鄰接張士誠，西鄰陳友諒，東南鄰方國珍，南鄰陳友定，所在之地仍是群敵環伺。當中，張士誠最富，陳友諒最強，方國珍與陳友定只爲了保一方疆土，並無大志。根據這一情況，朱元璋決定對東南採取守勢，對西北採取攻勢。他拿張士誠和陳友諒進行比較，認爲張士誠顧慮太多，疑心過重；陳友諒野心極強，出手狠絕。兩人一個是自保待攻，一個是尋機進取。兩面的攻勢又要分輕重緩急，打陳友諒，張士誠未必來攻，打張士誠則陳友諒必然趁機偷襲。最後朱元璋決定，對張士誠以守爲攻，扼住江陰、常州、長興幾個咽喉重地，使他不能西進半步。而對陳友諒則要以攻爲守，使他軍力分散，不能集中兵力進犯。

張士誠與高郵之戰

張士誠，江蘇泰州白駒場（今江蘇大豐）人，小名九四，以販賣私鹽爲生。當時，鹽是受國家統一管治的，不允許百姓私自買賣交易。鹽是從海水裡曬出來的，生產成本不高，但官鹽卻要比私鹽貴上幾倍，所以歷朝歷代都有相關刑律，用死刑來震懾販賣私鹽的人。然而爲了生存，仍有不少的窮人鋌而走險，從中牟取暴利。張士誠與三個兄弟士德、士信、士義還有鹽梟李伯升，就是以販賣私鹽爲生。

至正十三年（一三五三年），張士誠眼看著其他鹽販被元朝政府個個剿滅，就帶著他的兄弟和朋友共十八人起兵反元。不久，張士誠攻下了泰州、興化、高郵等江北重鎮，並於第二年建都高郵（今江蘇高郵），國號大周，紀年天祐，自稱誠王。元朝很快派脫脫親率百萬大軍南下攻打高郵。在元軍到來之前，高郵城中已有許多人建議張士誠棄城逃跑，張士誠卻考慮到退則必敗，最終決定拚死守城。

元朝大軍布好兵馬，先是用火砲猛轟城樓，之後步兵開始攻城。張士誠和他的兩個弟弟張士義、張士德身先士卒，站在城樓上與士兵們一同抗擊敵軍。正當脫脫酣戰即將攻陷士誠

明孝陵內景

明孝陵是明太祖朱元璋的陵墓，始建於洪武十四年（一三八一年）。

之際，卻爲朝中彈劾。脫脫被陣前罷官，元軍內部自潰，張士誠取得了高郵之戰的勝利。

至正十五年（一三五五年），張士誠繼續向南攻取了平江路（今江蘇蘇州），改名隆平府，之後又攻佔了江浙一帶富饒的地區，成爲當時群雄之中佔地不大卻最富有的一股勢力。

梟雄的崛起

陳友諒原姓謝，生長於沔陽（今湖北仙桃）一個普通漁民家庭。長大後發奮讀書，在縣衙找到了一份寫文書的差事。

徐壽輝早年以販布爲生，後來劉福通起兵時經過他的家鄉，他效仿紅巾軍利用明教起事，不久成立了天完國。徐壽輝的經歷在陳友諒的身上再現了，當徐壽輝的義軍隊伍來到陳友諒的家鄉時，身爲元朝政府小吏的陳友諒決定參加義軍，他要利用這個機會改變自己的命運。

至正十三年（一三五三年），元朝政府把軍事重點放在了剛剛稱帝不久的徐壽輝身上。元軍調集數省的軍隊圍攻天完國的國都，最終城破，彭瑩玉戰死。徐壽輝從皇帝的美夢中清醒過來，他將部隊撤退到湖北黃梅一帶打游擊，重整旗鼓反攻，重新奪取了江西、湖南大片土地，並於漢陽縣城（今湖北武漢）重新建都，改年號爲太平。

在徐壽輝的手下，有鄒普勝、丁普郎、趙普勝、傅友德四員大將，正是他們幫助徐壽輝創立了天完政權。身爲丞相的倪文俊自認文武全才，不甘久居人下，有意奪位，結果被人告發。陳友諒當時身爲黃州守將，是倪文俊一手將他提拔起來，二人親如師徒。事發後，倪文俊逃往黃州去投奔陳友諒。陳友諒起先熱情接待，之後又詢問了一番漢陽的情況，當得知趙普勝這些悍將仍忠心於徐壽輝後，倪文俊的人頭便成了陳友諒登上天完國第一重臣位置的墊腳石。

明．碧玉鏤雕龍紋嵌件

青玉質，嵌件長方形，嵌件中部呈長方委角形，四周為朵雲紋，中間鏤雕一龍，雕工精細，層次分明。

陳友諒篡權

陳友諒與朱元璋的第一次對決，是在元順帝至正十七年（一三五七年）底的池州戰役。在那次戰役中，雖然朱元璋贏了陳友諒，但他發現守城的趙普勝是一員勇將，於是暗中用重金收買陳友諒的人馬，使用離間計陷害趙普勝。趙普勝毫不知情，逢人常自誇功勞。陳友諒正要剪除徐壽輝羽翼，這恰好是個絕好機會。於是，他以會師共圖池州爲名，從江州率領大軍來到安慶。趙普勝信以爲眞，打算在船上宴請陳友諒。兩人如約相見，就在趙普勝上前躬身施禮之際，被陳友諒的手下一刀砍掉了腦袋，而徐壽輝卻全然不知。

從此之後，陳友諒的能力得到了充分發揮，他不但知人善任，組織能力優秀，而且還是一個帶兵打仗的奇才，深得徐壽輝重用，親信也日漸增多。丁普郎和傅友德看出陳友諒的野心，尤其是趙普勝被殺之後，恐被謀害，不久便尋找時機，投到朱元璋的帳下。徐壽輝轉眼之間成了眞正的「孤家寡人」，陳友諒除掉徐壽輝的計畫終於開始了。

徐壽輝聽說陳友諒屢立奇功，對他非常欣賞。當時正逢龍興（今江西南昌）新克，因爲喜歡這個地名，徐壽輝想要遷都到龍興。陳友諒原本不同意遷都，但是徐壽輝執意如此，帶領幾萬兵馬從漢陽直奔龍興，途中正好路過陳友諒的大本營江州。陳友諒把握時機，在江州城內暗設伏兵，等到徐壽輝和他的禁衛軍進了城，馬上關閉城門。就這樣，徐壽輝的數千禁衛軍盡數被殺，他本人也被軟禁起來，成了陳友諒手中的一顆棋子。

至正二十年（一三六〇年），陳友諒挾持徐壽輝進攻朱元璋。六月十六日，陳友諒的十萬大軍攻克了朱元璋的采石城以後，就在城內的五通廟裡將徐壽輝錘殺。自此，陳友諒雄霸一方。

私鹽

食鹽專賣制度的實行最早出現於春秋時期的齊國。當時齊國正處於齊桓公時期，丞相管仲爲了發展經濟，控制鹽業稅收，開創了食鹽由國家專賣的制度，即官鹽制度。

有官即有私，私鹽也在同一時期出現。雖然食鹽專賣制度產生於齊桓公時期，但眞正明確食鹽官賣、嚴禁私煮的法規，卻是在西漢武帝元狩四年（西元前一一九年）才出現，這是中國最早將販賣私鹽列爲法禁的開始。法令除了規定嚴禁私煮、私販食鹽之外，還制定了相關的刑法標準，官府採取強制手段壟斷了食鹽的買賣。

禮賢下士

廣招賢士是歷代明君最重視的事情之一。朱元璋才剛站穩腳跟，便仿效劉備求賢之法，三請劉伯溫。明朝建立以後，朱元璋仍然沒有忘記選拔人才。他重開科舉，推行舉薦制度，招攬前朝賢臣，並且還經常微服到民間訪賢，堪稱君主之中求才若渴的典範。

三請劉伯溫

至正二十年（一三六〇年）四月，朱元璋的得力部將胡大海攻下了處州（今浙江麗水）。胡大海雖然是個粗人，認不得幾個字，卻是個愛惜人才的將領。在處州附近，他打聽到幾位富有才學的隱士，便上報朱元璋。朱元璋聽了很高興，立即派人去請來。這幾位隱士分別是葉琛、章溢和劉基。葉琛和章溢接到邀請信後馬上就來了，可是劉基卻不願意投軍。胡大海覺得他不識抬舉，打算放棄。

劉基，字伯溫，元朝末年天下大亂的時候，他正在元朝廷當官。此人為官清正，不畏強權，又滿腹經綸，心懷治國壯志，可惜在腐敗的元朝做官，他的才能備受壓制，曾三次棄官回鄉。元至正十八年（一三五八年），四十八歲的劉基因為反對招安方國珍而被罷官，再次返鄉，從此著書立說，歸隱山野。

當胡大海將劉基的情況向上奏報後，朱元璋馬上命當時的文臣首輔李善長帶著金銀珠寶前去請劉基，然而劉基以曾經身為元臣，不能與義軍合流為由，婉言謝絕，並將禮物退回。李善長再三勸請，也無濟於事，只好怏怏而返。

朱元璋聽了李善長的匯報後，又選了能言善辯的孫炎再備厚禮去請。孫炎是劉基的朋友，他滿懷信心地寫了一封信，並備上厚禮，送給劉基。

明．琉璃龍吻建築飾件

用於宮殿建築。龍吻口呑大脊，面視前方，表情兇猛生動，象徵降雨滅火。

劉基接到孫炎的信，便已猜到內容，覺得十分爲難。由於不是很清楚朱元璋的爲人，又受古訓「忠臣不事二主」思想的影響，再加上他已經厭倦了官場上的明爭暗鬥，於是命家童收下禮物，回贈了一把寶劍。

孫炎心生一計，隨即令使者帶回寶劍，並回信說：「劍當獻於天子，斬不順命者。我不臣，豈敢私受？」這句話所含的意思劉基怎能不明白，他再三思量，覺得群雄之中朱元璋最得民心，並且現已佔據江南大片富庶之地，他日定可得天下。至正二十年（一三六〇年）初春，劉基辭別鄉友，跟隨孫炎派來的使者，來到應天，投效朱元璋帳下，共謀大業。

「舉賢」之法

劉基來到應天後不久，朱元璋令人建了一所招賢館，專門用來招納各方賢士。待局勢穩定，又令吳林、魏觀等人帶了銀子、布帛走訪全國各地，尋求賢士。稱帝以後，他以「王者使天下無遺賢」作爲求賢理念，在全國掀起了一場轟轟烈烈的「選賢」活動。

朱元璋認爲，只要有學識的人，不論是何出身，都可以出來爲國家做事；這與前朝選士大爲不同。漢朝選才，看中門第，實行九品中正制，於是「上品無寒門，下品無世族」。唐朝時期門第之見仍然存在，只是取士的大門寬了一些，寒門子弟可以透過科舉考試爲國效力。到了宋朝，科舉成了選拔人才的唯一途徑。元末連年戰亂，學校荒廢，連帶人才荒蕪，選賢不易。

朱元璋統一天下之後，將廣開選才納士之路定爲首要大事。他一面恢復科舉考試，一面也推行薦舉制度，鼓勵百官舉薦人才，規定凡在朝爲官者，都具有向皇帝舉薦有用之人的權利和義務。

朱元璋對於被舉薦上來的人，也

明．竹雕騎馬人

作者採用圓雕技法，以韓愈詩「雪擁藍關馬不前」為題材，刻畫出一個頂風冒雪騎馬人的形象。刻工圓潤細緻，人物、馬匹神態生動逼真。

有明確的分配。六十歲至七十歲之間的人，到翰林院當顧問；四十歲至六十歲之間的人，根據特長，分配到六部及布政司、按察使司任職。鮑恂、余詮、全思誠、張長年這些年紀在八九十歲的老人，也被請到京師，授以文華殿大學士之職。

朱元璋經常告誡六部官員，六部是總領天下政務之處，只有博學多才的人才可以居之，如果一旦發現才學不足當即撤職。在這一時期，透過舉薦當上了尚書、侍郎、都御使、大理寺少卿、府尹的官員不在少數。當時舉薦之風全國盛行，就連倉庫司局這樣一些雜流職位也曾要求薦舉選人。

不過在這場「舉賢」活動中也有許多不幸的事情發生，如貴溪儒士夏伯啓被人舉薦後不願入朝為官，竟然砍斷了自己的手指以明心志。蘇州人姚潤、王謨也被朝廷選中，二人抗旨不遵，最後雙雙被殺。在此期間，因爲不願爲朝廷做官被殺滅族的讀書人不在少數。那些被舉薦入朝爲官的人也並不是平步青雲，一帆風順，一旦被發現不稱職，馬上就會被處以死刑；不僅如此，連當初舉薦的人也要受株連。如此一來，這種名爲皇帝選賢，天降雨露的好事，反倒成了避之不及的禍事。

以文治國

打下江山之後，朱元璋經常想著從那些武將手裡收回兵權，只因北方元朝殘部還在不斷侵擾邊境，一時不便撤兵。洪武二年（一三六九年），朱元璋詔告天下，郡縣一級設立官方學堂，每三年進行一次科舉考試。

酒樓選才

朱元璋早年沒有讀過什麼書，後來在軍中努力學習，對文學非常喜愛。他常微服私訪，到民間和文人們對對聯。有一次私訪的時候，他在酒店裡遇上了一個國子監的秀才。二人對坐，一邊飲酒一邊交談。朱元璋發現這個秀才言談文雅，舉止不俗，當知道秀才是重慶人時，他有意試試秀才的才學，於是信口出了句上聯：「千里爲重，重山重水重慶府。」

上聯中第一個「重」字，是由「千里」二字拼合而來，第二、第三個「重」字是形容路途遙遠艱難，最後一個「重」字則是排比出重慶府的地名。秀才聽出了其中的奧妙，略作沉思，對道：「一人成大，大邦大國大明君。」

朱元璋聽罷，十分喜歡，隨手拿起桌上的一塊鎮紙木，以此爲題，請秀才賦詩。秀才提筆寫道：「寸木原從斧削成，每於低處立功名。他時若得台端用，要向人間治不平。」朱元璋從詩中看出了這個秀才的志向，連連稱好。

到了第二天，朱元璋在宮中召見了這個國子監的秀才，任命他爲按察使，滿足了他「台端用」的願望，讓他專治天下不平之事。

在尋找賢才的過程當中，有人打聽到元朝行省參政蔡子英自元朝大都淪陷後，就跟隨著擴廓帖木兒（王保保）四處逃亡，後來歸隱民間。朱元璋聽說後，叫人畫出蔡子英的畫像，派人到全國各地四處尋找，後來被湯和找到並送到南京。朱元璋親自為他解開綁繩，以禮相待，並加封他官位，可是蔡子英始終不願接受。

有一天晚上，蔡子英突然大哭不止，有人問他為何而哭，他說思念舊主。朱元璋知道沒有辦法讓這個人回心轉意，只好命人將他送到大漠，任由他追隨元主去了。

元朝還有一位名叫伯顏子中的奇人，朱元璋久聞其名，一再遣人去招攬，他都不肯投靠明朝。最後，朱元璋讓布政使沈立本以重金相聘，伯顏子中最後歎息著寫下了七首詩，說道：「現在死已經太遲了！」然後服毒自盡。

朱元璋擔心自己深居宮中會耳目閉塞，常常微服出行，一面體察民情吏治，一面尋訪賢士。相傳，有一次朱元璋微服到了多寶寺。他看到幡幢上寫的都是多寶如來佛號，就信口說了句上聯：「寺名多寶，有許多多寶如來？」學士江懷素聽後，脫口接道：「國號大明，無更大大明皇帝。」朱元璋大喜，立即升江懷素為吏部侍郎。

有位陳君佐，年輕時很有才華，曾與朱元璋有過一面之緣。朱元璋很想再見見這位故人，陳君佐應召而來，朱元璋讓他跟隨左右，閒聊著來到一家鄉間小店，鄉里酒肆沒什麼好的菜餚，朱元璋以此為上聯說道：「小村店三杯五盞，沒有東西。」陳君佐隨口接道：「大明國一統萬方，不分南北。」朱元璋大笑，勸他回朝做官，陳君佐不肯，朱元璋也沒有勉強，二人就此作別。

劉伯溫草堂

始建於明代初年，草堂內陳列劉基的手跡，並有劉基當年親手種植的白櫟樹。當年劉基曾與文人宋謙、章溢、葉琛、俞淶等人在此談書論卷，留下了許多佳話。

江東橋會戰

陳友諒在群雄之中實力最強。由於常遇春在池州（今安徽池州）之戰中激怒了陳友諒，於是他展開了瘋狂的報復行動，一舉攻佔了采石、太平府，眼看就要兵臨應天城下。朱元璋力排眾議，主動迎敵於江東橋，展開了與陳友諒的第一次大規模會戰。

大戰前奏

至正十九年（一三五九年）十一月，陳友諒已奪取了天完國的軍權，自稱平章，實際上他已經完全控制了天完國。徐壽輝成了傀儡，他在陳友諒的挾持下，多次向朱元璋發起進攻。陳友諒無論是在兵士作戰的能力上，還是在兵士人數上都占明顯優勢。從地勢上來講，湖北、江西盡歸陳友諒所有，所以他根本沒把朱元璋當成對手。

面對陳友諒多次挑釁，朱元璋下令常遇春與徐達進行反擊。大軍首先拿下了樅陽水寨，之後攻取池州。陳友諒聞訊後大怒，親率大軍前來報復。陳友諒的大軍離開漢陽後，四處揚言要攻取安慶。徐達與常遇春認爲，認爲此乃聲東擊西之計，陳友諒大軍的主要攻擊目標應該是安慶附近的池州。二人商議之後，決定將計就計，設伏九華山下，誘敵深入。驕橫的陳友諒果然中計，腹背受敵，大敗而逃。這一仗，徐達、常遇春俘虜了陳友諒軍三千人。

明・大碗口火銃
一種管形火器，由前膛、藥室和尾銎構成，威力較大。

常遇春有一個壞習慣，那就是殺降，這次他的老毛病又犯了，他對徐達說要殺了這三千俘虜。徐達堅決反對，表示要將此事上報給朱元璋。常遇春不等消息到達應天，竟然命人連夜把那三千俘虜活埋，並且讓留下來的幾個俘虜帶話給陳友諒，就說是常遇春打敗他的。

痛失太平府

陳友諒聽了俘虜帶回來的話後，憤怒至極，馬上下令全力打造大型戰船，加強練兵。至正二十年（一三六〇年）五月，他率領強大的水軍，順江而下，前往應天。這批戰船每艘都有三層，甲板上可以跑馬，一隻戰船就可以容納兩三千人，由鐵皮包裹，各種火砲齊備，若與朱元璋的水軍小船相遇，只需撞擊，就可以將小船輕易摧毀。

陳友諒在進攻之前，派人通知了張士誠，讓張士誠與他東西夾擊朱元璋，這樣一來兩路大軍將以絕對優勢會師應天。

當朱元璋在應天得知陳友諒大軍順流而下時，陳友諒的水軍已經攻佔了軍事要地采石，速度之快，令人震驚。陳友諒以爲過不了幾日，便可以打下應天，便迫不及待地殺掉了徐壽輝。暴風驟雨之中，於采石的五通廟裡即位，國號漢，改年號大義。

采石一被攻下，太平城便孤零零地暴露在陳友諒的十萬漢軍面前。城中僅有三千士兵，守城元帥正是朱元璋手下得力大將花雲。這是一場可怕的攻城戰，十萬漢軍圍住太平城之後，並沒有急於攻城，而是等到夜裡，把大船靠近江面的城牆邊，靠梯子從容不迫地爬進了城頭。陳友諒的戰船實在是太高大了，幾乎和太平城的城牆一樣高。守軍將士被突然出現在城中的漢軍殺得人仰馬翻，花雲也死於亂軍之中。陳友諒只損失了很小一部分兵力，便一舉拿下了應天最後一道屏障——太平府。

戰略決斷

太平失守的消息很快傳到了應天，朱元璋便召開會議共商大事。在應天召開的緊急會議上，大部分人害怕了，他們一面痛斥常遇春的魯莽，一面憑想像吹噓漢軍的強大，極力爲逃跑尋找理由。也有少部分人建議主動出擊，搶回太平，用來牽制陳友諒的兵力，以解應天之危。

朱元璋坐在高台之上，看著這些人，倍感失望，最後他的目光落在了剛剛從青田請來不到三個月的劉基。他發現這個人從始至終沒有說過一句話，只是偶爾有些表情變化。朱元璋便主動問劉基的看法。劉基投軍以來一直和善待人，並沒有顯露半點才能，也沒有人把他放在心上，現在的劉基卻似乎變了一個人。他站在大殿正中，蔑視眾將，大聲指責那些主降主逃的人是背主之臣。在痛斥了這些懦弱之徒後，他指出陳友諒雖強，卻驕橫自大，只有主動迎敵，決一死戰，才是唯一出路。

朱元璋聽後，覺得正合心意。後來，他留下劉基又單獨談了很久，認爲投降和逃走都不是辦法，目前只能正面迎敵。迎敵又有兩個策略：一是東西兼顧分兵奪回太平，這樣兩線作戰，必敗無疑；一是集中全力，看準敵人弱點，一舉擊潰，然後再回頭對

劉伯溫計破陳友諒

陳友諒稱帝後，率精銳水軍進攻應天府，朱元璋採用謀士劉伯溫建議，採用誘敵深入的計策，大敗陳友諒。

付另一線，這樣就有緩有急。朱元璋分析當前的形勢，張士誠的士氣、兵力都比不上陳友諒，只有一戰打退陳友諒，使張士誠勢孤，他也就不敢再進攻應天了。經過一番研究，朱元璋決定取長避短，誘敵登陸，一舉解決來犯之敵。

設計江東橋

考慮到手下的水軍遠不是陳友諒的對手，朱元璋最終確定只有引敵上岸，預設伏擊，才有取勝的把握。他與劉基分析了陳友諒水軍的進攻方向，認爲漢軍必定會順長江而下，入秦淮河，直抵應天城下。在這條漢軍必經的水路上，唯一一處能夠阻擋戰船進入應天的入口，是三叉江上的一座木橋，名叫江東橋。

如果陳友諒通過了江東橋，那麼接下來，朱元璋只能用他弱小的水軍去面對那些和城牆一樣高大的漢軍戰船。在江東橋堵住陳友諒，就可以逼他棄舟登陸，而在應天城北恰好有一片開闊地，叫做龍灣，隨時可以設下伏兵，伏擊漢軍。

朱元璋召集了從濠州跟他一起打到應天的兄弟，他首先派駐守應天正北方的邵榮放棄龍灣那塊陣地。接著，他又命令馮國勝、趙德勝、常遇春、徐達帶領所部埋伏在龍灣和南城一帶，準備伏擊漢軍。最後朱元璋親率預備隊駐紮在西北面的獅子山，他則在山頂以揮舞紅黃旗幟爲號令指揮全軍。

在這次戰役之中，朱元璋軍中有一個很重要的人物，叫做康茂才，他和陳友諒是舊識。他讓人帶著自己的親筆信，偷偷跑去聯絡陳友諒，並透露了很多軍情，自願裡應外合攻取應天。陳友諒不知是計，大喜過望，當聽說江東橋只是一座木橋的時候，陳友諒興奮異常，當即令水軍依計而行。

朱元璋送出假消息之後，急調胡大海進取廣信（今江西上饒），切斷了陳友諒的後路。在安排好埋伏之後，朱元璋又命李善長連夜把江東橋改建成石橋。一切準備就緒後，陳友諒果然率軍到來。

龍灣伏擊圈

至正二十年（一三六〇年）六月二十三日，陳友諒率領龐大的艦隊半夜抵達了江東橋。他難掩內心的激動，叫人盡快與康茂才聯絡。漢軍的信使站在船頭，向城裡喊了無數次聯絡暗號，就是沒有任何回應。陳友諒感到情況不妙，忙叫人觀察環境，這才發現橫在江面上的並不是木橋，而是石橋！

陳友諒馬上意識到中計了，立即下令大軍後撤，並改變了以水路攻取應天的戰略，令其弟陳友仁率一萬人馬，在新河口北面的龍灣先行登陸，占穩灘頭陣地，準備從陸路攻打應天。

次日下午，陳友諒的大軍主力開始在龍灣登陸。這一切都在朱元璋的計畫之中，在確定了所有漢軍進入伏擊圈後，朱元璋搖動紅旗，一時間，隱藏在石灰山、應天南城、大勝關等處的五路大軍從不同的地方出現了，他們站在高坡上注視著漢軍。朱元璋又揮動了黃旗，軍隊從四面八方衝下山坡，直殺入敵陣。陳友諒的大軍驚慌失措，拚命往河水的方向逃跑，完全喪失了抵抗能力。由於正逢退潮，絕大多數戰船擱淺，大多數漢軍只能跳到長江之中逃生，陳友諒在親隨的掩護下狼狽地擠進一條小船，一路逃回了九江。

這一戰，陳友諒死傷兩萬餘人，被俘七千多人，而朱元璋幾乎沒有什麼損失，並且還繳獲了一大批大型戰船，這些戰船成了朱元璋後來與陳友諒再度決戰的利器。太平、安慶、信州、袁州先後被收復。果然如戰前所料，張士誠見此狀況，只派出少量軍隊轉了一圈就回去了。

朱元璋雕像

血戰鄱陽湖

自小明王稱帝不久，江北紅巾軍大權完全落到劉福通手上，然而戰事接連失利，最後只剩下山東一部退守孤城安豐。朱元璋救援安豐為陳友諒創造了機會，進而引發了中國中古史上最大一場水戰——鄱陽湖之戰。朱元璋在這場戰爭中取得了最終勝利，從此以後，未再遭遇到能與他匹敵的對手。

危機降臨

至正二十三年（一三六三年）二月，張士誠派大將呂珍圍攻安豐，劉福通無計可施，向朱元璋求援。消息傳到應天，劉基極力主張借刀殺人，認爲分兵救援安豐，極有可能引來西線陳友諒的乘虛而入。但是朱元璋考慮到自己一直打著大宋的旗號，部下仍有一批人崇敬小明王，使得救援安豐成了必要的軍事行動。

三月份，朱元璋親率主力北上安豐。此時的安豐城早已被攻破，劉福通戰死。徐達、常遇春的大軍到來後，趕走了立足未穩的呂珍，救出了小明王這個傀儡「宋」帝。從此小明王被送到了滁州臨時建造的宮殿裡，被軟禁了起來。

但是戰鬥並未結束。天完政權汴梁（今河南開封）廬州軍首領左君弼派來一支人馬，增援呂珍。於是徐達、常遇春率領主力部隊，又轉去打廬州。廬州方面早有準備，從四月初直至八月底，徐、常大軍圍困了廬州近四個月，卻徒勞無功。這爲一心想謀取江西的陳友諒創造了一個絕好的機會。擺脫了徐達的封鎖，陳友諒乘機動員湖北、湖南所有壯丁，迅速建立一支強大的水軍。然而，遠在東線的朱元璋竟一無所知。

陳友諒有意重施故計，仿效太平之役——他的士兵將從高聳的船尾突

明・銅俑

襲這些沿江的府城。他所建造的戰船高數丈，分三層，整個船體都用鐵皮包裹，甲板上設有多處掩護弓箭手的包鐵塔樓，底層划船，頂層作戰，互不影響。每一隻這樣的大型戰船，據說可以載兩、三千人之多。

洪都攻防戰

陳友諒號稱六十萬的大軍浩浩蕩蕩，借助春汛水位高漲之機，出長江、過湖口、入鄱陽湖、轉贛江，一路順流而下，以迅雷不及掩耳之勢，迅速包圍洪都城（今江西南昌）。然而當陳友諒來到洪都城下時，不禁大失所望，原來洪都城守將朱文正在一年前，將面向江面的城牆進行改建，陳友諒從高聳的船尾奇襲城樓的計畫成為泡影，他的攻城時間表也被打亂了，無奈之下，只有全力攻城。洪都如果攻陷，對江西各地城防守將來說無疑是個信號。這裡曾是陳友諒的領土，他相信會有一批人望風而降。

如果連水道門一起算，洪都城一共有九個城門。在這九個門當中，撫州門四面開闊，最難防守，守這道門的重任落在朱元璋麾下名將鄧愈的肩上。他站在城頭親自指揮作戰，並以攻為守，主動出擊。至正二十三年（一三六三年）六月九日，漢軍又摧毀了一段城牆，眼看著就要湧進城來。鄧愈親自上陣，帶領守軍以猛烈的火力擊退了漢軍，在被毀的城牆後面又建起了一段半圓形的工事。

六月十九日，守軍再一次主動出擊，打垮了漢軍的又一次進攻。洪都城對陳友諒來說實在是太重要了，一直到七月二十四日，漢軍幾乎每天都在攻城，城內的糧草準備並不充裕。洪都守將朱文正假意答應投降，這才獲得了休戰的機會，同時派遣信使趕往應天求援。

洪都被圍兩月之久，通信受阻，朱元璋已有所警覺，但直至八月四日信使到達應天，他才真正明白這一切。當前的局勢對朱元璋極為不利，除了陳友諒東進，還有廬州方面被圍了四個月的左君弼拒不投降，更有靠近吳軍邊界的浙江諸全要塞守將謝再興於六月八日反叛，使得朱元璋無法動彈。原本強烈反對廬州之役的劉基再次獻策，朱元璋思量再三，於八月六日決定立即撤掉廬州之圍，各部退回應天集結，並派廣信守將胡德濟走陸路馳援洪都。

大戰前夕

至正二十三年（一三六三年）八月十五日，朱元璋的主力部隊集結完畢，匆匆忙忙離開應天，走長江水路，逆江而上，目標直指鄱陽湖。朱元璋的部隊號稱二十萬，但根據當時的船隻數量來推算，大概只有十萬餘人馬。

另一方面，陳友諒發覺中了緩兵之計，他料想朱元璋的主力必然走水路而來，於是他留下部分兵馬圍住洪都，自己則率領艦隊順贛江而下，氣勢洶洶，直奔鄱陽湖，決心一舉滅掉朱元璋。

一場鄱陽湖大戰顯然無法避免了，當時的形勢幾乎完全是對陳友諒有利。首先，陳友諒部隊號稱六十萬，即便在洪都攻堅戰的過程中有所損失，但士兵數量仍然是朱元璋的許多倍。其次，無論是船身大小，還是船隻數量，陳友諒均以絕對優勢勝過朱元璋。第三，朱元璋疲師遠來，倉促備戰，陳友諒則以逸待勞，準備充分。再加上朱元璋所部還在進行兩線作戰，此次逆流而上，以寡敵眾、以弱敵強、以勞敵逸，似乎只有戰敗一條路了。

八月二十四日，朱元璋的船隊開到了鄱陽湖的入口處，在長江北岸與鄱陽湖口相對的涇江口和南湖觜建築防禦陣地。這裡是最為狹窄的水域，朱元璋希望這些陣地能夠阻止陳友諒的艦隊離開鄱陽湖。

戰場如棋局，陳友諒包圍了朱元璋的洪都，朱元璋又將陳友諒堵在了鄱陽湖，立時勝負難分。這次朱元璋的主要目的是救援洪都，所以船隊不能僅僅守在湖口。

二十八日，朱元璋率船隊主力向南行駛，開進鄱陽湖深處。就在這一

鄱陽湖水戰

明代年畫，表現鄱陽湖水戰中朱元璋以少勝多大敗陳友諒的場景。

天，陳友諒得到朱元璋到達湖口的消息，立即率領船隊主力北行，開出贛江口，進入鄱陽湖，急切地尋找朱元璋的船隊主力，以決一死戰。

二十九日深夜，兩支船隊終於在康郎山前的水域相遇了。雙方擺開陣勢，卻並未立刻開戰。這是難以入眠的一夜，誰都沒有必勝的把握。

朱元璋遇險

至正二十三年（一三六三年）八月三十日，天剛濛濛亮，兩軍正式開戰。陳友諒的船隊塗了紅漆，巨船之上騎兵往來；朱元璋的船隊則清一色白船。雙方交手之後，水天之間立時沸騰起來，砲火的轟鳴聲瞬間淹沒了一切聲響。猛將徐達率先出陣，他帶領前鋒船隊看準敵船空隙，憑藉船小輕快靈活的特點，直衝敵方船陣。敵我雙方箭弩齊發，砲聲震天，廝殺數回。紅船前鋒船隊不敵，殘部敗陣。緊接著又是一陣紅船砲火襲來，水面上掀起一片片水柱，徐達的坐船中彈，紅船乘勢掩殺過來，後陣的白船用砲火壓住陣腳，掩護徐達的前鋒船隊慢慢撤離戰場。此戰雙方皆有損失，朱元璋的戰船暫時處於劣勢。當晚，陳友諒召開作戰會議，提出集群突擊，即把船隻用鐵索連起來，以船高的優勢衝垮朱元璋的船隊。

三十一日，兩軍再戰於康郎山前。陳友諒的巨船已經用鐵索鏈接起來，橫在水面，如同一道城牆。朱元璋則把水軍分成十一隊，大船放在中間，由徐達、常遇春統領，輕舟小船擺在兩翼，由俞通海和廖永忠率領。雙方船隊同時向敵方推進，才剛進入射程，雙方就迫不及待地點燃火砲轟擊。左翼俞通海的幾隊戰船利用機動性強於敵方的特點，用石弩、火銃猛攻而佔了上風。

可是位於中間的大船，卻被陳友諒的巨船逼得節節後退，朱元璋的旗艦受到猛烈攻擊，徐達率領的幾隊戰船也嚴重受損。為形勢所迫，白船決定退至淺灘，以擺脫敵船追擊。在撤退途中，朱元璋的旗艦接連中彈，他剛換完船，旗艦就被砲火炸得粉碎。陳友諒手下猛將張定邊發現朱元璋剛剛換乘的小船向康郎山方向逃去，立刻組織一隊小船，向朱元璋衝來。

雙方追打了一陣，朱元璋所乘坐的小船被砲火激起的水浪推向淺灘，無論軍士如何用力划槳，小船依然擱淺在淺灘。眼看敵軍愈來愈靠近，朱元璋麾下諸將紛紛拚死來救。陳友諒命人用大船擋住援軍，以砲火支援張定邊，俞通海、廖永忠的輕舟快船被隔阻在外圍，無法近前。眼看朱元璋就要成了俘虜，遠在十數丈之外的常遇春情急之下一箭射來，正中張定邊。同一時間，朱元璋所乘小船也被趕來救援的其他戰船撞出淺灘。張定邊見狀調轉船頭退回本陣。此時天色已黑，雙方各自鳴金收兵。

血戰鄱陽湖

至正二十三年（一三六三年）九月一日，經過兩場惡戰，朱元璋的部隊有許多人不願再與高如城樓的敵船作戰了。朱元璋發現這種情況後，果斷地處決了幾個首領，展開陣勢準備迎敵。上午十點左右，雙方再一次展開廝殺。在陳友諒巨船的威逼下，朱元璋的右翼首先抵擋不住，開始後退。朱元璋怒氣衝冠，連斬十餘名隊長，也未能制止船隊的敗退。

好不容易撐到下午，刮起了東北風，朱元璋大喜，馬上出動早已裝好柴草、火藥的輕舟快船，命令手下乘風衝入敵船。一時間烈焰飛騰、黑煙滾滾，天空中好像突然飄來一大片很低的烏雲，煙水之間只有赤紅的火光照亮著如鏡的湖面。轉眼間，陳友諒百艘巨船化爲烏有，湖面上只留下未被燒盡的船板和漢軍死屍。陳友諒的部隊戰死六萬餘人，其弟陳友仁、陳友貴等重要將領被燒死。朱元璋這一方也損失了七千多人，幾員猛將戰死。經過這一場慘敗，陳友諒損失甚重，但實力依然強於朱元璋。

九月二日早晨，陳友諒再次列船隊於陣前，戰事又起。這一次紅船隊形已經散開，白船已經不能期望用火攻進行戰術性奇襲了。朱元璋改變策略，他令白船以輕舟群圍漢軍巨船，逐一分割、孤立，再圖消滅。這種戰術起初還能見到效果，可是紅船很快便適應了這種戰術。朱元璋很清楚自己不大可能打贏這場水戰，於是下令迅速退出湖面。

經過四天的水上血戰，陳友諒雖然遭受重創，但朱元璋也沒有得勝，最終他還是選擇放棄鄱陽湖。起初朱元璋進入鄱陽湖的目的是爲了解救洪

鄱陽湖

鄱陽湖地處江西省的北部，長江中下游南岸，是中國最大的淡水湖。元至正二十三年（一三六三年）七月，朱元璋在統一天下的大戰中，與陳友諒軍在此地展開了一場生死水戰。

都之圍，但是這時，胡德濟已經從陸路解除洪都之圍的消息使朱元璋決定放棄正面作戰的想法，他決定把陳友諒的幾十萬部隊困死在鄱陽湖內。

陳友諒之死

至正二十三年（一三六三年）九月二日入夜，每隻白船船尾掛起燈籠，成單縱隊移師左蠡（今江西都昌西北）。次日天明，陳友諒發現朱元璋已全軍撤走，迅速尾隨而下，移舟泊於諸磯（今江西星子南），兩軍隔水相望。直到此時，陳友諒才知道出鄱陽湖唯一能回武昌的水路出口已經被朱元璋堵死，數十萬大軍成了甕中之鱉，漢軍的軍心一落千丈。

兩軍對峙數日期間，朱元璋一再誘降，陳友諒的左右兩名金吾將軍先後反叛。朱元璋厚待降卒，以瓦解對方軍心。爲阻止陳友諒逃遁，他下令移軍湖口，命常遇春等人率舟師橫截於湖面，又令人在長江兩岸修築水寨，並於江中多置火船。這樣一來，陳友諒更加不敢輕易突圍。

十月三日，由於糧草殆盡，在鄱陽湖內的陳友諒終於開始突圍了。他的船隊憑藉南湖觜的地理位置發動攻擊，幾次拚死突圍後，終於衝出湖口，逆江而上，希望盡快回到武昌。朱元璋早已在湖口上游擺下船隻，見戰機已到，一片火船順流漂泊而下，漢軍紅船見狀，馬上向下流散開，白船借勢緊逼上去，紅白船隻相雜，三三兩兩地纏鬥在一起，江面上展開了一場連綿數十里的大混戰。

就在戰鬥最激烈的時候，兩軍陣中傳來了陳友諒中流矢而亡的消息。這一消息快速散布開來，徹底摧毀了漢軍僅存的一點鬥志。入夜，張定邊率領他的那一小支船隊死命保他陳友諒幼子陳理逃回武昌，擁他做了漢帝。次日早晨，盛極一時的陳友諒船隊完全覆滅，殘部約五萬人投降。

望夫亭

在江西省九江市有一座千年古鎮——吳城鎮，鎮上有一座矗立在鄱陽湖畔的亭樓，名叫望夫亭。關於這個望夫亭，有一段美麗的傳說。

元末，陳友諒與朱元璋各霸一方，數次大戰於鄱陽湖。陳友諒有一個叫婁玉貞的妃子，婁妃不僅貌美如花而且聰穎過人，陳友諒非常喜愛她，在鄱陽湖畔為她修建了一座亭樓——望湖亭。一日，婁妃在望湖亭等待出戰的陳友諒。此戰臨出發前，婁妃曾與陳友諒約定，如果戰勝而歸就張旗揚幡、擊鼓奏樂；如不勝而回，就偃旗息鼓。後來，陳友諒大勝而歸時想要逗一逗婁妃，故意令人偃旗息鼓，降下帥旗以示敗北。誰料婁妃信以為真，竟然縱身跳進了鄱陽湖。後人為了紀念婁妃，遂將望湖亭改為望夫亭。

平定東吳

在陳友諒大舉南攻朱元璋時，雄踞東吳的張士誠企圖坐收漁翁之利。可是陳友諒被消滅以後，長江上游的大片土地和數萬漢軍士卒盡歸朱元璋所有，這樣一來西線再無強敵，朱元璋的實力轉眼之間超越了張士誠。於是，朱元璋的第二個進攻目標便指向了張士誠。

反覆無常的張士誠

元朝末年，群雄並起，反元義軍大體上可以分爲兩個派系，一派是尊奉小明王爲共主的紅巾軍，另一派則是非紅巾軍的義軍。紅巾軍又可分爲東西兩支，淮河流域以小明王爲代表的被稱爲東系；在濠州、滁州一帶活動的郭子興和長江上游的徐壽輝被稱爲西系。非紅巾軍的義軍主要有東吳的張士誠和浙東沿海的方國珍。

這兩個派系又有明顯的區別，紅巾軍以徹底推翻元朝統治、恢復漢人江山爲目標，與元朝政府對立。非紅巾軍則沒有原則，也沒有明確的目標，只要元政府給的條件合適就投降，不滿意就反叛，再談條件，如此反覆叛變，每次地位都會升高一點，地盤也會更大一些。

反觀朱元璋，按理說他與紅巾軍的方向應該是一致的，但當時朱元璋的實力比較弱小，也沒有明確反元的政治理想，所以只能算是介於紅巾軍與非紅巾軍之間。他一面對小明王俯首稱臣，另一面又討好元政府，接受封賞，兩邊都不得罪。

張士誠的情況就不同了，他對元朝的態度經常反覆無常。至正十三年（一三五三年），由於受到元軍和方國珍部的兩面夾擊，張士誠主動向元政府請降，被授以淮南江北行省官職；可是至正十四年（一三五四年），張士誠卻又自稱誠王，國號大周。至正十七年（一三五七年）八月，張士誠再次降元，被授以太尉之職。當時，元朝京師大都急缺糧草，元政府只得招降張士誠讓他解決糧運問題。這幾年來，元江浙右丞相達識帖木兒一直想勸張士誠歸降，後來張士誠連失軍事要地，其弟張士德被朱元璋生擒，再加上東邊又有苗軍楊完者，張士誠這才不得已降了元朝。

達識帖木兒下令張士誠出糧，又

令方國珍出船，一起支援大都。兩個人之前交過幾次手，這次突然要合作，都各懷鬼胎，達識帖木兒費了好多的口舌，才說服二人合作。從至正二十年到二十三年（一三六〇年至一三六三年），每年運往大都的糧食有十幾萬石。

自立爲王

早在元至正十六年（一三五六年）二月，張士誠佔領平江（蘇州），嘉興告急。元江浙丞相達識帖木兒招湖南苗帥楊完者來守嘉興。楊完者以數萬眾屯嘉興，先鋒呂才以七千眾屯王江涇。

楊完者生性凶殘，放縱部下驕橫民間，焚燒民房，掠人財貨、強搶民女，嘉興民眾深受其害。張士誠降元後，達識帖木兒與張士誠暗定計策，圍剿了楊完者的部隊，苗軍將士大部分轉而投效朱元璋。這樣一來，再也沒有人能制約張士誠，達識帖木兒反倒處處受其挾制。在接下來的六、七年，之前苗軍地盤及稱雄淮西的趙均用地盤全數歸張士誠所有，他的勢力南到杭州、紹興，北到濟寧，西到汝州、穎州、濠州、泗州，東爲大海，綿延兩千餘里。張士誠所佔據的地方富庶繁華，全是些產糧重地。至正二十三年（一三六三年）九月，張士誠殺了達識帖木兒，自立爲吳王，從此元朝再也徵不到他的一粒糧食。

張士誠爲人遲鈍寡言，沒有主見，他手下的大將們全是當年一起打仗的兄弟，即使做錯事或是打敗仗，張士誠也不忍心責罰。久而久之，軍紀渙散。

從至正十六年（一三五六年）起，張士誠與朱元璋相互攻打，邊境日無安寧，但誰都沒有打贏過。直到陳友諒覆滅，朱元璋率大軍凱旋，集中力量全力攻打東吳，局勢才開始轉變。

朱元璋攻取東吳的戰略計畫主要分三步：第一步的攻勢開始於至正

張士誠像

元末農民起義軍領袖。至正十四年（一三五四年）正月，在高郵稱誠王，國號大周。至正二十三年（一三六三年），自稱吳王。

二十五年（一三六五年），戰略目的是使東吳的軍力限於長江以南。這一戰從至正二十五年（一三六五年）十月開始，一直打到第二年四月，東吳在淮河流域的勢力全數被消滅。第二步的攻勢計畫是奪取湖、杭二州，以翦除張士誠的兩翼，孤立平江。第三步，也是最後一擊，是包圍並最終攻取平江。

討伐檄文

在朱元璋攻打張士誠的戰略步驟中，除了戰場上眞刀眞槍的廝殺外，還有文字方面的宣傳攻勢。至正二十六年（一三六六年）五月，朱元璋向天下發布討伐張士誠的檄文。朱元璋在這篇檄文中，列舉了張士誠的八條罪狀。當中，竟有七條是在罵張士誠如何不忠於元朝、如何詐降、不貢錢糧，又如何陰謀害死元江浙右丞相達識帖木兒和楊完者。僅有第八條指責張士誠誘降朱元璋的將官和騷擾邊境百姓。

縱覽這所謂八大罪，倒有七條內容實質是指責張士誠對元朝政府不忠，如果不看開頭和結尾，非常容易使人容易誤以爲這是元朝政府的討伐令。除了替元朝政府指摘張士誠，檄文中還詳述了元末形勢和朱元璋起兵的過程。文中不但責罵張士誠和元朝政府，連紅巾軍政權也一併罵進去，說他們是妖術、妖言。

與這篇檄文前後發出的，還有一道性質相同的宣諭徐州吏民的文告。從這兩篇文章中，我們可以看出一個中心思想——朱元璋正式否定了在此之前紅巾軍的行動，並引經據典，解釋自己起兵是打著「伐罪救民，王者之師」，是爲了救民於水火之中；從這一刻起，朱元璋正式脫離了明教。這表示朱元璋已經以順承天命的王自居，准備繼承王朝的正統。

明．犀角雕柳蔭牧馬杯

杯外壁高浮雕牧馬人和馬匹，整個杯體佈局疏密有致，刻畫神形兼備。

平江淪陷

元至正二十六年（一三六六年）八月，朱元璋動用了二十萬大軍，派統帥徐達、副帥常遇春，開始向東吳發起新一輪攻勢。出師之前，常遇春主張直取平江，平江破，其他諸城自降。朱元璋卻決定採用葉兌的計畫，認爲張士誠出身鹽梟，湖、杭多爲亡命之徒，二城必會全力抵抗來救平江，不如分散張士誠的兵力，先取湖、杭二州，逐個擊破，必可成功。朱元璋親率大軍，兵分兩路，分取湖州、杭州，切斷東吳兩翼，戰爭打到第十一個月，湖、杭守軍才投降。勝利之後，大軍進城不殺不掠，也不燒房子、不挖祖墳，生怕刺激了東吳子弟，增加他們抵抗的心理，此時張士誠的都城平江已被三面圍攻。

朱元璋認爲平江指日可得，江南很快會盡歸自己掌控。同年年底，他令廖永忠到滁州迎接小明王，船到瓜步渡江，行至江心時沉沒，小明王溺水身亡，龍鳳王朝就此滅亡。

當月，朱元璋大軍圍住平江城，每日用火銃、襄陽砲猛轟，張士誠外無援軍，內無糧草，多次突圍皆告失敗。朱元璋送信招降，又派說客勸降，他一概不理。就這樣一直僵持到第二年九月，才攻破平江城防，展開巷戰。張士誠見大勢已去，一把火燒死了家眷，自己也要飲毒酒自殺，被侍者阻止，後爲士兵所俘，送回應天。一路上，張士誠閉著眼睛，不說話也不吃飯，誰問話也不理。朱元璋氣憤至極，叫人將他亂棍打死後，連屍首也燒成了灰。至此，以張士誠爲核心的東吳勢力滅亡了。

徐元帥平定姑蘇

朱元璋平定陳友諒後，謀劃攻擊張士誠，命徐達、常遇春率軍出擊。徐達率軍奪取湖州、杭州，攻下平江，活捉了張士誠。

收服方國珍

朱元璋在平定了陳友諒、張士誠這兩大勁敵之後，成了江南地區實力最強的一方霸主，他的下一個目標，就是浙東方國珍。方國珍也是平民出身，是最早擁有根據地的義軍領袖，只因不圖進取，夾在元政府與朱元璋之間兩頭討好，最終落得個屈為人臣的下場。

洋嶼青．出海精

方國珍，元朝元應元年至明洪武七年（一三一九年至一三七四年），名珍，字國珍，又稱谷貞，是浙江台州黃巖洋嶼（今浙江台州）人。他是元末第一個抗元義軍領袖，比劉福通、徐壽輝等紅巾軍起義早三年，比郭子興濠州起義早四年。據說方國珍身高七尺，身材魁偉，臉色黝黑，天生臂力過人，可以拉住奔跑中的駿馬。方國珍兄弟五人，世代以販鹽、捕魚爲業。

元朝末年，對百姓的統治更加殘酷，爲了防範漢人反抗，元政府規定每十戶人家只允許用一把菜刀，並且用鐵鏈鎖在屋柱和井邊上。再加上這一時期天災人禍不斷，百姓不得安寧，因此浙東地區有民謠流傳說：「天高皇帝遠，民少相公多；一日三遍打，不反待如何。」台州地區也有「洋嶼青．出海精」的歌謠，這裡的「洋嶼」指的是洋嶼山，也叫童山。

元朝元應元年（一三一九年），方國珍出生，有漁民在海裡捕到了一個海怪，無人認識，方國珍的父親便以諧音，給兒子起名爲珍，喻指「海精」。

至正初年（一三四〇年），方國珍的父親因欠地租，遭地主羞辱，後又與蔡亂頭爭奪煮鹽的鐵鍋，鬧到官府，官府偏袒蔡亂頭，兩家從此結了

明．掐絲琺瑯蒜頭瓶

此瓶小圓口，口下鼓出似球狀，俗稱「蒜頭瓶」，長頸、鼓腹、圈足，通體施天藍色琺瑯釉為地。

仇。至正七年（一三四七年），黃巖地區有人造反，蔡亂頭起兵響應，元中書參知政事朵兒只班發兵前去征討，一時間抓不到亂民，只好胡亂抓一些百姓充當反賊。那個地主藉機誣告方國珍與蔡亂頭暗通，方國珍一怒之下殺了地主，地主家人告到官府，方國珍害怕，幾次用錢行賄抓捕他的官吏。這個時候，另一個仇家蔡亂頭帶著一夥強賊大肆搶掠沿海居民，方家也被搶掠一空。盛怒之下，方國珍召集鄉里壯丁數百人，追趕那批強賊，生擒頭目。這使得蔡亂頭非常恐懼，賄賂了台州的總管焦鼎，才不予追究。

至正八年（一三四八年）十一月，官府派巡檢又來抓捕方國珍。當時方國珍正在吃飯，情急之下，他用門槓殺死了前來抓捕他的巡檢，後來他與兄弟們逃往海上，不到一個月的時間，就召集了千餘名百姓，開始了劫奪元朝海運皇糧的生涯。

雄踞一方

至正九年（一三四九年），元政府派浙江行省參政朵兒只班率領三萬水軍前來圍剿方國珍。此時形勢對方國珍來說十分嚴峻，因爲元兵比他多了十倍。方國珍觀察了形勢之後，命令義軍沿海路南撤，數日後撤到福建五虎門外。此處海灣險要，方國珍部署伏兵，準備迎戰。

朵兒只班輕敵冒進，追到五虎門，只見義軍船隊大火熊熊，卻看不到一個人。正當他感到疑惑的時候，四面號角聲起，喊殺震天，方國珍指揮義軍小船四面包抄而來，火箭亂飛，元軍戰船頓時燒成一片火海，朵兒只班的旗艦也被義軍「水鬼」鑿沉，許多元軍被生擒，義軍大獲全勝。方國珍挾持朵兒只班讓元朝發招降狀並獲得元朝批准，方國珍被封爲慶元（今浙江寧波）定海尉，兄弟幾人也皆授以官位。方國珍不肯赴職，返回鄉里，手下士兵也不肯解散，勢力反而更爲壯大。

第二年，方國珍不受元朝政府控制，在十月率眾搶劫了沿海富戶。陳恢、毛德貞、應允中等人率鄉兵聯合圍剿方國珍，被方國珍敗於楓河，陳恢戰死，毛德貞逃往異鄉，應允中也溺水身亡。之後千艘戰船停靠松門港，向當地居民借糧，入海攻掠沿海州郡；同年十二月二十八日，攻入溫州，焚燒官船。元朝爲了安撫方國珍，設立巡防千戶所，授命他爲巡防千戶長，其兄弟爲百戶長。

至正十二年（一三五二年）初，徐州芝麻李起兵反元，部隊很快發展到十餘萬人，截斷了南北運河。元軍水路進發，前往鎮壓，引起方國珍的懷疑，方國珍再度反叛，回到海上。次年正月，方國珍帶著兩千餘艘戰船靠岸，登陸搶掠溫州。元江浙行省左丞帖裡帖木兒主張再度招降，引起元朝內部意見分歧，中書右丞相脫脫主張征討，當時在元朝出任江浙行省都事的劉基也建議圍剿。後來元朝還是採取了招撫的策略，任方國珍爲徽州路治中。在此期間，有個好縱橫之術的奇人張子善，曾勸方國珍溯江北上，爭奪天下，被他一口回絕。張子善見他沒有大志，只好離去。

至正十七年（一三五七年）八月，元朝命方國珍圍攻張士誠。方國珍以少勝多，七戰七捷，攻到平江城下，迫使張士誠降元。至正二十年到二十三年（一三六〇年至一三六三年）間，方國珍出船，張士誠出米，每年送十餘萬石糧食到元大都，元順帝非常滿意，封方國珍爲江浙行省左丞相，賜爵衢國公。

迫降方國珍

方國珍於江浙一帶時叛時降的同時，朱元璋的勢力也在迅速地發展壯大。到至正十八年（一三五八年）底，朱元璋的軍隊已經延伸到衢州、婺州一帶，逼近方國珍所佔據的慶元、溫州、台州諸地。十二月，朱元璋派蔡元剛招降方國珍。在衡量利弊得失之後，方國珍假意投降朱元璋，並於第二年正月，遣使奉書，進獻黃金五十斤、白銀千兩、金織文綺百匹。三月，他又遣使將溫州、台州、慶元三郡獻給朱元璋，並以次子方關爲人質。朱元璋放回了方關，令夏煜爲使，授方國珍爲福建等處的中書省平章政事，其兄弟幾人也均有任命，並令其奉龍鳳爲正朔，以本部兵馬守城。這時，方國珍已經接受了元朝授予的江浙行省平章政事的官職，只好找藉口不奉紅巾軍龍鳳正朔。

至正二十七年（一三六七年）四月，朱元璋攻克湖州、杭州，圍剿平江張士誠，見方國珍屢次假降，反覆無常，便寫信細數其十二大過，由於當時戰局不穩，所以並未發兵征討。

洪武元年（一三六八年）七月，朱元璋見時機成熟，責令方國珍貢糧二十三萬石，同時又去信威脅。方國珍知道此次將無可避免地與朱元璋交

明・鏤空雕竹節邊框門絛環板

「洋嶼青‧出海精」與方國珍

元朝末年，在浙江台州黃巖洋嶼山（今浙江台州）地區，曾有風水先生說這裡臥有龍脈，龍頭正是方國珍家所居住的這一帶，被稱爲龍頭垟。大家聞訊爭先到此地做墳，因此又被稱爲龍頭爭。

在龍頭爭的東面海上有個海島叫洋嶼山，聽說是龍珠之地，有十七把金交椅，只因做墳過多，傷了龍脈，洋嶼山的草木也變得枯黃。大家相傳等到有一天山上的草木轉青了，這裡的海精（大人物）也就要出頭了。「洋嶼青‧出海精」的民謠也由此傳開。

方國珍出生那一年，洋嶼山忽然草木繁茂，青翠漫野，當時又有漁民從海中捕得怪魚，被人稱爲海精，方國珍由此得名。在方家五兄弟當中，唯獨方國珍智勇雙全，最爲出色。方國珍成年不久，他的父母就相繼去世，家中無錢置辦棺槨和墳地，兄弟幾人只好將父母安葬在自家田地，然而這塊田地正是當年風水先生所說的龍頭角。下葬後沒多久，洋嶼山上的草木再度轉青。隨即，海盜蔡亂頭與官府勾結，逼反了方家兄弟，他們經洋嶼出海。當地百姓皆以爲海精即是方國珍，從此附近州縣廣爲流傳：「洋嶼青，出海精，海精鬧海，天下要變。」

戰，當夜即令人運珍寶到海船上，準備下海逃跑。

朱元璋兵分兩路，一路由參政朱亮祖直取台州，方國瑛不敵，敗逃到黃巖，後來被朱亮祖追上，取黃巖，占溫州。方國珍的部將方明善見難以抵抗，敗退海上，明軍又克瑞安，舟師於洞頭三盤諸島追擊方明善，再到楚門海口，朱亮祖見方明善一路敗逃，便命百戶李德前去招降。

另一路由征南將軍湯和先取余姚、上虞，然後進攻慶元。方國珍知道無法克敵，就封了府庫，逃往海上。湯和大軍緊隨其後，連克定海、慈溪等縣。與此同時，朱元璋又命廖永忠爲征南副將軍，率舟師配合湯和夾擊方國珍。方國珍手下部將多數投降，在無路可逃的情況下，他只好讓兒子方關奉表乞降。

朱元璋看過降表之後，回書寫道：「吾當以汝此誠爲誠，不以前過爲過。」這一戰，朱元璋收降步兵九千二百餘人，水軍一萬四千三百餘人，官吏六百五十人，馬一百九十匹，海船四百二十艘，糧食十五萬石。

洪武元年（一三六八年）正月，湯和押送方國珍來到京師。朱元璋並沒有處罰方國珍，還任命他爲廣西行省左丞，食祿京師。所俘二百五十餘名官員，全部發往安徽滁州屯田，唯獨赦免邱楠，並授以韶州知府之職。洪武七年（一三七四年）三月，方國珍病死，葬於南京城東玉山之源。朱元璋設祭台，命翰林學士宋濂爲他寫了祭文《神道碑銘》。

征討福建、兩廣

朱元璋的水陸兩路大軍，在收降浙東之後，順勢向西南推進，矛頭直指福建、兩廣之地。廣東最高長官何真主動出迎請降，使百姓免遭戰火之苦。福建陳友定和廣西也兒吉尼忠於元廷，頑強抵抗，但大勢所趨，已無法扭轉西南戰局。

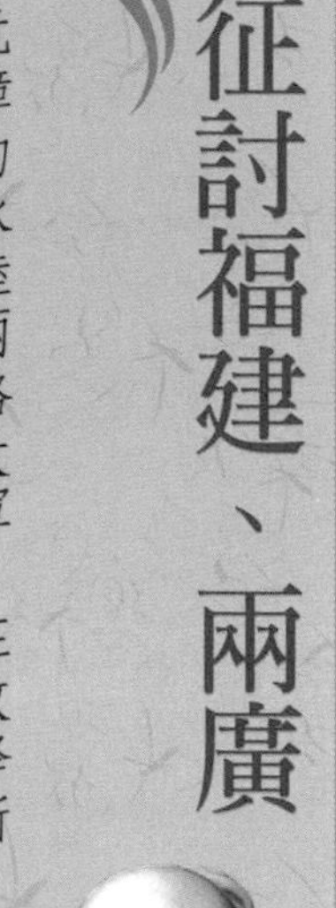

陳友定其人

陳友定這個名字乍一聽會讓人誤以為他是陳友諒的兄弟，其實不然。陳友諒是湖北沔陽人，陳友定則是福建福清（今福建福清）人。陳友定（？至一三六八年），字安國，自小寄籍在汀州路清流縣（今福建清流），年輕時在一個姓羅的富家當傭工，娶了這家人的女兒。

成家不久，陳友定的岳父給他一些錢，讓他做些小買賣。時逢元末，天下大亂，陳友定賠了本錢，只好投身到明溪寨當一名小兵。因為剿滅當地「妖賊」（彌勒教的教徒）有功，元朝駐汀州（今福建汀州地區）地方官賞識他善談兵事，升任他為黃土砦的巡檢。至正十七年（一三五七年），以討滅反賊起家的陳友定坐上了清流縣縣尹的位置，次年升任汀州路總管。

至正二十一年（一三六一年），剛剛在湖北雄起的陳友諒，派屬下大將鄧克明攻打福建，先後攻下了汀州（今福建長汀）和延平（今福建南平），包圍建寧（今福建建甌）。陳友定召集兵甲進行反攻，擊敗鄧克明，收復這三個地方，受到元朝的表彰，升任福建行省參知政事。

接著，陳友定趁勢吃掉了福清路宣慰使陳瑞孫的地盤，又趁興化與泉州兩路蒙古將帥內訌吞併二城，緊接著消滅了佔據漳州的福建行省左丞羅良。在與陳友諒周旋的三年間，福建大部分盡歸陳友定所有。元政府便升陳友定為福建行省平章政事，至此，

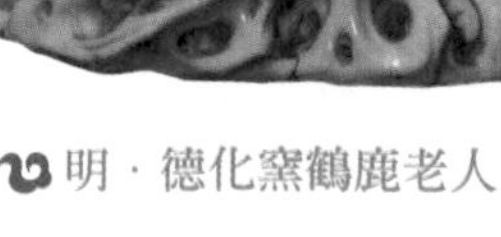
明・德化窯鶴鹿老人

福建全省全在他一手掌控之中。

至正二十三年（一三六三年），在鄱陽湖一戰中，陳友諒中流矢陣亡。陳友定趁機派部隊進攻朱元璋的處州（今浙江麗水），結果失敗，反而引得朱元璋的屬下胡深來攻，痛失浦城和建陽。陳友定見敵兵驕橫，設下伏兵，結果生擒了胡深，將他用火燙死。

陳友定對元朝始終忠貞不貳，到了至正二十四年（一三六四年），福建與元大都之間的諸多道路均已被隔絕，南方各省皆以此爲由不向朝廷進貢，唯有陳友定堅持每年繞取海路，向大都朝廷運送貢品。當時海路也不太平，十次運送有三、四次能送達就不錯了，由此可見陳友定的一片赤膽忠心。

平定福建

元至正二十七年（一三六七年）

十月，朱元璋在收服了浙東方國珍之後，隨即兵分水陸兩路進入福建。當時的福建八郡還在元朝福建行省平章政事陳友定的手上，他對元政府忠心耿耿。不過他所擁有的八閩之地，各地守將軍心不一。同年十月二十一日，朱元璋令中書平章胡廷瑞爲征南將軍，江西行省左丞何文輝爲副將軍，集結皖、贛兩省七座城鎮的兵馬，走江西由陸路進入福建。

胡廷瑞原本是陳友定的行省丞相，對福建全省軍事分布、兵力虛實以及地理環境都極爲熟悉。十二月十六日，湯和、廖永忠率剛剛打敗方國珍的水師，自明州（今浙江寧波）由水路出溫州、台州海口，進入福州海口，佔領南台，直取福州。福州處於水陸合擊之勢，元朝福州平章蒙古人曲出不戰而逃，院柏帖木兒戰死。

朱元璋的陸路大軍乘勝而來，於十一月三十日渡杉關，攻克光澤。陳友定接到消息，急命同僉賴正孫、副樞密謝英輔、院判鄧益率兩萬大軍支援福州，自己留精銳坐守延平（今福建南平），以成犄角之勢。

十二月二十八日，福州被明軍攻克，陳友定失去了戰略主動地位。就

明．鍍金銅佛塔

塔通體鍍金，由塔基、塔身、塔剎三部分組成，頂端為寶蓋和日月寶珠。

在湯和、廖永忠的水路大軍攻克福州時，由胡廷瑞、何文輝所率領的陸路大軍，由西向東連克邵武、建陽、建寧等地。明洪武元年（一三六八年）正月，莆田等十三個縣望風歸降。這個時候，福建全省僅剩下延平一城未降服了。

陳友定決心與延平共存亡，他做好了死守的準備。湯和、廖永忠派使者前去招降，卻被陳友定所殺，陳友定將明軍使者的鮮血置於酒中，與諸將誓盟，以死報效元朝。陳友定手下的將士多有怨言，有些將士請令要衝出城外拚死一搏，也被陳友定阻攔。在這種形勢下，開始有將士偷偷出城投降，這引起了陳友定的疑心，錯殺了一批能征善戰的大將，軍心開始渙散。被圍的第十日，城中突然傳來砲響，明軍誤以爲是城中內應，大舉攻城呼應，居然很快便攻克了延平。

陳友定見大勢已去，服毒自殺，結果被闖進來的明軍發現，後被救活押送回京。朱元璋非常敬重他的爲人，對他說：「元朝已亡，你爲誰守城？」陳友定雖然被捆綁著，但仍昂首挺胸，毫不屈服，直斥道：「無須多言，除了殺死我以外，你還能幹什麼？」朱元璋大怒，命人將陳友定及他的兒子斬於鬧市。

在掃平了福建全境之後，朱元璋的水陸兩路大軍揮師東南，兩廣地區的元軍陷入了三面包圍的境地。

兩廣之戰

與平定浙東方國珍和福建陳友定相比，朱元璋平定兩廣較爲順利。至正二十七年（一三六七年）十月，朱元璋命令湖廣行省平章政事楊璟攻打廣西。次年三月，又命廖永忠、朱亮祖二人率師走海路進取廣東。

這個時候，元朝在廣東的最高官員是廣東行省左丞何眞，在廣西的最高官員是廣西行省平章政事也兒吉尼。何眞是廣東東莞人，最早在河源縣任九品稅務副使，幾年後轉任到漆水鹽場做管勾，也是個九品的小吏。天下大亂時，他棄官歸鄉，招募鄉勇，私訓團練。當地有人造反，他去元軍帥府舉報，反被扣押。從帥府逃出後，他去剿滅叛賊，仍然得不

明・青花三友紋盤

青花色澤沉穩，以傳統的松、竹、梅為圖案，既各自獨立又互為整體，線條流暢，意境幽遠。

何眞

何眞，元至治元年至明洪武二十一年（一三二一年至一三八八年），字邦佐，號羅山，是東莞圓頭山人，八歲喪父，其母葉氏教子嚴而有方，養成了何眞自小喜愛讀書的習慣，除此之外他還擅長擊劍，是名副其實的文武全才。何眞曾出任河源縣務副使，因不滿官場黑暗辭官歸鄉，自練鄉勇安民。後來因平亂屢建功績多次陞遷，官至廣東行省左丞。

明軍進入廣東時，何眞看清大勢投降，使廣東軍民免遭戰火之苦。朱元璋喜歡此人識時務，稱讚他爲東漢竇融，並賜宴贈白銀千兩，任命何眞爲江西行省參知政事，譽他爲「識時達變」的天下豪傑。投效大明之後，何眞先後做過江西與山東的參知政事，山西、浙江與湖廣的布政使。何眞爲官期間，行事果敢，政令嚴整，深受同僚敬重。

洪武二十年（一三八七年）八月，何眞告老還鄉，受封「東莞伯」，食祿一千五百石，並賜予鐵券，上書功績，以爲憑證。洪武二十一年（一三八八年）三月，何眞去世，終年六十七歲，朱元璋親寫祭文，命百官素服三日，以侯禮入葬，復贈侯爵，謚「忠靖」。

到元朝官員的讚賞。後來，元軍叛將黃常攻佔了惠陽城（今廣東惠陽），他率領自己的團練鄉勇收復了惠陽城，得到了元朝政府的任命，被授爲惠陽路的同知，官居四品。之後，海盜頭領趙宗愚趁亂佔據了廣州城，元軍全靠了何眞才又重新收復了廣州。何眞這次得到了元朝政府的賞識，被封爲江西分省右丞，不久，江西分省改成了廣東行省，何眞在廣東地區做行省的左丞，官居二品。

洪武元年（一三六八年）二月，廖永忠的水軍剛剛到達潮陽（今廣東汕頭），何眞認爲元朝必定失敗，於是主動上表請降。不久，廖永忠抵達惠陽，何眞親自從廣州趕到惠陽迎接，廣東全境納入明朝統治範圍。

在廣西方面卻有一些麻煩。蒙古人也兒吉尼在元朝中央出任御史，後轉爲廣西道肅政廉訪使。他生性直爽，效忠元朝。至正二十三年（一三六三年）廣西設立行省，也兒吉尼被授爲廣西行省平章政事。洪武元年（一三六八年），明軍進入廣西境內，在圍攻永州（今湖南永州）一戰中，遭到頑強抵抗，死傷慘重。大軍進抵梧州，當地元朝守將達魯花赤率城中官員出城迎降，滕州、容州相繼失守。四月中旬，楊璟的部隊打到靖州（今湖南靖州），也兒吉尼死守靖州城兩月有餘，最終因將領背叛，城破被俘，押送回京師。朱元璋勸降失敗後，將其處斬，至此，兩廣之地盡歸明朝版圖之中。

北伐中原

朱元璋之所以能夠力挫群雄，發展勢力，主要是因為元朝內亂不止，無暇旁顧。現在南方平定，北伐之勢已成，大軍北上的一紙檄文更是具有極大的宣傳作用，朱元璋大軍所到之處，無不望風而降。隨著大都、汴梁等重鎮的相繼失陷，元朝的統治徹底結束了。

內戰方酣

就在義軍四起、群雄並立的時候，元朝忙於平定民變，各地義軍首領乘機壯大勢力。正是在這個時期，朱元璋從一個小兵逐漸成爲稱霸一方的吳王。

元朝內戰，要追溯到幾年前。紅巾軍起事之後，元朝正規軍全無作用，清剿義軍的主力部隊均是一些由地方上組織而成的團練鄉勇，能與紅巾軍正面作戰的部隊只有兩支，其中一支是起兵於沈丘（今河南沈丘）的察罕帖木兒和李思齊。紅巾軍相繼奪取河北、關陝，攻克汴梁，平定河南，號令最遠到江浙，並重兵佔據太行山，在計畫兵進山東的時候，與元朝的另一支部隊作戰。這個部隊就是正面對抗劉福通，重占襄陽、亳州的答失八都魯。答失八都魯死了之後，由他的兒子孛羅帖木兒接管了兵權，以大同爲根據地。

然而，元朝這兩支隊伍也發生了內戰，起因是由於孛羅帖木兒趁察罕帖木兒東征的時候，強佔了晉冀之地，導致雙方爲此展開了歷時幾年的爭鬥。元朝政府屢次遣使從中調停，直到至正二十年（一三六〇年）雙方才勉強同意停戰。察罕帖木兒遇刺身亡以後，部隊由他的養子擴廓帖木兒接管，

朱元璋像

朱元璋是從草莽英雄出身的帝王。他的成功就在於把握住了時機，把軍事手段與政治手段緊密地結合在一起。

兵進山東，孛羅帖木兒又一次帶兵前來爭奪晉冀之地，元朝內訌又起；同一時期，元朝的宮廷也發生了政變。脫脫死後，哈麻接任了丞相一職，沒多久，他密謀廢掉元順帝，立皇太子，結果走漏了消息，招致殺身之禍。太子生母奇皇后和太子仍在密謀廢帝之事，他們讓宦官樸不花和丞相太平相輔，太平不肯，爲太子所害。宮廷裡分成了兩派，太子一方拉攏擴廓帖木兒，順帝一方只好聯合孛羅帖木兒。

太子假傳聖旨陷害孛羅帖木兒意圖造反，至正二十四年（一三六四年）四月詔命擴廓帖木兒出兵討伐。孛羅帖木兒帶兵直接攻陷大都，平定之後，班師回大同。太子一黨逃出大都後不甘失敗，令擴廓帖木兒再度出兵攻打大同。孛羅帖木兒依照前法，再入大都，做了中書右丞相。太子敗走太原，自立爲帝。至正二十五年（一三六五年），太子調擴廓帖木兒集諸路兵馬殺入大都，孛羅帖木兒戰死，擴廓帖木兒接任丞相。奇皇后派人命擴廓帖木兒擁立太子進宮，逼順帝讓位，擴廓帖木兒不肯，便與太子母子結下了深仇。後來順帝封擴廓帖木兒爲河南王。

至正二十六年（一三六六年），擴廓帖木兒用檄文調關中四將會師，引起李思齊等人不滿，再度爆發大規模內戰，孛羅帖木兒舊部也倒戈討伐擴廓帖木兒，順帝藉機削去他的兵權，內戰才算稍作平息。

北伐戰略

朱元璋打下江南之後，決定出兵北伐，此時元朝的內訌剛剛告一段落。大軍出征之前，朱元璋先與劉基商議了作戰計畫，又找來諸將召開軍事會議。常遇春提出的作戰方案以攻堅爲主，他認爲南方平定後再無顧忌，當以全力直取元大都，再分兵蕩平其他城池，到那時諸路元軍必然不戰而降。

朱元璋的計畫卻恰恰相反。他認爲，大都乃百年都城，防禦工事堅固，大軍孤軍深入，攻堅不下勢必被其他元軍切斷歸路，困於大都外圍。因此攻取大都應該先取山東，移師河南，再進據潼關，拿下這些要地，將元軍困於晉冀，孤軍無援，方可取勝。朱元璋的戰術比較穩重，步步擴大戰果，後方相對穩固許多，諸將均贊同這個部署。

在幾年前的池州大戰中，常遇春不聽徐達勸阻，活埋了陳友諒的三千降卒，導致陳友諒大舉來犯，險些攻克應天。這次北伐關係重大，徐達作爲大將軍無人不服，用來節制諸將也最爲合適。常遇春適合攻堅，面對敵軍從不膽怯，任爲副將軍。出發之前，朱元璋擔心他好鬥輕敵，再三約束告誡，並叮囑徐達，如遇大敵，可以常遇春為前鋒，參將馮勝為翼，又任薛顯為右丞，勇冠三軍的傅友德為參政，關鍵時刻，也可獨當一面。朱元璋再三申明軍紀，告諭將士北伐意義重大，戰鬥的主要目的不是攻佔城池，而是要毀滅元朝政府。

北伐檄文

在討伐張士誠的時候，朱元璋親眼目睹文字宣傳的效用，他要讓北方中原人民明白北伐的意義，解除他們對紅巾軍的恐懼心理，並且瓦解元軍的軍心。於是在北伐元軍前，他命宋濂起草檄文公告天下。這篇檄文對朱元璋的成功，是一大助力。

這篇宣傳文告其實是朱元璋幕僚中儒生系統的傑作，代表儒家的正統思想。當中提出「驅逐韃虜，恢復中華」的響亮口號，使北方人民明白朱元璋大軍北伐的意義，以民族革命吸引漢人，打動儒生士大夫，解除北方官僚對紅軍的恐懼心態。並呼籲蒙古人、色目人，只要他們肯接受中國傳統文化，「能知禮義」，並「願為臣民」，便可得到和漢人、南人一樣的待遇。

這篇宣傳文告，使北方人民明白，朱元璋的軍隊是為了恢復秩序，安定人民的生活，官吏也可不用害怕，只要投降就可保全性命。蒙古、色目人也不像以前那樣拼死作戰，只要願為臣民，就可得到保護。因此北伐檄文一推出，除了蒙古貴族和皇族外，全都被動搖了，投降者日益增多，北伐軍因此得以順利進軍，打走元人。

何以北方的儒生士大夫、官僚富戶在這篇文告發表後，會改變立場接受朱元璋呢？其實，元末時，蒙古軍隊已經腐化，無法作戰，真正和反元軍作戰的是各地官吏富戶募集的義兵和民兵，也就是說這種對抗，其實是漢人與漢人的對抗。這些人是為了保全自己的身家性命和產生才肯拼命。朱元璋起初屬紅軍系統，但在討伐張士誠所發表的檄文中，已經一腳踢開紅軍，罵紅軍「兇謀」、「放火」、「殺人」，尤其是殺戮士大夫。他自己建立新系統來爭取士紳的支持，士大夫的同情擁護。而在儒生的建議、獻策下，他的目標也漸漸轉變。討元

朱元璋書《教說大將軍》（局部）

這封書信是朱元璋寫給大將徐達等人的親筆書信，文筆非常簡潔。

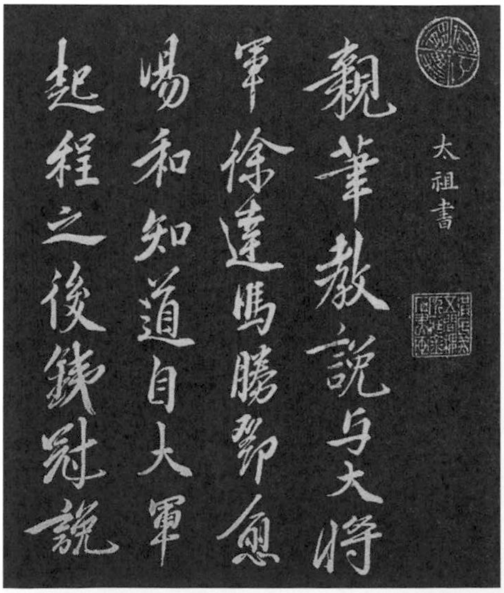

時更具體的指出他和紅軍不同，他是爲了討伐胡虜而用兵，並非要對付地主儒生。朱元璋的革命性質由社會革命轉爲民族革命是儒生（多爲江南地區）的影響，但也使得北方的儒生認同他。

攻克大都

北伐檄文的宣傳十分成功，北方的儒生、士大夫全力支持朱元璋，農民更是如此，而元朝的官吏和蒙古人、色目人知道只要順從就有生路，也不再拚死抵抗，整個北方除了蒙古皇室，似乎全無鬥志。

北伐大軍以徐達作爲先遣主力部隊，鄧愈由襄陽北進南陽，進行策應，目的是分散元軍兵力。第一波攻勢，從出師到洪武元年（一三六八年）正月，三個多月之內，收復山東。第二波由山東取河南，一路由南向西，連克歸德（今河南商丘）、許州（今河南許昌）。與鄧愈部隊會師之後，切斷汴梁後路，一路北上，走鄆城渡黃河直抵陳橋，將汴梁鉗擊於中部，汴梁守軍不戰自降。後又擊敗洛水元軍，平定河南全境。

另一路馮勝部攻克潼關，李思齊、張良弼遁走。僅僅兩個月的時間，朱元璋的大軍就已經完成了初期預定的戰略目標，佔領潼關，堵住了關中元軍的出路，完成了三面合圍大都。五月，朱元璋的北伐大軍準備對大都展開攻擊。

當時在元朝，擴廓帖木兒被解除了兵權，退兵澤州（今山西晉城），元順帝想藉機除掉他，令諸將圍剿澤州。這使得擴廓帖木兒大爲震怒，他引兵佔據太原，殺死元順帝派來的關保大軍。同一時間的朱元璋已經拿下了河南汴梁，也佔領了潼關。元順帝慌了，把所有過錯推到太子身上，恢復了擴廓帖木兒的官職，令其救援大都，但一切爲時已晚。

朱元璋北伐大軍展開了第三波攻勢，閏七月，徐達率領部隊連克德州、通州，元軍毫無抵抗能力。元順帝驚懼不已，於二十八日三更時分，率后妃、太子逃奔上都。八月初二，北伐大軍在不費吹灰之力的情況下進入大都，元朝政權從此結束。

明．金爵、金盤

金爵造型仿古代青銅器，上面滿鑲珠寶，極盡奢華。

龍鳳小朝廷

元朝末年，北方白蓮教教主韓山童以獨眼佛人事件煽動黃河修堤民工造反，引發元末紅巾軍起義。數年以後，劉福通將韓山童之子韓林兒扶上了皇位，建元龍鳳，遷都汴梁，為天下紅巾軍所尊奉。然而時局急轉直下，這個在歷史上活躍了十二年的王朝，最終被朱家王朝代替。

紅巾軍起義

元朝末年，佔據統治地位的蒙古貴族，對其他民族尤其是漢族十分殘酷。他們將大量的農田改爲牧場，使世代以耕種爲生的農民失去了賴以生存的土地，淪爲任由大地主驅使奴役的佃戶和奴婢。

除此之外，元朝政府還任意徵收苛捐雜稅，名目繁雜，竟然比元朝初年的稅額暴增二十倍之多。在如此橫徵暴斂的情況下，百姓們不堪重負，政府財政也陷入危機。元朝統治者不思改革，反而施行變鈔，引發物價飛漲，貨幣貶值，再加上天災不斷，百姓終於被起而反抗。

韓山童是中原地區首先號召百姓揭竿而起的義軍領袖。他出生於北方白蓮教世家，祖籍欒城（今河北境內）。韓山童的祖父韓學究，就是北方白蓮教教主。元武宗至大元年（一三〇八年），朝廷下令禁止傳播白蓮教，韓學究舉家遷往永年縣（今河北邯鄲東北）。之後，韓山童接任白蓮教教主。由於白蓮教歷史悠久，而且與彌勒教、明教、佛教、道教相互融合，這個綜合性的教派擁有一大批信徒。

至正四年（一三四四年）五、六月間，黃河白茅堤、金堤相繼決口，江淮旱災、蝗災、瘟疫橫行。至正十一年（一三五一年）四月，元順帝任賈魯爲工部尚書，聚十七萬軍民於黃河堤岸治河，大傷民力，社會衝突

元・至元通行寶鈔

元代「至元通行寶鈔」是元世祖至元二十四年（一二八七年）頒行於全國的紙幣。紙幣呈黑灰色，是由棉、麻、桑皮的一種韌度極高的紙張印製而成。票面完整，字跡和印章則模糊不清，版心邊框纏枝花卉紋。

一觸即發。韓山童看準時機，散佈獨眼佛人的歌謠，與弟子劉福通、杜遵道、羅文素等三千人於潁州潁上縣發動起義。起義過程中，韓山童不幸被殺，其子韓林兒與其妻楊氏躲入武安山中。弟子劉福通聚義軍，佔據潁州之後，先後攻陷安徽、河南許多城鄉。潁州起義的成功，燃起了全國各地抗爭的熱潮，也爲龍鳳朝廷的建立奠定基礎。

芝麻李起義

芝麻李本名李二，邳州（今江蘇邳縣）人，因逢饑荒之年以家中僅存的一倉芝麻賑濟災民，百姓感念其仁義，故稱他爲「芝麻李」。元至正十一年（一三五一年）五月，劉福通在潁州首倡紅巾軍起義，當時元朝爲修治黃河，致使民業荒廢，人心不平。芝麻李響應劉福通舉行起義，他聚集趙均用、彭大等八人，歃血誓盟，計畫起義方案。

同年八月十日，這八個人喬裝成治河的挑工，半夜時分芝麻李帶領三個人尋機闖進徐州城中。到四更天時，他們四人在城中多處燃起大火，向城外吶喊。城外四人得到訊息，也四下燃火、吶喊作爲呼應。就這樣城裡城外喧呼接應，城內很快亂成一片。城中四人趁亂奪取守城士兵兵器亂殺，接應城外四人衝入城中。八人會合後一面高聲叫喊，一面奮勇砍殺。城中百姓這時均跑出來跟隨芝麻李等人砍殺官兵。黑夜之中元兵不知虛實，只顧逃命，天亮的時候，徐州城已經完全在芝麻李等人的掌握之中。芝麻李高舉紅巾軍的大旗，自願從軍者達十餘萬，之後他又派遣人馬，先後攻取宿州（今安徽宿州）、五河（今安徽五河）、睢寧（今江蘇

元朝的幣制

元朝幣制最大的特點是長期、廣泛、大量地發行和流通紙幣。元朝紙幣的形狀一般為長方形，長二十五至二十六公分，寬十六至十八公分，版面的四周是花邊，上方從右到左印有「○○通行寶鈔」，正中為數額。下方印有印鈔的單位、職官名稱，發行年、月、日及偽造者處死等警語。元朝紙幣的流通主要歷經了中統鈔、至元鈔和至正鈔三個時期。這三個時期中幣值最穩定的是中統鈔，流通時間最長的是至元鈔，發行量最多、貶值最嚴重的是至正鈔。

至正鈔於元順帝至正十一年（一三五一年）開始流通，以紙為母（本），銅錢為子，與過去的交鈔或以絲為本、或以金銀為本大為不同。至正交鈔發行的同時，還發行「至正之寶」銅錢，來配合紙鈔發行，讓銅錢來代表紙鈔，目的是印製交鈔，以虛代實。交鈔大量印刷，結果使物價上漲了十多倍，人民苦不堪言，都不願意使用，更有人將這些紙幣拿來糊牆鋪地。這樣一來，交鈔最後形同廢紙。

睢寧）、豐縣（今江蘇豐縣）、沛縣（今江蘇沛縣）、靈璧（今安徽靈璧）、安豐（今安徽壽縣）、泗縣（今安徽泗縣）等地，獲得初步成功。

芝麻李雖然軍勢空前強大，但所佔徐州正處於南北交通要地，對元朝威脅極大。至正十二年（一三五二年）九月，元朝當權丞相脫脫親率大軍南下，圍攻徐州，守城義軍拚死抵抗。最終脫脫用計，在巨石大砲的猛烈轟擊下攻破徐州。

混亂之中芝麻李逃走，後來被俘，在雄州（今河北雄縣）被殺害。趙均用與彭大率殘兵轉戰至濠州與郭子興等人會合，紅巾軍徐州起義就此宣告失敗。

龍鳳開元

紅巾軍起義爆發不久，遭到了元朝軍隊的瘋狂鎮壓。由於義軍主要成員以未經訓練的平民爲主，一度轟轟烈烈的大起義迅速轉入了低潮。劉福通所領導的東系紅巾同樣遭受了沉重的打擊。至正十四年（一三五四年）九月，元朝右丞相脫脫率百萬大軍南下圍剿高郵（今江蘇高郵）張士誠。張士誠率部拚死守城數月，眼看危城難保，元朝內部有奸黨進讒言，脫脫被陣前削了兵權，元軍不戰自潰，百萬之師瞬間散盡。

至正十五年（一三五五年）二月，劉福通評估高郵之戰的形勢，又一次掀起反元的高潮。恰逢此時，有人在碭山夾河找到韓林兒，當即接回亳州，立爲皇帝，號稱小明王，國號大宋，建元龍鳳。從此大江南北各路紅巾軍均以龍鳳紀年。韓林兒打出宋徽宗九世孫的旗幟，以大宋爲國號，表示「復宋」大業已經實現，又以小明王自稱，來迎合明王轉世的傳言。

大宋建國後，韓林兒尊母親楊氏爲皇太后，杜遵道、盛文郁爲丞相，劉福通、羅文素爲平章政事。不久，杜遵道因專權被劉福通所殺。劉福通自立丞相，加封太保。

韓林兒龍鳳朝廷非常重視政權的建設，主要行政機構多效仿元制，設中書省、樞密院、御史台和六部。爲了節制北方各路紅巾軍，又在那些比較穩固的地區設置了行省機構，如江

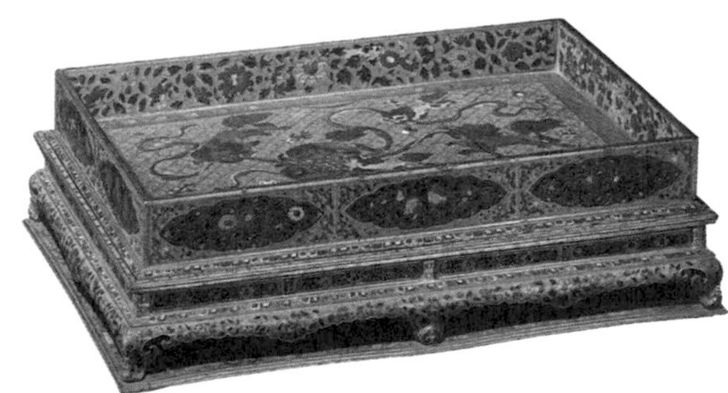

明．掐絲珐琅雙陸棋盤

此盤為明代御用監製造，銅胎鍍金。長方形，四壁直立，下承束腰六足帶托底座。盤內底四邊飾鍍金長方框，框內以掐絲淺藍釉為地，飾七獅戲球紋。方框長邊上各有十二個小圓開光，內嵌螺鈿，是為棋位。

南、益都、淮安、遼陽、曹州都有中書省，行省官制也與元制相同，行省以下的地方政權，改元朝路一級的機構爲府、州、縣三級。軍隊方面，也有比較系統化的機構，設有統軍元帥府、管軍總管府、管軍萬戶府等，均受樞密院節制，各行省還設有地方樞密院，相應的軍級有百戶、千戶、萬戶、總管、統軍元帥等等。

定都汴梁

龍鳳政權建立後，面對自穎州起義以來有著四、五年作戰經驗的劉福通，坐在龍椅上的韓林兒只是一個虛有其名的傀儡。

同年六月，元軍以河南行省平章答失八都魯爲中原大軍總指揮，圍剿東系紅巾主力，卻先後被劉福通擊潰於許州長葛（今河南長葛東北）、中牟一帶。東系紅巾渡過黃河，逼近元朝京師大都，全國爲之震動。進入十二月，元軍爲減輕京師方面的壓力，全力圍攻亳州，小明王被迫退往安豐（今安徽壽縣）。劉福通接到消息後，急速回師救援，一舉擊敗敵軍，保住了亳州。

至正十六年（一三五六年）九月起，劉福通發動了著名的紅巾軍北伐戰役，大軍分爲三路：西路軍李武、崔德部轉戰於陝甘地區；東路軍毛貴部最遠打到棗林、柳林（今北京通縣境內），元軍無不驚駭；中路軍由關先生（關鐸）、破頭潘（潘誠）部由魯入冀、晉，北戰上都（今內蒙古正藍旗東），東進高麗。

至正十八年（一三五八年）五月，劉福通親率紅巾軍主力攻克宋朝故都汴梁（今河南開封），迎龍鳳政權遷都於此。汴梁城自北宋靖康元年（一一二六年）被金國攻陷以來，歷經二百三十多年，重回漢人手中，中原軍民備受鼓舞。

作爲復宋政權最高統治者的韓林兒，在這段時期唯一的政務就是下達詔書，任命地方軍政各級官員。至正十六年（龍鳳二年，一三五六年）七月到至正十九年（龍鳳五年，一三五九年）初，龍鳳政權先後建立了江南、益都、淮安、遼陽、曹州等五處行省及行樞密院，任命了一批功臣武將爲各行省的平章及行省丞相等職位，朱元璋正是在此期間由行省平章，逐步升爲行省左丞相、吳國公直至吳王。這一系列的行動，代表龍鳳政權正從一股軍事勢力轉向一個有著嚴密體系的國家，這也是東系紅巾勢力的巔峰時期。

徐壽輝與天完國

徐壽輝早年是個販賣土布的商販，相貌出眾、身強體壯，而且爲人正直，在當地有很高的威信，素有湖北羅田第一美男子之稱。他做生意的時候常被元朝官吏勒索，因而早就對元朝這個腐敗的政府必懷不滿。至正十一年（一三五一年），劉福通的紅巾軍打到羅田附近，在明教煽動下，徐壽輝效仿韓山童利用明教召集人馬，在麻城鄒普勝和西系紅巾軍首領彭瑩玉等人的輔佐下，僅僅幾個月的時間，便擁有了足夠的實力，在大別山主峰的多雲山莊發動起義。徐壽輝被推舉爲這支義軍的首領，眾人頭包紅巾，名義上聽命於小明王，因信奉明教，燒香集眾，又被稱爲香軍。

這支由徐壽輝領導的紅巾軍先是攻下了羅田，九月又佔領了圻州、黃州、浠水等地，並定都在浠水（今湖北浠水），國號天完，年號治平。

剛剛起家的徐壽輝，雖說地盤不大，但鑄有銅印，發行錢幣，而且政權內部的建制十分周全。陳友諒即在此時投入徐壽輝麾下，被封爲元帥簿書掾。

元至正十三年（一三五三年），元朝調動幾省兵力，對徐壽輝進行圍剿。在這次圍剿中，徐壽輝喪失了一些地盤，彭瑩玉戰死。後來，徐壽輝率軍大舉反攻，不但奪取了江西、湖南兩省，連四川和陝西也有一部分被納入其統治範圍，並在漢陽（今武漢漢陽）建都，改年號爲太平。此時的徐壽輝，擁兵百餘萬，地盤是義軍中最廣的一個。不過好景不長，陳友諒藉機孤立了徐壽輝，最終取而代之，創立了大漢國，紅巾軍的力量大爲削弱。

被遺棄的王朝

至正十八年（一三五八年）七月，元朝派察罕帖木兒、孛羅帖木兒等人開始進行大規模反攻。劉福通派出的三路北伐大軍，此時暴露出致命的弱點。紅巾軍兵力分散，汴梁城孤城無援，次年五月被圍，八月城破。劉福通護衛韓林兒衝出重圍，逃回安豐，皇室後宮及數萬官員家屬以及官兵五千餘人被俘，符璽、印章、國庫被奪，龍鳳政權幾乎陷於癱瘓。

小明王逃回安豐之後，兵力喪失大半，對元政府已經構不成威脅。察罕帖木兒調整了軍事方向，矛頭直指

明・掐絲琺琅獅紋尊

尊通身以淺藍釉作地，腹部飾四獅戲球，間飾花紋。

里、州、縣

元朝時，縣以下的機構，稱爲「社」，五十家爲一「社」，設有一名社長。明朝建立後，以十家爲一個單位，稱爲「甲」，設立一個甲首。十「甲」爲一里，設一個里長。不論是甲首還是里長任期只有一年，大家輪流擔任。城內每百户稱爲坊，近郊每百户稱爲廂。坊長、廂長和里長的職權相同，主要工作是協助執行中央與省府州縣下達的政令，同時負責領導當地公益事業，另外還擔當法官解決紛爭。明朝將縣尹之上的「達魯花赤」與縣尹之下的「尉」裁減，使縣級政權更加明確，並將元朝時期六品的縣尹，降爲正七品，改稱「知縣」，下設縣丞、主簿、典史各一人（元朝縣級典史爲二人）。元朝時的中、下級縣，不設縣丞，明朝的中、下級縣則不但不設立縣丞，有時候連主簿都不設立，這些事務都交給典史兼管辦理。在縣之上，有府有州。裁掉了元朝時期的「達魯花赤」和「路」這種地區單位，一律改稱爲「府」，知府的官階爲正四品。明朝對知府衙門的官員大加裁減，僅留有同知、通判、推官、經歷、照磨、檢校、司獄。自推官以下，每個職位只設一人。

山東紅巾軍。這一時期韓林兒名義上仍然是龍鳳政權的皇帝、天下各路紅巾軍的共主，他曾多次下詔加封朱元璋；朱元璋直到至正二十六年（龍鳳十二年，一三六六年）時仍採用龍鳳年號。

至正二十三年（龍鳳九年，一三六三年）二月，號稱吳王的張士誠派大將呂珍攻打安豐，久攻不下，而城中早已斷糧，百姓以吃死屍過日子，把井底的泥土做成丸子用人油炸著吃。劉福通派人向朱元璋求援，朱元璋顧及君臣關係，親率主力馳援安豐。大軍到時，安豐城剛剛陷落，劉福通戰死（一說隨小明王溺死於瓜步水域）。朱元璋擊退呂珍，在亂軍之中找到小明王韓林兒，將其迎駐於滁州新修建的宮殿。同年三月二十四日，小明王追封朱元璋三代，以示恩典。

至正二十四年（龍鳳十年，一三六四年）正月，朱元璋在打敗陳友諒之後即位爲吳王，這時龍鳳政權早已名存實亡。至正二十六年（龍鳳十二年，一三六六年）十二月，朱元璋在確信自己穩坐江南半壁江山之際，命廖永忠親赴滁州迎接小明王到應天，當船行至瓜步（今江蘇六合南）水域時發生意外，船隻沉沒，小明王溺水而死，龍鳳王朝就這樣不明不白地滅亡了。

從此以後，朱元璋竭力銷毀一切與龍鳳王朝有關的事務。而他死後所編的《明太祖實錄》中，也沒有提到曾與龍鳳小朝廷的臣屬關係，這段歷史就這樣被抹去了。之後的百年間，鮮少有人瞭解這段被「歷史」遺忘的龍鳳王朝。

稱帝改元

歷經數十年的腥風血雨，一次次從生死關口闖過來的文武百官們，跟隨著朱元璋終於走到了明朝建立的這一天。北方的戰事還在繼續，西南川蜀還待平定，但是時機已然成熟，一個新生的帝國——大明王朝就此創立。

百官勸進

至正二十七年（一三六七年）十二月，朱元璋的北伐大軍順利地掃平了山東，南征大軍也已經收降方國珍，進入福建境內。水陸大軍並進，勢如破竹，應天府捷報頻傳。對朱元璋部隊而言，西南並無強敵，北面元朝政府內訌不斷，蕩平周邊敵寇指日可待。

朱元璋一直嚴守朱升所說「緩稱王」這句話，如今一統天下既已成事實，再加上百官勸說，他決心登上這個至尊無上的皇位，君臨天下。滿朝文武上下心思一致，前方的喊殺聲未絕，應天這裡就已經開始商議著如何籌備開國大典了。當首輔宣國公李善長率文武百官奉表勸進時，朱元璋答應了下來。

在勸進的第十天，朱元璋及其後宮搬進了新蓋好的宮殿裡。遵照舊禮，朱元璋宣讀了祭告天地的祭文。這篇祭文的大體內容是：宋朝以來，蒙古人入主中國百年有餘，到今日氣數已盡。天下豪傑並起，上天賜給我賢明的大臣，使我逐步平定了諸雄，現在擁有土地兩萬多里，臣子們說天下黎民無主，一致推舉我為皇帝，我不敢推辭，現在告知上天，將於明年正月四日在鍾山頂上開設祭壇，昭告

十二旒冕

明代皇帝禮帽，以漆竹絲做胎，面敷黑紗，紅絹做裡，桐木做延，前後各垂十二旒，旒以五彩絲繩穿玉珠十二顆。冕圈呈筒狀，上部兩側各有一孔，貫一長方形玉衡，用以維冕；下部有玉簪貫髮髻，兩側各有玉，簪的兩端繫以紅絲纓結於頷下。

上天，如果我可以做皇帝，祭告那日天氣晴朗，否則的話，天降狂風來告訴我。

這段祭文原本只是登基過程中的一個形式而已，可是祭文的最後兩句卻成了讓朱元璋憂心的一塊心病，萬一明年正月四日那天，天氣眞的不好怎麼辦呢？

奉天殿受賀

自從宣讀完祭文以後，應天地區的天氣始終陰沉沉的，還連降雨雪，直到大年初一雪才停了，第二天天氣有所好轉，到法舉行大典這一日，竟然晴空萬里，實在出人意料。朱元璋一直的心事，直到此時才算放下。看著多變的天空，朱元璋忽然回想起當年陳友諒在采石五通廟登基的事。陳友諒脾氣急躁，對於登基稱帝這樣的大事，也不願仔細選個好日子，結果那天狂風驟雨，他的衣冠也被泥水濺污，似乎早已預示了他的悲慘結局。看著大殿外刺眼的陽光，朱元璋又想到了劉基。劉基不愧是個能人，居然也能算到今日會大晴，眞是大好吉兆。此時朱元璋心情極爲舒暢，把將來所要面臨的難題，全部都先放在一邊了。

登基稱帝的時刻終於到來了，依照禮數，這一天朱元璋要先告祀天地，再到應天南郊即皇帝位，丞相率百官拜賀，觀賞慶賀的舞蹈，大典之上還要選出有德望的老者，代表百姓參加觀禮，之後眾人連呼三聲萬歲。禮成後皇帝要去太廟追尊四代祖父母、父母，再祭告社稷，最後再回奉天殿受百官朝賀。朱元璋終於正式成爲新一代皇帝。

皇宮裡的正殿名爲奉天殿，從此皇帝詔書的開頭爲「奉天承運」。明朝之前，皇帝詔書的開頭一般是「上天眷命」，元朝則是說「長生天氣力里，大福蔭護助里」，這種口吻朱元璋覺得不夠謙卑，於是改爲「奉天承運」，以表示他的一切行動都是聽從上天的安排。

洪武元年（一三六八年）正月初四這一天，朱元璋和文武百官行禮如儀，定國號大明，建元洪武，以應天府爲都城。

在奉天殿受賀之後，朱元璋又立原配妻子馬氏爲皇后，長子朱標爲皇太子，並修改官員排名以右爲先的慣例，任命李善長爲左丞相，徐達爲右丞相，其他文武百官也相繼加官晉爵。皇室一族，無論是否在世，全都封王。一時間朝廷之上充滿了朝氣蓬勃的景象，一個嶄新的王朝就這樣誕生了。

國號大明

關於新王朝的年號，朱元璋採納了劉基的意見，取名爲大明。每個王朝的名號均要經過反覆的研究和多方面的思考，最終才能確定下來。歷代王朝的稱號根據意義可以分爲四大類：第一類是採用起初受封的屬地來命名，這類比較常見，如秦、漢；第二類是採用所封的爵邑命名，如隋、唐；第三類是以當地的特殊物產來命名的，如遼（鑌鐵）、金；第四類則是以文字中的含義來命名，如大元。大明國號的來源可以歸爲第四類。

大明國號的含義取自明教。元末各地義軍常借明王出世的傳說起義，並且以「大小明王出世經」作爲佐證。在此之前；明教已經傳播了五百多年，老百姓們深信「明王出世」的預言一定會變成現實。

這種傳說又與彌勒教所說的彌勒佛降生有關。彌勒佛與明王兩位教派的神使合二爲一，成爲深入民心、救民於水火的神主。韓山童王起義失敗之後，他的兒子韓林兒繼承了他的事業，號稱小明王，西系紅巾軍的分支也有明升自稱小明王。而朱元璋原本是小明王韓林兒的部下，小明王死了之後，才建立了新的政權。朱元璋聽取了劉基的意見，以國號爲大明，意思是遵從明王出世的說法，朱元璋就是大明王，是高於其他明王的眞正的明王。

大明的意義

在朱氏政權中，一直以來都存在兩股力量，這兩股力量可以簡單地劃分爲文武兩大派系。將大明定爲新王朝的國號，恰好使這兩大派系都無從挑剔，並且會傾心擁護。

從武將方面來看，開國的武將多數來自淮西，淮西地區曾是西系紅巾軍始祖彭瑩玉主要活動地，百姓長年受到彌勒教的教化。還有一部分武將是由郭子興的舊部和徐壽輝、陳友諒的降將組成，這兩個分支均忠於以明教信徒爲骨幹力量的紅巾軍。這樣一來，朱元璋的武將班底幾乎全是明教信徒。國號大明，對這些武將來說，一是表示新政權繼承了小明王的系統，明教信徒都是一家，應以團結爲重；二是告訴這些人，朱元璋才是眞

明・剔犀葫蘆式漆執壺

正的明王，誰也不能再以明王轉世的傳說，顛覆朱氏王朝。

從儒生方面來看，這些儒生和明教並無淵源，甚至與紅巾軍敵對。這些儒生自從加入朱元璋的隊伍，就一直想盡辦法勸朱元璋背棄明教，建立新的王朝。最終朱元璋背叛了明教，但卻取了大明這個國號。在儒生們看來，「明」是光亮的意思，是火，分開即爲日月，古禮有「大明」朝日「夕月」的祭禮，千百年來大明和日月都是朝廷的正祀，無論哪一種國祭，都爲歷代皇家所重視，這也是儒生們樂於討論的內容。

此外，歷朝起事皆是由北向南平定，而新朝與之前各個朝代起事的方向相反，是由南向北。拿陰陽五行之說來解釋，南方爲火、爲陽，神是祝融，顏色爲赤；北方爲水、屬陰，神是玄冥，顏色爲黑。元朝建都北京，起自北方的大漠，那麼以火制水、以陽克陰、以明消暗，正印證了明王出世之說。

再者，歷史上的宮殿名稱早有大明宮、大明殿，遠古神話裡也有「朱明」一詞，把國姓和國號聯繫在一起，成爲新朝又一個玄門解釋的巧合。儒生文人們愛咬文嚼字，國號明，正給了這些儒生們一個解釋。

江蘇南京明故宮遺址

明故宮又稱南京故宮，始建於元至正二十六年（一三六六年），是明朝早期的皇宮，在今江蘇南京中山路南北兩側。

洪武年間瓷器

明代手工業最具代表性的工藝算是陶瓷。以景德鎮為代表，明代的瓷器發展達到了一個相當高的水準。洪武年間的瓷器品種主要有青花瓷器、釉裡紅瓷器和單色釉瓷器三種。這些瓷器不僅數量龐大，而且品質優良，深受人們喜愛，有的甚至銷售到了國外。

青花瓷器

洪武青花是承先啓後的一代產品，繼承了元代青花傳統，但工整有餘，變化不多。圖案題材以花卉紋爲主，佈局趨於簡單，扁菊紋、纏枝紋或折枝蓮葉紋較爲多見，龍紋出現五爪但仍以三爪、四爪爲多。造型以盤、碗、罐爲主。除了玉壺春瓶、玉壺春執壺及口徑在二十公分左右的大碗爲釉底外，其餘均爲胎底。胎底的盤、碗之類底部有紅色護胎釉，且多數有明顯刷紋。青花瓷的圖案以花卉紋爲主，基本上和釉裡紅的花卉紋相同，特別多見扁菊紋，有些器物以纏枝扁菊爲主題紋飾。從傳世成品及景德鎮窯址發現的標本看來，洪武年間以碗類爲主的民窯青花粗瓷，底部無釉，且有尖釘狀凸起，保留了元代斜削足的特點。

洪武青花不同於典型的至正青花那麼青翠艷麗，也不同於典型永樂、宣德青花的濃艷色澤，而有自己的特點。這一時期的青花主要使用含鐵量較低且淘煉欠精的國產青料，呈色多爲灰藍色，黑色結晶斑點不明顯。後來人們發現，青花料若不罩在釉下燒製，燒出後則爲黑色，如果罩在釉下燒製，成品則爲灰藍色。

青花如意紋蓋罐

豐肩，圓腹，圈足。主題紋飾為三朵如意雲，脛飾柵欄狀變體蓮瓣，平底。

青花花卉紋蓋罐

洪武時景德鎮窯燒造。胎體潔白堅密，釉色白而帶淡青色，器身呈十二瓣瓜稜形，蓋呈荷葉形，寶頂紐。青花釉色略呈灰褐。器型碩大，渾厚雄偉，通體裝飾繁密而分明的十七層花紋，主次協調，生動活潑，反映出當時高超的瓷器工藝製作水準。

青花纏枝蓮大罐

短頸，溜肩，圓腹，圈足，造型渾厚飽滿。

青花纏枝菊花紋執壺

壺撇口，細頸，垂腹，圈足，造型秀美典雅。

釉裡紅瓷器

洪武年間的釉裡紅瓷器明顯多於青花瓷器，儘管釉裡紅的燒造技術仍未完全成熟，呈色不太穩定，多較淡或偏灰，個別器物有暈散或發暗黑色的現象，釉面上往往還有開片，但基本上與元代釉裡紅的色澤接近。在燒製工藝上也比元代有了很大的進步，元代無法克服釉裡紅暈散飛紅的現象，所以大多先在坯胎上刻好圖案，然後再用釉裡紅填繪紋樣留出白地，故而直接用釉裡紅繪畫的並不多見。洪武年間的釉裡紅紋樣已不再借助刻劃花而直接用釉裡紅繪畫，圖案大多用線條表現。這表示洪武釉裡紅的燒製技術已有明顯的進步，已經能夠成功地控制燒製過程中釉裡紅的飛紅暈散現象。

釉裡紅纏枝花卉紋玉壺春瓶

瓶撇口，細長頸，垂腹，圈足。裡口飾忍冬紋，頸飾蕉葉、卷草、如意雲頭，近底飾變形蓮瓣，腹部主題紋樣繪纏枝牡丹花。此瓶釉裡紅略顯暈散，牡丹花線條流暢，花葉呈葫蘆形，具有鮮明的時代特徵。

洪武釉裡紅的紋飾題材基本上與青花一樣，構圖繁複的纏枝花、折枝花、纏枝蓮花、扁菊花以及松、竹、梅、庭院芭蕉、飛鳳、人物故事圖等均有所見。

洪武釉裡紅瓷器的製作工藝與同時期的青花瓷器完全相同，除執壺、玉壺春瓶及直徑二十公分左右的墩式碗等器物底部施釉外，其餘大盤多澀胎無釉，燒成後氧化呈現紅色，圈足端大多採用平削工藝而成。

釉裡紅菊花紋玉壺春瓶

玉壺春為一種酒瓶的名稱，指的就是圓腹，漸漸收成細頸，瓶口微微向外敞開的瓶子。本件玉壺春瓶，頸部飾以芭蕉葉，器身飾以纏枝菊花紋。燒製則是採用釉裡紅的方法。元代的玉壺春瓶瓶頸較後代細，且較長。洪武窯的玉壺春瓶瓶口較小，下部呈現下沉厚重之感。

釉裡紅纏枝菊紋盤

盤圓口，折沿，淺腹，裡心有凸槽，圈足，沿面繪回紋一周，盤心繪折枝菊花，外圍飾纏枝蓮花六朵。外壁繪變形蓮瓣紋。盤形精美，釉裡紅顏色純正鮮艷，繪工細膩精緻，花紋自然明快。

釉裡紅菊花紋菱口大盤

盤口徑近四十六公分，具有元代瓷器造型碩大雄健的遺風。

單色釉瓷器

洪武時期的單色釉瓷器品種豐富，有白釉、紅釉、藍釉、醬色釉（柿色或褐色）和黑釉多種，這些器物雖有碗、盤、高足杯之別，但其共同特點是製作規矩整齊，特別是器物內壁均印雲龍紋，龍都爲五爪。器內底心皆淺刻雲紋，雲紋有兩種：一種爲「風帶如意」雲紋，另一種爲三朵雲紋。

白瓷荷葉式蓋罐

直口，短頸，圓腹，淺圈足。荷葉式蓋，蓋面塑蓮桿形紐。造型雄渾，胎體厚重，通體施白釉，釉色瑩潤，是明初白釉瓷器的代表作品。

釉裡紅松竹梅紋帶蓋梅瓶

器型健碩挺拔，釉裡紅顏色艷麗，口沿部繪卷草紋，肩頂部繪纏枝菊花紋，腹部主題繪松、竹、梅紋，近底處分別是海水紋和仰蓮紋。此釉裡紅梅瓶，尤為難得的是完好保存了原配的蓋。如此完好的明代洪武玉壺春瓶堪稱珍寶。

白釉暗刻雲龍碗

碗撇口，圓腹，圈足。裡外施白釉，內壁暗刻雲龍紋，龍體彎曲，昂首，矯健有力，在朵雲中行走，具有強烈的動感。

白釉暗刻龍紋盤

盤敞口，弧腹，圈足，具有典型的元末明初風格。

黑釉柿釉蓋梨形把壺

壺體小巧，呈梨形，敞口，口以下漸豐，圓腹，圈足。腹部一側有長流，另一側有如意式柄，柄上有一小圓環系，蓋頂有寶珠紐。上下施柿釉和黑釉，釉色勻淨，造型優美，彌足珍貴。

醬釉梅瓶（帶蓋）

寶珠形紐，豐肩，腹部下斂，近足處無釉露胎一圈。通體施醬釉，釉面光亮，但不均勻，有氣泡。

反腐倡廉

朱元璋堪稱古代帝王之中對腐敗最為痛恨的君王，為了整治貪官污吏，他先從自己做起，獎廉懲貪，廣開言路，在全國推行了轟轟烈烈的反貪行動。面對貪官他從不姑息，還創造出極端殘酷的刑罰手段予之震懾，使得洪武一朝吏治清明之風往後延續了近百年。

嚴於律己

朱元璋登基做了皇帝之後，仍然時時刻刻提醒自己要勤儉節約。他的一日三餐非常簡單，與普通百姓沒有什麼差別。這種飲食習慣一直持續到他年老身體不好的時候，才稍稍改變一些。

有一次，浙江金華府的官員向朱元璋上供了一袋香米。他覺得很好吃，可是又怕擾民，僅吃了一頓，剩下的便讓下屬如數退還，還申斥地方官以後不要再上貢。可是他始終念念不忘香米飯的味道，於是就讓人從金華弄了一些香米的種子，在皇家園林中開出十幾畝水田，自己竟親手春播秋收起來。

朱元璋對後宮嬪妃和子女們的要求也十分嚴格，常教育他們說：「珠玉不是寶，節儉才是寶。」要求他們粗茶淡飯，不要過分貪圖口舌之欲，衣服沒有穿破就不要丟棄，縫製衣服時剩餘的布料還可拼接成百衲衣，施捨給孤寡老弱，因此他在世的時候，親屬及後宮子女中沒有人膽敢鋪張浪費。

獎廉懲貪

大明開國後，腐敗之風漸漸興起，官員們貪贓枉法，逼迫老百姓造反的事時有所生。於是，朱元璋親自主持監修《大明律》，並編寫《大誥》，對貪官採取了前所未見的嚴酷懲罰。

朱元璋還把百姓痛苦的生活編成了《醒貪簡要錄》一書，賜給每個爲官者，書中記載著大小官員的品級和俸祿折合多少稻穀，又將稻穀的產量折合成田地面積，用以教育官員們知道農民種地的不易，希望這些做官的能夠憑著良知多體恤百姓，言詞懇切，用心良苦。

在懲罰貪官的同時，朱元璋也對

清官大加恩賞。洪武三年（一三七〇年），河南嵩縣劉典史入京朝聖，朱元璋見他衣衫破舊，怕他有意在自己面前裝樣子，就掀起他的朝袍看，只見裡面的衣服也是補丁套著補丁。朱元璋大爲感動，請他坐到自己身邊說話。劉典史一走，朱元璋還是有所懷疑，就叫人去查證，瞭解到此官確實爲清官，當即就下令賜他銀兩布帛並升官一級。

廣開言路

平民出身的朱元璋非常清楚官場上官官相護的黑暗情況，爲此他廣開言路，鼓勵百姓告官。爲了讓老百姓能夠躍過贓官們的阻隔，下言上達，朱元璋在午門外特別設置「鳴冤鼓」，民間百姓若有冤情，在地方上不能討回公道，可以上京擊鼓鳴冤，向皇帝直接申訴，而朱元璋本人也會親自調查案情。

朱元璋還給予百姓們特權，只要在地方上發現貪官污吏，百姓們就可以將貪官綁到京師治罪。爲了防止有人半路爲難，他規定所經各地檢查站必須無條件放行，要是有誰敢阻隔上聽，均要處以死刑，還要株連九族。

在廣開言路方面，朱元璋還廢掉了只有朝中大員才可以早朝的規矩，頒布新規定：無論官位品級、隸屬何地，只要是朝廷的命官，均有參加早朝、上殿言事的資格，如果有隱情，還可以要求單獨面聖。

針對那些執法犯法的官員，朱元璋還採用監視的方法，委派檢校實施監督大權，一旦發現有貪贓枉法的官員，可以隨時隨地上奏，哪怕是三更半夜，朱元璋接到了舉報貪官的密信，也會馬上起床接見。因此，有些貪官在晚上剛剛受賄，第二日天剛亮就被查辦了，動作之神速令人咋舌。在這樣嚴密的反貪網絡之下，就算是遠離京師深藏窮山僻壤的郡縣官員，也不敢放肆，以免因小失大遭人舉報。

朱元璋在位三十一年，始終把反腐倡廉當做頭等大事來辦理。因此，洪武年間官吏清明。

明・捕蝗圖（壁畫）

畫中農民的形象憨厚、純樸，真切反映了人們痛恨蝗災的心情。

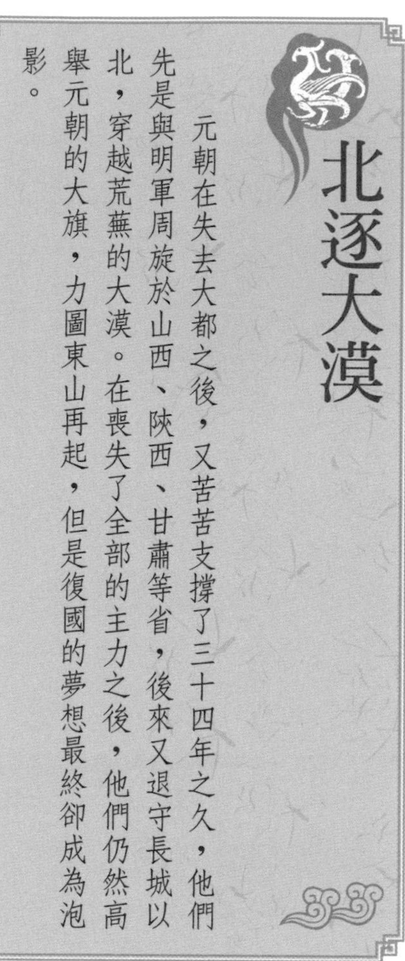

北逐大漠

元朝在失去大都之後，又苦苦支撐了三十四年之久，他們先是與明軍周旋於山西、陝西、甘肅等省，後來又退守長城以北，穿越荒蕪的大漠。在喪失了全部的主力之後，他們仍然高舉元朝的大旗，力圖東山再起，但是復國的夢想最終卻成為泡影。

逐出中原

洪武元年（一三六八年）八月初二，朱元璋的北伐大軍攻下元朝大都，元順帝攜妃北逃上都。元大都雖然已失，元順帝仍然坐在上都發號施令，元軍實力還是很強大。徐達、常遇春認識到了這一點，他們不敢大意，立即移師西進，接連進取山西、陝西諸地。從朱元璋的北伐軍攻克大都到洪武二年（一三六九年）八月，整整一年的時間，元軍不但頑強抵抗，而且還多次大規模反攻。

在此期間，朱元璋的西征軍從河北入山西，遇上擴廓帖木兒派來爭奪澤州（今山西澤州）的軍隊，西征軍大敗，擴廓帖木兒見北平（攻克大都後，朱元璋改大都爲北平）空虛，親率兵馬出雁門關，打算偷襲北平。徐達首先得到情報，可是他並沒有回援，反而以圍魏救趙之計，直搗擴廓帖木兒大本營太原。擴廓帖木兒的部隊行到一半，得到消息，馬上移師太原，半夜時分，被徐達早已埋伏好的兵馬伏擊。元朝名將擴廓帖木兒僅以十八騎北逃，從此山西全境盡歸大明所有。

洪武二年（一三六九年）三月，西征軍攻入奉元路（今陝西西安），李思齊逃奔鳳翔，又轉向臨洮，始終無法擺脫追兵，勢窮而降。然而元軍並沒有因爲擴廓帖木兒的失敗放棄奪回大都的計畫，他們趁北伐軍西進之機，偷襲北平外圍重鎮通州。北平城並無重兵把守，常遇春和李文忠二人效仿前次徐達解圍北平之法，率步騎九萬，直指元上都，元順帝繼續北逃，進入沙漠，北平因而轉危爲安。

在勝利回師的途中，常遇春暴卒，李文忠接管了他的軍隊，繼續西征，圍攻大同的元軍全數殲滅，生擒脫列伯，殺死孔興。元順帝見幾次奪取大都全失敗了，從此打消了南返的念頭，只好回到漠北，做起稱雄漠北的蒙古大汗。

此時，徐達大軍沒有回師的意思，他們繼續西進，張良弼逃到寧夏，他的弟弟張良臣在慶陽歸降，不久又反，被殺，陝西由此平定。

這一年多來，元朝大將李思齊、孔興、脫列伯、張良弼兄弟降的降、死的死，僅剩下擴廓帖木兒擁兵寧夏，不時出兵騷擾邊境。洪武三年（一三七〇年），朱元璋又命大將軍徐達征討漠北元朝殘餘勢力，擴廓帖木兒的部隊先圍蘭州，後與大明軍隊激戰，大敗奔回和林（今蒙古國哈爾和林）。

三路北伐

洪武五年（一三七二年）正月二十二日，朱元璋精心擬定一套遠征大漠的計畫，命徐達爲征虜大將軍，李文忠爲左副將軍，馮勝爲右副將軍，各率五萬人馬，分三路出征。以徐達爲中路，出雁門關，直逼和林。沿途大造聲勢，其目的是誘使元軍出戰，在野外殲滅元軍主力。這次朱元璋的目的不再是攻城奪地，而是要消滅元朝的全部力量。

李文忠部爲右路，出居庸關，經應昌，靠向和林，在徐達大軍誘出元軍主力之後，出其不意切斷元軍後路，前後合擊元軍。馮勝的左路軍作爲疑兵，出擊甘肅，用來迷惑元軍。

二月二十九日，徐達大軍開進山西境內，先鋒藍玉奉命出雁門關，在野馬川（今蒙古國克魯倫河）與擴廓帖木兒的先鋒部隊相遇。猛將藍玉奮勇當前，擴廓帖木兒不敵，敗逃。三月二十日，藍玉連夜追擊，在土喇河（今蒙古國烏蘭巴托西）趕上敵軍，再次擊敗元軍。接連的勝利，使徐達、藍玉以爲很快就能擊敗擴廓帖木兒，他們絲毫沒有發覺自己中了敵人的計謀。正如擴廓事先部署的一樣，大明軍隊果然中計，進入了元將賀宗哲在嶺北（今內蒙古北部）設下的埋伏。中路大軍慘敗，幸好徐達有多年帶軍經驗，遇事冷靜，穩住了局勢，將軍隊成功撤出包圍圈，緊接著修築了堡壘，擋住了擴廓帖木兒的數十次進攻，才不至於全軍覆沒，大明的軍隊

明·剔彩福祿壽龍紋葵瓣式盤

盤為委角葵瓣式，盤邊分成十格，分別雕形態各異的鳳、鶴紋。盤中用松、竹、梅、桃、山石、雲紋等圖案，上雕一黃身綠鬣龍，龍首上方雕福、壽、祿篆文。

遭此慘敗，死傷超過萬人。

事隔二十五年後，朱元璋想起這次嶺北大敗還是非常介懷。他在信中告誡兒子朱棣時表示，他一輩子領兵打仗，從來就沒有輸過，每次要進攻的時候，都要先觀察敵人的變化。嶺北的這次失敗，主要是將帥輕敵，沒有仔細思考，才導致了死傷數萬人之多。由此可見，此次大戰對朱元璋的影響有多麼的巨大。

戰場上的奇蹟

右路的李文忠也不順利。洪武五年（一三七二年）六月二十九日，右路大軍抵達口溫（今內蒙古查干諾爾南），兩軍接觸，元軍敗退，李文忠輕敵冒進，不顧輜重，親率大軍輕裝追擊敵軍。當追到阿魯渾河（今蒙古國烏蘭巴托西北）時，李文忠發覺中計，被元軍引誘進預設好的包圍圈。元軍當即發動攻擊，李文忠率部拚死衝殺，大戰數日，居然打垮了元軍的伏擊，殲敵萬餘人。反敗爲勝的李文忠不顧自身損失慘重，繼續指揮大軍千里追擊，直到稱海（今蒙古國哈爾烏斯湖）。逃無可逃的元軍被迫背水一戰。李文忠並不急於決戰，數日後，發現糧草不足，就從容地撤離了戰場。元軍怕有伏兵，只好眼睜睜地看著他們離去。

出擊甘肅的左路軍，在馮勝的率領下到達了蘭州，這種情況下分散兵力是大忌，但馮勝還是給了左路先鋒官傅友德五千人馬。傅友德早先跟過徐壽輝，陳友諒奪了徐壽輝政權之後沒多久，他便投到了朱元璋的帳下。這一次傅友德並沒有因爲自己兵力少就退縮不前，在分析甘肅地區的局勢之後，他先率兵擊敗鎮守西涼（今甘肅武威）的元將失剌罕，接著乘勝直取永昌，擊敗元太尉朵兒只巴，殲敵數千。馮勝看到了傅友德的能力，馬上將軍權交給了傅友德，這下傅友德更是一鼓作氣，拿下了林山（今甘肅酒泉北）。六月三日，傅友德大軍在進攻途中遭遇元將上都驢，元軍殲滅，六月十一日，攻打亦集乃路（今內蒙古額濟納旗），元軍守將伯顏帖

明・十三陵神道石刻（文臣）

木兒開城投降。傅友德的大軍前進至別篤山口，與元岐王朵兒只班的元軍主力相遇，抓獲元朝官員二十餘人，元岐王獨自一人逃走。之後傅友德大軍追到瓜州（今甘肅安西），擊敗當地守軍，繳獲的牛羊不計其數。從五月到十月這五個月裡，傅友德率領數萬大軍縱橫甘肅，七戰七捷。

這次北伐雖然沒有達到朱元璋肅清北元的目的，卻讓北元認識到明王朝的強大，雙方從此陷入僵持狀態。

元朝的滅亡

洪武二十一年（一三八八年）三月，朱元璋命藍玉爲主帥，率領十五萬大軍再次北伐。藍玉大軍由大寧出發，前進至慶州（今內蒙古巴林左旗）時得到情報，在捕魚兒海（今蒙古國貝加爾湖）附近找到了北元皇帝及元軍主力。在這次戰鬥中，元軍主力被全殲，北元皇帝脫古思帖木兒帶著他的兒子天保奴、知院捏怯來和丞相失烈門，打算效仿擴廓帖木兒逃奔和林，重振元朝。當他們逃至土喇河時，被曾經與忽必烈爭奪汗位的阿里不哥（忽必烈的弟弟）的後裔速迭兒所殺，速迭兒當上了蒙古大汗，自稱卓裡克圖汗。可是速迭兒在奪位不久後便死去了，他的繼承者坤帖木兒在建文四年（一四〇二年）被部將鬼力赤篡奪了汗位，從此取消了元的國號，恢復韃靼舊稱。

從至元八年（一二七一年）忽必烈公告《建國號詔》的法令於天下，取《易經》中「大哉乾元」之意，正式建國號爲「元」，到鬼力赤取消「元」的國號，歷經一百三十一年，元朝徹底退出了歷史的舞台。

明岐陽王李文忠之墓

位於今江蘇南京鍾山北麓，墓碑坐東面西，其上有明洪武十九年（一三八六年）由大學士董倫撰、詹希原所書，詳細記載了李文忠生平業績的碑文。

奇男子常遇春

常遇春一生戎馬倥傯，追隨朱元璋十四年。他轉戰南北，戰無不勝，人稱奇男子。又因為他曾自負地說：「我率十萬人便可橫行天下。」因此軍中送他綽號「常十萬」，就連朱元璋也感歎說「雖古名將，未有過之。」

出手不凡

常遇春出生於元至順元年（一三三〇年），字伯仁，號燕衡，祖籍河南南陽，後隨宋朝南渡遷到安徽懷遠，到常遇春這一代已經是第七代了。常遇春弟兄兩人，弟弟名爲常遇賢，後任鳳陽千戶。常遇春是長子，娶妻藍氏，生有三子三女。

常遇春出身貧寒，青年時在當過長工，二十三歲那年，也就是元至正十二年（一三五二年），天下大亂，各地人民紛紛打著紅巾軍的旗號起事。常遇春的家鄉有個叫劉聚的人也組織了一支隊伍。由於常遇春相貌不凡，身材魁偉，並且英勇善戰，因此深得劉聚的器重。後來，常遇春漸漸發現劉聚的隊伍行爲不良，如同土匪、流寇，這使他十分地反感。

當時，朱元璋已經全面掌握住了和州，正計畫著奪取集慶。常遇春聽說這支部隊有紀律，不危害百姓，就趁機帶領數十名親信，脫離劉聚這群山賊，投奔和州。第一次見到朱元璋，常遇春就直截了當地提出要求當先鋒。朱元璋很高興，就說等他立了大功，再封他爲先鋒。

攻取集慶前的渡江戰役時，朱元璋兵分三路，第一路由郭英帶領，第二路由胡大海帶領，第三路的先鋒卻遲遲不定。在第一、二次攻擊中，兩路大軍均被阻擊在江面上無法登陸。朱元璋覺得時機成熟了，便對常遇春說：「你不是要當先鋒嗎？現在立功的時候到了。」接到帥令的常遇春有如出籠的猛虎，疾速衝進敵陣，他左手持盾、右手揮戈，接近江岸時，直刺向一個元軍首領，立時殺開一片灘頭陣地。後部軍士見狀，蜂擁登陸，由此打開了一個缺口。這一戰常遇春立下首功。

衢州鏖戰

集慶一戰後，常遇春的才能獲得重視。至正十九年（一三五九年）七月，朱元璋拜他爲大將軍，命他再去攻打衢州。接到命令後，常遇春先打下龍游城，以絕後顧之憂，然後一路殺到衢州城下。

衢州位於浙江西部，屬錢塘江上游，它南接福建南平，西連江西上饒、景德鎮，北鄰安徽黃山，東與金華、麗水、杭州相交，自古被喻爲鄱陽之肘腋、閩越之咽喉，川陸交會，是閩、浙、贛、皖四省交界的中心，素有「四省通衢」之稱，是兵家必爭重鎮。

當常遇春率領著麾下馬、步、水三軍到達衢州城下時，守城的元朝名將伯顏不花早已接到消息，嚴守城池等待他的部隊。常遇春先是察看了地形，建起柵欄，高掛奉天旗，動用水、陸大軍將衢州城的六個城門團團圍住，然後命人立即建造呂公車、仙人橋、長木梯、懶龍爪等攻城軍械，展開猛烈的攻堅戰。同時，他又暗中派人在衢州大西門城下挖掘地道，試圖進城偷襲。

伯顏不花憑藉堅固的城牆，以葦竿做導管，將油澆到呂公車上點燃，又用千斤秤鉤懶龍爪，以長斧砍木梯，築起夾城用來防禦地道。雙方交戰激烈，衢州城久攻不下。

後來，常遇春召集一隊奇兵，出其不意地突入城圍，毀掉元軍大砲，大軍借勢加緊猛攻。元軍內部軍心動搖，衢州路院判張斌派出密使約好投降，當夜降軍打開衢州小西門接應常遇春大軍入城。於是，衢州城內萬餘人的元軍迅速潰逃。

衢州攻陷後，常遇春立金斗翼元帥府，設元帥和樞密分院判官，衢州城從此歸朱元璋統治。

西征陳友諒

至正十九年（一三五九年）十一月，常遇春攻克池州。陳友諒派大軍準備奪回，徐達、常遇春設計大敗陳友諒大軍，並俘獲三千人。常遇春不聽勸告，殺掉了這三千降卒，還出言激怒了陳友諒。

次年五月，盛怒之下的陳友諒再

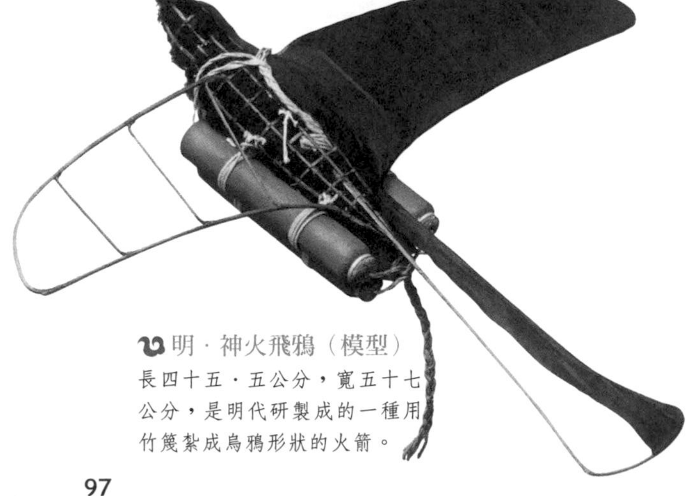

明．神火飛鴉（模型）

長四十五．五公分，寬五十七公分，是明代研製成的一種用竹篾紮成烏鴉形狀的火箭。

次發兵，首戰攻下太平，並且率數十萬水軍直逼應天，決心一舉擊敗朱元璋。陳友諒大軍在應天城西北方的龍灣登陸，卻不知已經進入了朱元璋早就設好的包圍圈。常遇春與馮國勝率帳前三萬人馬設伏在此，陳友諒的大軍遭受這三萬人馬的伏擊，死傷慘重，爭先逃回戰船。正逢江水落潮，龍灣水淺，一百多艘巨船全部擱淺。朱元璋趁機水陸並進，大敗陳友諒。此戰常遇春戰績卓著，不久升爲省參知政事。

至正二十三年（一三六三年），陳友諒爲雪前恥，借朱元璋兵圍廬州之際，率領六十萬大軍順流而下，與朱元璋展開了一場持續了三十六天決定雙方生死的鄱陽湖大水戰。在這次戰役中，朱元璋的坐船被毀，改乘小船，被陳友諒帳下猛將張定邊發現。張定邊率隊直衝而來，勢不可擋。而這條小船的水手恐朱元璋有失，慌不擇路，駛入淺灘，竟使小船擱淺。在這危急關頭，常遇春在數丈之外射傷張定邊，又用自己的戰船將朱元璋的小船拖出淺灘，進而解了此圍。

之後，常遇春又配合大部隊積極組織火攻，發揮小船靈活的優勢，火燒陳友諒的巨船獲得成功。數十天後，陳友諒率殘船撤往湖口，突圍時又一次遭遇到常遇春的部隊，亂軍之中，陳友諒被流矢射中眼部，當場身亡。這場鄱陽湖大決戰的結果決定了朱元璋得以統一天下，常遇春也因功得到豐厚的賞賜，還升爲平章政事。

攻取大都

至正二十四年（一三六四年）七月，常遇春隨徐達攻佔廬州。之後又與鄧愈會合連克江西吉安、贛州、南安等郡縣，嶺南韶州、南雄等地也望風而降。次年五月，大軍攻取湖北安陸、襄陽；十一月，常遇春與徐達率軍攻佔泰州。至正二十六年（一三六六年）八月，朱元璋任徐達

常遇春墓前的石將

常遇春墓位於江蘇南京鍾山北麓，墓高二・四公尺，墓基周長約二十九公尺。墓前有石柱、石馬、石羊、石虎等。

爲大將軍，常遇春爲副將軍，領兵二十萬征討張士誠。大軍先取湖州，後占杭州等地，翦除了張士誠羽翼之後，陷平江（今江蘇蘇州）於孤立無援之境。平江城堅糧足，大軍圍攻了十個月才破圍而入，張士誠敗死，常遇春進封鄂國公。

至正二十七年（一三六七年）十月，朱元璋任命徐達爲征虜大將軍，常遇春爲副將軍，率軍二十五萬，開始北伐。此時元軍的戰鬥力已經被大大削弱，北伐大軍只用了三個多月的時間，便掃平了山東。洪武元年（一三六八年）四月，常遇春的部隊在洛陽的塔兒灣遭遇元軍，他單槍匹馬衝入敵陣，身後將士更加奮勇。此戰擊潰元軍五萬餘人，俘獲戰利品無數，史稱塔兒灣大捷。這一仗，北伐大軍奪取了河南和潼關，打開了進軍陝西的大門，爲攻取大都創造了極爲有利的形勢。閏七月，徐達、常遇春率馬、步、水三軍，由臨清沿運河北上，連克德州、通州，致使元順帝攜皇妃、皇子逃奔上都開平（今內蒙古正藍旗東）。八月二日，徐達、常遇春攻克大都，改名北平。攻陷大都後，稍作休整，大軍開始西進，與元朝精銳部隊擴廓帖木兒部展開了血戰，最終攻取山西。洪武二年（一三六九年）三月，西征軍進入陝西，元將李思齊由鳳翔敗逃臨洮，最後無力再撐持，只好投降。元順帝趁北伐軍主力遠離北平之際，命丞相率軍反攻北平。常遇春派李文忠率步兵八萬、騎兵一萬馳援北平。元軍聞訊放棄北平，向北逃走。常遇春率部追襲千里，大獲全勝。爲防止元軍再次反撲，大軍直取元上都開平，元順帝再次遷都，逃奔和林（今蒙古國哈爾和林）。開平城破，繳獲車馬、牛羊無數。

洪武二年（一三六九年）七月，常遇春離開開平，率師南歸，行到柳河川時（今河北龍關西）突然暴病而亡，年僅四十歲。

明．青花龍紋扁執壺

大將王保保

王保保，這個在元朝末年唯一可以與明軍抗衡的武將，以他堅韌的性格和不屈的精神，支撐起北元復國的信心。他具有卓越的指揮才能，屢次大敗明軍，卻因元朝的腐敗和政局的混亂，又一次次慘敗。他屢敗屢戰卻從不膽怯，並且拒不降明，就連朱元璋對他也十分敬佩。

削平政黨

王保保，小名保保，是元朝平章察罕帖木兒的外甥，後立爲養子，元順帝賜名爲擴廓帖木兒，蒙古語是「青」的意思。王保保屬漢人。當時所說的漢人指中國北方金人與其他異族的統稱，生活在原南宋境內的人則被稱爲南人。

元朝末年，紅巾軍起義軍打過黃河，察罕帖木兒於至正十二年（一三五二年）起兵轉戰河南、河北、山西、山東四省，擊退劉福通，收復汴梁，後爲降將田豐所殺。至正二十二年（一三六二年），王保保接管了養父察罕帖木兒的全部兵馬。

在接管了養父察罕帖木兒的兵馬之後，王保保率軍急攻益都，生擒守將王士誠，殺了叛將田豐爲父報仇。與此同時，他又派大將關保東取呂州，平定山東，至此東自臨沂，西到關陝，再無賊兵。王保保駐軍於山西太原，成了朝廷所倚重的大臣。

王保保平定北方之後，沒有利用朱元璋與陳友諒混戰江南的機會揮師南下，反倒被牽扯到元朝內戰之中。因爲孛羅帖木兒在王保保進取山東的時候出兵搶佔山西的地盤，兩人在太原與大同之間數次交戰，後來王保保又助元太子愛猷識理達臘爭奪皇位，與

明・掐絲琺琅龍紋長方爐

此爐為銅胎鍍金，長方形，腹上闊下斂，四角出戟，雙衡耳，四角突出獸首吞足。琺琅蓋鏤空。爐身四面施深藍色釉作地，前後兩面均飾雙龍戲珠紋，珠內有篆書「壽」字。蓋鏤空雙龍輪廓，掐絲填淺藍、紅釉作雙龍戲珠紋。

朝廷發生衝突。在保護太子還朝的戰鬥中，王保保因爲剿滅政敵有功，被加封爲太傅、左丞相，但是元朝的軍事力量卻在這次內亂中大爲削弱。

之後王保保請求出兵平定江淮義軍，但是當時朱元璋已經滅掉了陳友諒，盡得江淮之地。王保保知明軍勢強，發檄文令關中四將與其會師一同南下。可是關中四將李思齊等人拒不聽調，王保保只好派他的弟弟脫因帖木兒守住濟南，以防明軍北上，自己帶兵先去攻打李思齊。這時的元朝政府左右搖擺不定，一會兒幫李思齊，一會兒幫王保保，虛耗國力。直到徐達、常遇春的大軍逼近大都，才想起急調王保保回援，可是爲時已晚，等不及王保保回援，大都便已陷落。

明·銀鼎

大都勤王

至正二十八年（洪武元年，一三六八年）十月，元順帝封王保保爲齊王。當時，明朝已經發布北伐檄文，並佔領了山東全境，益都守將魏賽因不花投降，明朝北伐大軍進入河南，王保保的弟弟脫因帖木兒在洛水北岸被明軍擊敗，梁王阿魯台（王保保的外祖父）也已投降。明軍直入潼關，關中李思齊等聞風遠逃。北面一線，明軍剛剛佔領大都，孫興祖守城，徐達、常遇春所率北伐主力正在攻打翼中一帶，長城以內的元朝兵力只剩下王保保這一支坐守山西。可是，由於元順帝的胡亂指揮，王保保全軍覆滅，只有他一人從亂軍中逃了出來。

後來常遇春的主力南下保定、中山、眞定，成爲攻取山西的北路軍。徐達的部隊從漳德一帶進發，作爲南路軍，徐達的前鋒部隊湯和部自懷慶取澤州。王保保趁著湯和孤軍冒進的時機，率軍在韓店與湯和展開大戰，湯和大敗。

韓店的勝利並沒有挽回敗局，已經逃到開平的元順帝發覺自己逃離大都過於倉促，於是急令王保保趁北伐軍主力進發西北之際奇襲大都。王保保接到命令後，集合全部力量，北出雁門關，經保安、居庸關向北平急速進發。

徐達得到消息後，看準王保保老巢太原兵力空虛，率軍直搗太原。王保保不得不放棄進攻北平的計畫，回救太原，其部將豁鼻馬約降。當時明軍騎兵部隊先行趕到預定地點，可是步兵還沒有完成集結。常遇春向徐達建議以騎兵夜襲立足未穩的王保保

天下奇男子

洪武初年，嶺北和林大戰不久，有一天，朱元璋大宴眾將，席間突然發問，說道：「天下奇男子誰也？」人人都贊常遇春爲萬人敵，所向披靡，當爲奇男子。朱元璋卻笑著說：「遇春雖爲人傑，但還可以臣服於我，而王保保卻絕對不肯，此人才是奇男子！」後來此段故事被收錄進《明史·擴廓帖木兒傳》，成爲一則著名的典故。

據《清溪暇筆》所載，在朱元璋誇讚王保保爲天下奇男子之後，民間凡有人因爲小小的功勞就沾沾自喜的，就會有人拿打敗王保保作比，用來諷刺。從這一點來看，王保保不僅在明朝的政壇中享有赫赫威名，在民間也是家喻户曉的人物。他在明朝初年的威名以及在朱元璋心目中的地位，都已經超過了開國第二名將常遇春。能讓對手佩服到如此地步，可見王保保當眞是個奇男子。

部，得到批准。當夜王保保正在帳中看書，明軍突然來襲，倉促之間無法有效反擊，只得以十八騎逃往大同。不久，徐達兵克太原，從此元朝再也沒有奪回北平的機會了。

擁兵塞外

洪武二年（一三六九年）六月，朱元璋發動了第二次北伐，常遇春奉命率步騎九萬出北平，進攻開平，在得勝回朝的途中暴病身亡。王保保擁兵寧夏，是牽制明朝北伐的第一大主力，在得到明軍北伐的消息後，他親自帶兵包圍了蘭州，明軍派來救援蘭州的部隊也被王保保全部消滅，大將于光被殺。

朱元璋親自進行戰略部署，在洪武三年（一三七〇年）一月三日，發動了第三次北伐。徐達知道王保保驍勇善戰，建議明軍主力直搗應昌，逼王保保撤了蘭州之圍，遭到朱元璋的反對。朱元璋命令明軍兵分兩路，一路由大將軍徐達帶領進入潼關，經西安救援蘭州，尋機殲滅王保保，另一路則由李文忠帶領出居庸關，直指應昌。

進入四月，戰事發生了變化。元順帝突然去世，他的兒子愛猷識理達臘即位，史稱元昭宗。就在這時，李文忠先後攻取了應昌外圍的幾個重要據點。得知元朝國喪的消息後，李文忠督師急取應昌，元昭宗僅帶數十騎逃走。東線戰場以北元慘敗告終。

西線，王保保得到徐達馳援蘭州的消息後，急命人固守蘭州東面的定西。四月，徐達在沈兒峪大敗王保保，王保保與妻子等人向北逃到和林。不久，元昭宗也逃到這裡，對王保保委以國事重任。

洪武五年（一三七二年），朱元璋下定決心，要徹底解決北元。他集結了十五萬大軍，分三路發動了第四次北伐戰爭。中路大軍由徐達率領，目標就是和林的王保保。在這一次大戰中，王保保採用誘敵之計。中路軍先鋒官是常遇春的內弟藍玉，此人勇猛過人，一路接連取勝。王保保親率小部隊且戰且退，將敵人引入包圍圈。手下大將賀宗哲見時機成熟，突然發起圍攻，明軍慘敗，死傷萬餘人，幸好主將冷靜英勇，最終率眾逃出重圍。

屢屢拒降

朱元璋非常看重王保保，在談起三件未了之事的時候，他提到：「一是少傳國璽，二是王保保未擒，三是元太子無音信。」可見王保保在他心目中的重要性。

在王保保接管察罕帖木兒兵權不久，朱元璋曾遣使通好，王保保扣留使者，不作任何答覆。朱元璋又派人帶書信前去，仍無回應，就這樣接連發了七封書信，還是沒有能打動王保保。在蘭州之戰王保保敗逃的時候，他的家眷被俘，朱元璋將自己的妹妹嫁給王保保的二兒子秦王為妃，並派人送信勸降，王保保仍是不理。

王保保身為漢人，卻在元朝將要亡國之際，寧死不降，這叫朱元璋無法理解。在朱元璋著名的北伐檄文中，就有一段文字是針對此事痛罵王保保。在朱元璋的手下，還有兩員元朝降將，一個是王保保派去守益都，在明軍到來時不戰而降的魏賽因不花。他投降後不久，被朱元璋派去塞外勸降王保保，結果被王保保所殺。

另一個是元朝著名的關中四將之一的李思齊，他是王保保的父輩，朱元璋派他去塞外勸降王保保。看在長輩的分上，王保保對李思齊一直以禮相待，還派騎兵送李思齊回明。當李思齊走到邊境的時候，王保保派來的騎兵說王保保有命，要他留一樣信物再走。結果李思齊被砍了一條胳膊，回來後沒幾天就死了。

洪武八年（一三七五年）八月，王保保在和林去世，朱元璋得知後，大為歎息。這個讓明軍屢嘗敗績，自己卻又能屢敗屢戰勇於面對敵人的男子，真可謂天下奇男子。

明．十三陵神道石刻（武將）

傅友德定四川

四川自古為險峻之地，原天完國徐壽輝的部下明玉珍在此建立大夏國。他本想安居一方，但朱元璋要完成統一大業，必然要收服這塊土地。在勸降未果的情況下，明朝大軍水路並發，進兵川蜀。瞿塘天險可以擋住湯和、廖永忠，階州、文州之險卻攔不住一代名將傅友德。

明．青花魚藻盤

盤內、外壁裝飾圖案採用魚戲蓮池題材，用以比喻「如魚得水」的幸福生活。

大夏政權

明玉珍（一三三一年至一三六六年）是元末的義軍領袖之一，原名昱玉珍，字維周。至正十一年（一三五一年），天下大亂，明玉珍召集鄉里，聚集千餘人佔據青山。至正十三年（一三五三年）冬，徐壽輝領導的紅巾軍成立天完國，因爲同屬明教派系，於是明玉珍率眾投軍，被任爲元帥。至正十七年（一三五七年）春，明玉珍受徐壽輝之命，由巫峽引兵進入四川，攻克重慶，被天完國授爲隴蜀右丞，次年，他率部攻下嘉定（今四川樂山），從此逐步佔據四川全境。至正二十年（一三六〇年）七月，明玉珍在重慶稱隴蜀王。這時陳友諒已經殺死了徐壽輝，在采石城自立爲帝，國號漢。

第二年春，明玉珍率義軍途經瀘州，宣使劉澤民推薦當地名人劉楨，此人才識過人，被授以參政之職。此後，劉楨多次說明當今局勢，勸明玉珍抓住時機稱帝即位。至正二十二年（一三六二年）正月初一，明玉珍採納了劉楨的建議，在重慶稱帝，國號大夏，改元天統，劉楨爲宗伯，掌管禮部。

大夏國建立之後，作爲重要謀臣之一的劉楨，倣傚周制，設立六卿、翰林院、國子監、提舉司等機構，以補充所需要的人才，又將四川分爲八道，下設府、州、縣三級，減輕徭役賦稅，實行屯田，鑄發「天統通寶」、「天統元寶」紙幣，改變了元末通貨膨脹的局面。在劉楨的輔政下，大夏的綱紀法度井然有序。

至正二十六年（一三六六年）二月六日，明玉珍在重慶病逝，留下遺囑，讓大臣們固守川蜀，切不可進取中原，其子明升繼位，改元開熙。同年冬，劉楨出任大夏國丞相。

名將傅友德

傅友德年少時就驍勇好戰。元末紅巾軍起義，他參加了劉福通的部下李喜喜的部隊，跟隨入蜀，後歸附明玉珍，成爲徐壽輝手下的名將。後來陳友諒篡奪了徐壽輝的天完國，無奈之下，傅友德又變成了陳友諒的部下。至正二十一年（一三六一年），傅友德藉朱元璋攻打江州（今江西九江）的時候，率眾歸降，朱元璋見他是少有的將才，讓他跟隨常遇春去打廬州（今安徽合肥）。

元至正二十三年（一三六三年），朱元璋與陳友諒在鄱陽湖展開了決定雙方命運的大決戰。此戰中傅友德勇猛異常，獨駕小船衝殺於敵陣之間，身受重傷仍威風不減。他的部下見狀後，鬥志更高，奮勇殺敵，最後大獲全勝。此戰後，陳友諒陣亡，傅友德奉命進軍武昌，僅率數百兵勇就奪取了高冠山（蛇山），攻克了武昌，被朱元璋封爲雄武衛指揮使，後轉戰江淮，因戰功卓越被拜爲江淮行省參知政事。

洪武元年（一三六八年），傅友德跟隨徐達參加了北伐戰爭，接連攻克了沂州、青州、萊陽，攻入大都後，又追隨常遇春擊敗了擴廓帖木兒等元軍主要軍事力量。

洪武四年（一三七一年），傅友德隨馮勝進入甘肅，先以五千兵馬連下元軍兩座城池，後又率軍深入，七戰七捷，創造了戰場上的一次奇蹟。

大明詔旨碑

位於今山東曲阜孔廟御碑亭內。石碑立於明洪武三年（一三七〇年），上刻明太祖朱元璋的詔令。

階州、文州之戰

當傅友德的北路大軍抵達川蜀邊境時，發現果然如其所料，階州、文州守備虛弱。傅友德當即決定以此爲突破口，先是集中兵力，揚言要進攻金牛峽，其目的是要吸引夏軍注意力，之後又選出五千精銳兵馬爲前鋒，大軍緊隨其後，攀援山谷而進，晝夜兼行，直搗階州、文州。

洪武三年（一三七〇年）四月初四，大軍來到階州城下，夏軍守將平章丁世眞出兵迎戰，被明軍擊敗，階州失守，丁世眞逃往文州。明軍隨後追擊，在距文州城三十餘里處，夏軍折毀白龍江橋，擋住明軍。傅友德急令軍士搶修江橋渡江，進至五里關時，丁世眞早已重新集結兵馬，據險抵抗。傅友德親自督軍強攻，夏軍抵擋不住，潰敗四散，丁世眞僅以數騎再度逃走，文州被攻陷。

階州、文州之戰中，傅友德採用聲東擊西的戰術，調走夏軍守關主力至金牛峽，然後乘虛進取階州、文州二城，順利地達到了預期的戰略目的，爲進攻川蜀之地打開了一條通道。

進軍川蜀

洪武二年（一三六九年），朱元璋派使者到重慶勸降，遭到大夏皇帝明升拒絕。洪武四年（一三七一年）春，朱元璋任傅友德爲前將軍，統率十數萬大軍，進攻大夏。當時明朝全國已經接近統一，僅有北方大漠的北元勢力和南方的四川大夏政權及雲南梁王政權還沒有收服。

勸降不成的朱元璋仔細擬定了滅夏的戰略部署和進軍路線。他認爲，大夏聽到自己要出兵西伐，必然聚集精銳部隊，東守瞿塘，北固金牛（全稱金牛峽，亦稱五丁峽，今陝西寧強境內），以阻擋軍隊的進攻，如果軍隊直接突襲階州、文州這樣的險要之地，大夏軍心必散。

於是朱元璋令江夏侯周德興、德慶侯廖永忠爲左右副將軍，又令營陽侯楊璟、都督僉事葉升等率京衛、荊、湘舟師從瞿塘走水路，進兵重慶。北路則以穎川侯傅友德爲征虜前將軍，顧時爲左副將軍，與何文輝等率河南、陝西步騎，從秦隴方向進攻成都。朱元璋又令衛國公鄧愈爲後援部隊，前往襄陽訓練軍馬，運送糧餉，保障征西部隊的後勤補給。

面對如此強大的對手，明升最終決定接受太尉吳友仁的意見，一面假意遣使與明朝修好，爭取備戰時間；一面派平章莫仁壽、鄒興、丞相戴壽以及吳友仁等用鐵索橫江，切斷瞿塘峽口，企圖擋住廖永忠等人的明軍水師。閏三月，明軍水師抵達夔州（今四川奉節）大溪口，幾番強攻瞿塘峽，由於鐵索橫江，均被大夏軍隊扼阻擊退，不得以只好退駐歸州（今湖北秭歸），屯兵三個月，不能前進半步。

蜀夏滅亡

進入四月，依照朱元璋的戰略部署，由傅友德所率的北路前軍一鼓作氣拿下階州（今甘肅武都）、文州（今甘肅文縣）兩處要地，馬不停蹄地渡過青川（嘉陵江支流，在四川平武縣、青川縣境內），全速向成都挺進。傅友德的大軍勢如破竹，相繼攻下江油（今屬四川江油）、彰明、綿州（今四川綿陽）。接著渡過漢江向漢州（今四川廣漢）進發。傅友德爲激勵湯和率領的南路大軍，同時也爲瓦解夏軍鬥志，令人在數千個木牌上刻寫帶有攻克階州、文州、綿州的消息，然後投入漢江，任其順流而下，以告知湯和。這一招果然有效，夏軍瞿塘守將戴壽、吳友仁見到消息後，當即率兵離開瞿塘緊急回援，卻被明軍擊敗，這樣一來大大減輕了南路軍的壓力。

六月初一，傅友德攻下漢州，大軍進駐成都城外。初五，朱元璋獲悉征蜀的戰報，下詔責令湯和迅速進軍，以配合傅友德的軍事行動，並令永嘉侯朱亮祖爲右副將軍，率軍增援湯和。湯和在嚴令之下，加上傅友德的捷報，才敢放心大膽地揮師入川。

初十，廖永忠的水軍終於攻克夔州，突破瞿塘天險。次日，湯和南路大軍趕到，兩軍會師後，決定以湯和率步騎，廖永忠率舟師，分兵並進，攻取重慶。廖永忠所率舟師，如入無人之境，沿江州縣望風而降。十八日，舟師抵達銅鑼峽。二十二日，湯和的南路大軍也抵達重慶。明升見大勢已去，開城投降，川蜀大夏政權宣告滅亡。

另一方面，傅友德在攻下漢州以後，於六月十五日挺進成都。七月初十開始圍攻成都，大夏守將戴壽拚死守城，在聽到重慶淪陷、明升投降之後，戴壽也開城歸降。接下來，湯和、傅友德兩路明軍又相繼攻克其他川蜀州縣。八月二十日，傅友德攻克川蜀之地最後一座城市保寧（今四川閬中），擒獲吳友仁，至此收復四川全境。

明・十三陵神道石刻（石像）

沐英下雲南

明政府在收服四川之後，西南地區僅有雲南一省還存有元朝勢力。為了完成統一大業，朱元璋命義子沐英等人掃平雲南。有三十多年治軍經驗的沐英，一路南下，先克昆明，後定大理，平剿叛亂，鎮撫雲南，威名延澤後世二百餘年。

沐英與通海屯田

沐英，元至正五年至明洪武二十五年（一三四五年至一三九二年），安徽鳳陽人，明朝初期的重要將領之一，父母去世時他只有八歲，後來朱元璋打下滁州，收其爲義子，讓他隨了朱姓。

至正十六年（一三五六年），朱元璋渡江攻下集慶（今江蘇南京），改名應天。爲了穩固應天的防禦，他令徐達率軍攻打鎮江，取得了勝利。沐英隨著徐達一同去鎮江，當時他年僅十八歲。在這次戰役中沐英被朱元璋授以帳前都尉，參與鎮守鎮江的防務，這是他首次擔當軍事重任。

洪武三年（一三七〇年），跟隨著老將們南征北討的沐英因爲戰功赫赫，被授以鎮國將軍，任大都督府事，次年升任大都督府同知。大都督府是元政府的軍政中心，洪武初年，元朝殘餘勢力還很強大，北線戰事頻繁，大都作爲北方軍事中樞，掌控北方兵馬的調動，軍務繁重。沐英在大都任職的七年裡，處事果決、明斷，深受朱元璋器重。洪武十四年（一三八一年）九月，朱元璋詔沐英回京，任傅友德爲征南將軍，藍玉和沐英爲副將軍，率軍三十萬征討雲南。

沐英所率領的部隊英勇善戰，在洪武十五年（一三八二年）進入昆明，之後進取臨安路。如果要攻打臨安，就必然要經過通海。同年，沐英所率領的明軍進入通海。當時，明軍已經按照駐軍人數總額的一定比例配製火銃。火銃是元末明初不多見的火器，形似青銅火砲。到洪武二十六年（一三九三年），明軍每個百戶所裡有火銃手十名，占總人數的十分之一。在當時的軍隊裝備中，能配備這麼多的火銃，實在是少見。因此，當沐英這支武器精良的部隊剛到通海縣外圍，縣令張恩銘就率城中官民出迎投降，使通海城內的百姓免了一場砲火之災。

沐英在通海展開大面積屯田活動，屯駐軍隊兩千餘人，舍丁（軍人眷屬）一千三百多人，再加上後備兵役共計五千人以上。這種屯田制度規定家屬隨軍，不得與本地百姓雜居，所得糧食七成歸自己所有，三成交公充爲軍餉。通海屯田，使朝廷對這一地區的統治大爲穩固。

攻取雲南

收復與治理雲南是沐英後半生的一大功績。洪武十四年（一三八一年）九月，朱元璋任傅友德爲征南將軍，沐英、藍玉爲副將軍，統軍三十萬進取雲南。

朱元璋坐鎮京師，親自制定進軍路線，先取雲南咽喉之地曲靖，然後誘引敵軍主力，出奇制勝。沐英與傅友德依照朱元璋的計畫，親率主力直逼曲靖。元梁王得到消息後，馬上派平章達裡麻帶領十萬大軍趕往曲靖，協助守城。沐英率軍冒霧前行，迅速來到曲靖城下，達到了出奇制勝的效果。沐英的突然出現，使剛剛到達不久的達裡麻大驚失色。他將軍隊列於白石江沿岸，與明軍隔江對峙。傅友德急於攻下曲靖，想趁敵軍紮營未穩之際強行渡江。沐英表示反對，認爲敵軍列隊於對岸，扼制江面，若趁明軍半渡發動攻擊，明軍即使渡江成功，損失也必然慘重，對接下來的戰局十分不利。

傅友德聽取了沐英的意見，並依計擺出渡江的架勢，臨江待發，同時又派出數十人從下游偷渡過去，在敵軍背後鳴金吹

大理三塔

又稱崇聖寺三塔，位於雲南大理城北約一千公尺處，為中國著名的佛塔之一。其東面正中有石照壁，上有黔國公沐英後裔沐世階題的「永鎮山川」四個大字，莊重雄奇，頗有氣魄。

角，製造聲勢。達裡麻不知虛實，軍心大亂。明軍趁亂強行渡江。沐英親率善於泅水的先鋒隊作爲前鋒攻上對岸，大破敵前鋒陣營。達裡麻的大軍被迫後撤，沐英成功攻佔灘頭陣地。

傅友德率主力很快渡江完畢，與敵軍展開全面大戰。沐英的前鋒鐵騎直搗中軍，達裡麻大敗並被生擒。俘虜的兩萬敵軍，沐英悉數放還。這一戰明軍聲威大震，梁王把匝剌瓦爾密自知無力抵擋，自殺殉國，昆明城不戰而降。

智取大理

昆明的陷落，象徵元朝政府在雲南的統治徹底瓦解，但是在雲南境內，除了叱吒一時的元朝勢力之外，還有坐守雲南西部，割據百年的大理段氏。大理城虎踞點蒼山，面向洱海，號稱天險。洪武十五年（一三八二年）閏二月，沐英、藍玉舉兵西進大理。段氏聚眾把守下關，點蒼山的上、下二關地勢險要，是大理地區的重要門戶，素有龍首、龍尾關之稱。

沐英、藍玉分兵兩路，派王弼攻取上關，他們則率軍攻打下關，兩路形成犄角之勢。與此同時，又派出一支部隊從點蒼山背後攀登而上，居高臨下作爲策應。沐英身先士卒，走在部隊最前面，騎馬渡河，水深至馬腹，將士們緊隨其後。段氏守關士卒不知背後是虛是實，陣勢大亂，沐英率部趁勢突襲，一舉攻克下關，隨即攻佔了大理，其他勢力聞風而降。

進入七月，沐英、藍玉班師返回昆明，與傅友德合兵一處，陸續平定了一些地區。九月，正當傅友德、沐英再次出征的時候，當地土官楊苴散佈明軍撤離雲南的消息，糾集二十萬之眾前來進攻昆明。當時鎮守昆明的是馮國用之子馮誠，城中缺糧，形勢危急，沐英聞訊率兵回援，與馮誠合力擊潰叛軍，保住昆明，穩定了雲南的局勢。

洪武十六年（一三八三年）三月，朱元璋詔傅友德、藍玉班師回

崇聖寺三塔「永鎮山川」石照壁

每字一・七公尺，為明代黔國公沐英之孫沐世階題寫。

朝，留沐英領數萬軍隊留守雲南。

沐氏家族與雲南

沐英主要藉由屯田的方式治理雲南。為了在雲南辦理屯田，增加人口，沐英採取了招倈外省人來雲南屯田的辦法，朱元璋也配合沐英，下令外省軍人到雲南屯田。一時之間，雲南大興屯田之風，糧食產量大增。沐英以屯田的業績來考察評定官員，進駐雲南僅九年，屯田總數達到百萬餘畝，雲南的農業得到了飛躍的發展。

沐英組織民工興修水利，疏通河道，擴充滇池。為了促進雲南經濟，他大力發展商業，根據地理條件開發鹽井，增加財源。他還整修道路，擴展糧運渠道，使農商均暢通無阻。沐英在雲南期間，增設府、州、縣學校達幾十所之多，選擇民間和土官子弟中優秀的入學，每月賜飲食，每年賜衣服，作為對他們的獎勵。在沐英治理雲南期間，使全省處於安定狀態。

洪武二十二年（一三八九年）冬，沐英進京朝聖，朱元璋賜宴奉天殿，並給予豐厚的賞賜。洪武二十五年（一三九二年）六月，沐英病逝於雲南，終年四十八歲。朱元璋聞訊後十分痛心，下令將其歸葬京師，追封黔寧王，謚昭靖，配享太廟。

沐英去世後，朱元璋恩賜他的子孫世代鎮守雲南。沐英的長子沐春，十七歲就隨沐英征西，又隨征雲南，文才武略深有其父之風。沐英死後，沐春世襲父職。他根據這些年的經驗修改了屯田政策，又開田三十餘萬畝，開鑿鐵池河，灌溉良田數萬畝。可惜的是，沐春只活了三十六歲便去世了。他的弟弟沐晟繼承其位。沐晟的性格很像父親沐英，喜讀書，為人持重，深受朱元璋喜愛。沐氏一族在雲南聲名遠播。沐晟的兒子沐斌，因久居京師，鎮守雲南的爵位便由沐英第三個兒子沐昂繼承。之後沐氏子孫相繼鎮守雲南，直至明朝滅亡，長達二百多年。

通海刀業的興起

沐英剛打下雲南通海的時候，被當地忠於元朝的民眾刺殺，險些送命。在隨身侍衛與賊人格鬥的過程中，沐英發現短兵相接時刀劍很有效。從那時起，他對當地流傳的各種刀械產生了濃厚的興趣。

沐英閒暇時，經常拿出這些少數民族兵器研究，他決心吸取各民族兵器所長，發明最實用的新兵器。在麾下大軍進入通海時，他利用先進的手工業生產技術，將回族、蒙古族、彝族等少數民族結合在一起，因此歷史上駐守通海的明朝軍隊中，有許多兵器製造和修理的工匠落籍在此，通海的製刀業從此得到了發展和提升，流傳下來許多精品刀劍。

定都南京

國都不但是國家的標誌城市，還是國家的政治、軍事及經濟中心，這三者的關係能否均衡發展，國都的地理位置至關重要。大明王朝的興起在應天，這裡也是朱元璋稱吳王時的國都。然而隨著明王朝疆域的擴大，以經濟為中心的應天，已不再適應北方軍事上的變化，國都的選擇成為這個嶄新帝國面臨的一大難題。

國都與國防問題

在朱元璋稱帝立國之後，有兩個亟待解決的難題：第一個是選擇何處作爲國都，第二個是用什麼辦法來維持朱家王朝的統治。

早在朱元璋的大軍從和州橫渡長江攻下太平的時候，太平府名儒陶安便認爲應該再取應天，以其爲根據地。這時國都的選擇成爲大事，被提到朝堂之上由大臣們商討。馮國用、葉兌都建議以應天爲都，然後開擴江面，拓展土地，以增強國都的地理優勢，進可以虎視兩淮，支援北征，退可以劃長江爲天險。這個提議提出後，經過一段時間的研究，到至正二十六年（一三六六年）六月，朱元璋下令在鍾山南面建築新的宮殿，由於城中面積不夠開闊，不得不擴大應天的舊城，到第二年九月，全部完工，不過這僅僅是朱元璋吳王時期的都城。

明．金絲翼善冠

從洪武元年（一三六八年）在應天稱帝，到洪武二十年（一三八七年）收復遼東，全國統一。在這二十年裡，朱元璋的統治疆域由東南一角的江南擴大了數倍。隨著疆域的不斷擴大，應天這個朱元璋做吳王時所選定的國都，已不能適應時局的發展。元帝雖然逃到北面荒漠，但仍是蒙古大汗，具備強大的軍事實力，隨時有南下恢復元朝的可能。與此同時，沿海寇的侵擾也成爲了國防的大問題，國都應該是政治和軍事的中心，也是國家安定的根本。國防與國都成爲了這個時期朝野最受關注的問題。

郡國制度的產生

明朝建立以後，疆域遼闊，從遼東到廣東，幾千里的海岸線，一直是倭寇侵略的目標。在長城以北還存在著蒙古人的勢力，他們也在尋機重入中原，恢復大元的統治，如不在險要處設置衛所，屯駐重兵把守，難保日後蒙古鐵騎不會突然破關而入中原，到時黃河以北則無險可守。

明代皇帝常服

屯兵是個好辦法，但是如果把邊境軍權交給他人，又深恐藩鎮跋扈險。只有派重兵扼駐在國防前線，才能使軍需和指揮得到統一。東南屬全國經濟中心，北方又是國防重點所在，如果將國都建於東南，倚重於經濟爲中心，則北部邊防必然空虛，這樣一來，若要防範蒙古的入侵，就比較困難了。如果建都於北方，便是以軍事爲中心，但糧食要靠東南供給，運輸方面將耗費大量人力財力。擺在眼前的國都問題只有兩種選擇，不是以經濟爲中心，就是以軍事爲中心，要想二者兼顧幾乎不可能。

這一時期，由大明帝國的國都問題引發出來的還有國家制度問題。從歷史來看，秦、漢、唐、宋之所以衰敗滅亡，主要原因之一就是沒有較強的藩國支持並保衛中央。可是如果像周代那樣分封諸多藩國，時間一久，又會支強幹弱，使中央法令不能執行，進而架空中央。是效仿周代分封藩國，還是學習唐宋加強中央集權，成爲大明帝國新制度選擇的難題。朱元璋在這兩個制度之間徘徊了許久，終於想出了一個折衷的辦法，就是倣傚西漢初期的郡國制度，一方面立郡縣，設官分治，將大權集中於中央；一方面又置藩國，分封土地給宗室子弟，來保衛中央政權。這個辦法把國家制度和建都問題合二爲一：設國都於東南財富的中心，封藩國於北邊國防據點，使經濟、軍事和皇權問題都得到了圓滿的解決。

南北兩個國都

洪武初年，定都應天的主要原因

是考慮到經濟中心的問題。首先，江浙地區有長江三角洲作為全國的大糧倉，應天的富庶程度堪稱全國之最，早就有「財賦出於東南，而金陵為其會」的美譽。其次，早在朱元璋打下集慶改名應天之日起，到建立大明帝國，風風雨雨歷經十數年，文武群臣對這方土地早有了感情。另外，朱元璋為人節儉，考慮到要另行建都，在建造宮殿方面又是一筆不小的開銷，明朝開國後百業待興，此事必然加重百姓的負擔。除此之外，朱元璋的部下，不論是文臣還是武將，多數都是江淮地區的人，多數人不願意遠走他鄉。

以應天作為國都，是諸多備選城鎮中理由最為充分的一個，但是從照應北方軍事的方向出發，很明顯應天的地理位置不利於北方戰事。洪武元年（一三六八年），徐達的北伐大軍攻下汴梁（今河南開封），朱元璋帶領太子朱標及一些親信重臣在汴梁進行實地考察。就地理位置而言，汴梁位於北方中心地帶，是不錯的北方集散地，可惜四野空曠，無險可守，一旦敵兵來犯，勢必四面受敵。從地勢上來看，汴梁也大不如應天。但是為了西北方面的戰事，在北方不能沒有一個軍事上進行補給的

南京明城牆遺址

江蘇南京明城牆始建於元至正二十六年（一三六六年），完工於明洪武十九年（一三八六年），建築規模宏大。現存的二十多公里的城牆，雖已歷經六百多年風雨，仍巍然屹立。

雄偉的明長城

明代是中國最後一個修築長城的王朝。當時元朝統治者雖被逐出關外，但在北部邊境仍然對明王朝形成了極大的威脅。自洪武初年到永樂中葉，明朝軍隊曾在北部邊境上發生過多次激烈的戰爭。爲了穩固北部邊防，明政府不惜花費大量人力、物力修築長城。

明長城的修築起於洪武元年（一三六八年），終於萬曆年間，前後共歷時二百餘年才算基本完工，而個別地段的城、堡、關城直到明朝末期仍在修建中。明長城東起鴨綠江，西達嘉峪關，全長六三五〇公里，是中國古代防禦設施和工程技術從提高到完善的重要歷史見證，也是至今爲止保留最爲完整的一段長城。

基地用來屯餉和補足軍力，於是朱元璋與大臣們商議之後決定模仿古代的兩京制，南方地區以應天爲都城，稱爲南京，北方地區以汴梁爲都城，稱爲北京。

遷都問題

洪武二年（一三六九年）八月，陝西地區的反明勢力已被蕩平，北方全境歸入大明王朝的版圖，建都問題又重新被提出來。在朱元璋心裡，長安、洛陽、汴梁這些古都戰亂多年，百姓還處於恢復階段，如果大肆新建宮殿，重建國都，迫使百姓服役，顯然不得人心。北平（今北京）雖說有舊的宮室，可難免有所變動，也耗費國力。如仍以南京爲都，地理上有長江天塹，地勢險要，而且還可以作爲經濟中心城鎮，可以立國。

在諸多備選國都中，毫不起眼的臨濠也被列入了國都之選。洪武三年（一三七〇年），朱元璋下令遷江南十四萬戶富戶於臨濠，以發展當地經濟，並不許移民擅自返鄉。滿朝文武均知朱元璋大建臨濠，乃是光宗耀祖之意，卻無幾人敢於直言，最終劉基再度諫言，堅決表示反對。朱元璋也意識到此舉不但勞民傷財，而且還會助長淮西功臣居功自傲的風氣，這才下令停工，放棄了在臨濠建都的想法。研究了近十年的建都問題，直到洪武十一年（一三七八年）才正式確定爲南京。

可是，朱元璋並沒有放棄遷都西北的想法，首選的兩個城市仍然是長安和洛陽。洪武二十四年（一三九一年）八月，他派太子朱標親自帶人巡視西北，針對遷都一事進行實地考察與比較，並根據實地繪圖。太子朱標返京後，將地圖獻給了朱元璋，哪知第二年四月太子朱標就去世了，遷都大業又一次被擱置下來。

和睦四鄰

藩國與附屬國一直以來都是中國歷朝的重要組成部分之一，他們關係著一個國家的貿易流通和邊境防禦。大明王朝建立之後，邊境綿長、國力雄厚，四方小國盡皆歸附稱臣，唯有東南沿海倭寇猖獗。

附屬國高麗

高麗國建於中國五代時期（西元十世紀），前身爲新羅王國。元朝初年，元統治者發兵高麗，高麗兵敗被迫臣服於元朝，從此成了元朝的屬國，元朝在這裡建立了征東行省。從元世祖到元朝末年這段時期，元朝皇帝先後下嫁七位公主到高麗，長期的通婚，使兩國的關係更加親近。

朱元璋創建明朝之後，元朝統治者被逐出中原，高麗卻仍然依附於元朝。爲了穩定邊境，明朝建立不久，朱元璋就派遣使臣出使高麗，想與高麗建立藩屬關係。高麗國國王王顓看到元朝敗走大漠，便主動斷絕了與元朝的來往，接受了明朝的冊封。

然而，高麗國內部有許多人是元朝統治者的親戚，他們不甘心就此受制於明朝，於是高麗國國內分成了親元、親明兩派，並展開了長達十餘年的爭鬥。王顓去世以後，他的養子江寧君辛隅繼位。這個新國王傾向於北元，爲了不得罪明朝，他派使臣到大明爲父親請謚號——當時附屬國國王的謚號是由大國來賜予。明朝出於禮節，派出使節林密、蔡斌前往高麗，然而這二人在回國途中卻被人殺死。

明．蟠桃銀杯

銀杯為剖開的桃形、敞口。杯一側有枝、莖、葉附於外壁，既做杯把，又做裝飾。杯內底有「丙戌仲夏奉賀黨太公祖老大人千秋治下廩監生高暹具」二十三字銘。

這件事使朱元璋大爲惱怒，他收回了王顓的謚號，表示不承認辛隅的國王地位。高麗方面擔心明朝採取軍事行動，只好又投向北元請封，北元承認辛隅這個新君，並加以征東行省左丞相的封號。至此，高麗與明朝徹底決裂，雙方均準備戰鬥。

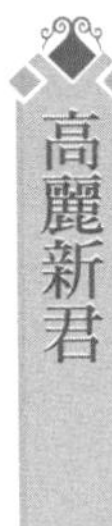

高麗新君

高麗國國王過於年輕，沒有考慮到敵我實力的差距，決定先下手爲強。洪武二十年（一三八七年），馮勝和藍玉率領的軍隊剛剛打敗納哈出，控制住了遼東地區，並在遼東設立了鐵嶺衛都指揮司。此地是明朝與高麗王國的邊界，高麗方面一直想佔據這塊要地作爲緩衝地帶，現在鐵嶺被明朝佔領了，高麗的新國王辛隅居然大膽到向朱元璋要鐵嶺這塊領土，朱元璋一口回絕了高麗使臣的請求。辛隅年少氣盛，他調集了各路軍隊，於洪武二十一年（一三八八年）征討遼東地區。

這是一場很可笑的戰爭，高麗派來的這支遠征軍總共還不足四萬人，而他們要攻擊的敵人，就是剛剛打敗納哈出二十萬大軍的駐遼東守軍。在北元退守沙漠的情況下，高麗的這支遠征軍並無與之呼應的外援。

高麗國王辛隅不瞭解這場戰爭的形勢，但軍隊的主帥李成桂心裡卻很清楚，這是一場根本不可能打贏的戰爭。他和軍中的另一位統帥曹敏商議後決定帶兵打回老家，廢掉辛隅，自立爲王。就這樣，高麗國從此改姓李。爲爭取明朝支持，李成桂主動向

明．蒼鷹攫兔圖

明朝稱臣，朱元璋爲這個王朝起了個新名字叫做「朝鮮」，取「朝日鮮明之國」的意思。

晚年的朱元璋又得到一個屬國，非常高興，下令朝鮮爲永不征討之國，明朝以鴨綠江正式劃分與朝鮮的邊界。朝鮮尊明朝爲天朝，並採用大明的年號。從此以後，朝鮮歷代國王繼位都要派使臣先通知明朝，得到明朝的正式確認，並賜予封號，才算是正式的國王。

新王朝下的藩屬國

遼東的平定，代表大明王朝統一大業的完成，與之前的許多朝代一樣，大明王朝也領有許多藩屬國。從東面算起，有洪武二十五年（一三九二年）李成桂剛剛建立的朝鮮，是最忠於大明的屬國，其次還有東南的琉球國，西南的安南、眞臘、占城、新羅和南洋群島的諸多島國。

藩屬國與大明帝國的關係，依照歷代的傳統，是由明朝方面派遣使臣宣告新朝的建立，藩屬國必須要繳還前朝賜給他們的印綬與冊誥，表示與舊王朝解除臣屬關係，忠心於新朝，然後明政府每年頒賜大統曆，使這些藩屬國尊奉新朝爲正朔，永做屬臣。藩屬國方面則要每年派遣使者按時上貢，新王即位時，必須首先得到明朝政府的承認，冊封後才算享有合法的統治權力；在遇到與其他國家發生外交糾紛或是入侵時，得請求明政府出面調解或援助。藩屬國的內部政務完全享有自主權，明政府從來不加以干涉。

大明帝國針對藩屬國特另設主持和招待蕃舶的衙門，稱爲市舶司，並在沿海開放了三個通商口岸：寧波市舶司是通往日本的通商口岸；泉州市舶司是通往琉球的通商口岸；廣州市舶司是通往占城、新羅、南洋諸國的通商口岸。

朱元璋吸取了元朝時出兵海外慘敗的經驗教訓，決定不向海洋發展，同時頒布《皇明祖訓》，鄭重告誡後人遵循大陸政策，不要對海外擴張。

倭寇

明朝時期的「倭寇」，一般是指以日本爲基地，活躍在朝鮮半島和中國沿海岸的海上入侵者，曾有人將其歸爲海盜一類，但實質上他們所搶掠的對象並不只是船隻，他們還會登陸，進入城中搶劫。

「倭寇」的組成並不僅限於日本海盜，只是這批人最初來自日本，當時日本又被稱爲倭國，所以統稱爲「倭寇」。到了後期，由於日本國內政治發生了巨大的變化，日本官府嚴加打擊，日本人出海搶掠船隻的事件已經大大減少了。取而代之的是那些來自中國和朝鮮的海商與海盜，他們採用了更甚於「倭寇」搶掠的手段，繼續爲禍海岸，因此也被歸入「倭寇」。

在這樣的對外政策下，大明王朝始終與鄰國保持著友好的關係，各自的經濟也得到了很大的發展，這實在是百姓之福。

不許寸板下海

明朝初年，倭寇在東西沿海橫行，朱元璋期望海防得到鞏固，於是採取了禁海政策。可是，朱元璋在祖訓中立下的「不許寸板下海」的規矩，在迴避了倭寇的同時，也遏制了中國人的對外交往。

洪武三年（一三七〇年），明朝政府廢除了江蘇太倉黃渡市舶司。洪武十四年（一三八一年），朱元璋以「倭寇仍不稍斂足跡」爲由，下令禁止沿海居民私通海外諸國。自此，連那些經常友好往來的東南亞諸國來華的貿易和文化交流也被中斷了。之後，在洪武二十三年（一三九〇年）、二十七年（一三九四年）、三十年（一三九七年），朱元璋還分別發布了禁止中國人下海的各項法令。

朱元璋爲了防止沿海居民入海通商，制定法律，嚴格規定處罰條令，禁止私自建造三桅及以上的大船，禁止攜帶違禁貨物下海前往其他國家買賣，禁止與海寇同謀結聚、搶掠百姓財物，否則正犯處斬梟首示眾，全家發配邊疆充軍。

可是這種嚴酷的法令並沒有眞正解決問題。朱元璋忽略了這些政策的實施，直接對象並不是海上的反明勢力，而是沿海的百姓，他們依海而生，從事漁業或是海上貿易。朱元璋的做法堵絕了沿海居民的謀生之路，這些人除了起而反抗之外，已經沒有其他選擇了。

沿海居民除了進行反抗外，還有更多人逃亡海外。據史料記載，明朝初年，兩廣、漳州等郡逃往海外爲生者數以萬計。面對這種情況，海禁從一開始就不可能得到切實的貫徹，反覆發布的禁海令，恰恰說明了始終都有人參加民間的海外貿易。

明・紫檀棋桌

農業復甦

中國自古以來就是農業大國，大明王朝建立之後，農業的恢復與發展成為一個重要問題，增加勞動力、調節人口分布、開發水利成為洪武年間發展農業生產的重要措施。農户出身的朱元璋，是千百年來帝王之中最關注農民生活的皇帝。在他的治理下，農業大為發展，洪武一朝也為後來大明王朝的強盛打下了基礎。

增加勞動力

由於元末統治者殘酷的壓迫和剝削，加上長期戰亂，社會經濟受到嚴重的破壞。在明初，「土地荒蕪」、「居民鮮少」的現象十分普遍。朱元璋明太祖善於總結歷代王朝興衰的經驗教訓，又親身參加過元末起義，比較瞭解百姓的要求，懂得治亂安危的關鍵是百姓境遇的好壞。他竭力主張發展生產，「阜民之財，息民之力」，給民「實惠」，以達到長治久安的目的。洪武五年（一三七二年）五月，爲了增加國家生產力，迅速恢復農業生產，朱元璋下令徹底廢除奴隸制度，還奴爲民。他曾下令由朝廷爲那些在災荒之年賣身爲奴的男女贖身，如洪武十九年（一三八六年）八月，河南布政使司上報，收贖開封等府民間典賣人口二百七十四人。朱元璋還在《大明律》中正式立法規定，庶民之家不可蓄奴，否則杖刑一百，家奴釋放爲民。

在元朝末年這個混戰的年代，有不少人爲了生活如朱元璋一樣入寺爲僧。可是這種情況在明朝建立以後卻大大影響了農業生產，於是朱元璋頒布法令，限制僧道的數量。洪武六年（一三七三年）十二月，他正式下令全國府、州、縣禁止建造道觀寺廟，而且對僧道進行考試，只有那些守戒

靈山衛中千戶所百戶印

明洪武三十五年（一四〇二年）的官印，由禮部造。

規、通曉經典的出家人，才可以領官家承認的度牒，禁令中還規定，四十歲以下的婦女禁止出家爲尼。

洪武十七年（一三八四年），朱元璋進行了一次全國規模的僧道普查，查到出家人口竟達到兩萬九百五十四人之多，這些出家人大部分只是爲了逃避差役。針對這種情況，朱元璋硬性規定，三年進行一次賜發度牒的考試活動。洪武二十年（一三八七年）八月，朱元璋進一步規定，凡二十歲以上者不允許落髮爲僧，二十歲以下者要想來京師諸寺，必須經過三年的考試，確定廉潔無過，才可以發給度牒當僧人。

洪武二十七年（一三九四年）正月，朱元璋再次發布榜文，廢除了元朝時僧道可以結婚的制度，也不允許寺院擅自收納兒童爲僧，違反者連同兒童的父母也要一同治罪。在每三年一次的赴京考試中，若有不能通過者，當即受杖刑並且還俗，六十歲以上的可以免試。

這樣一來，僧道的數量比起元朝大大地減少了，朝廷和民間每年用於僧道的費用也得到控制，農業生產力得到提升，僧道不許娶妻妾，也和普通百姓有了區別。

推行移民政策

從秦朝的陳勝、吳廣，到元末的紅巾軍，人民挺身起而反抗暴政的事情，從來就沒有間斷過。明初的社會生產力發展就來自於元朝末年的紅巾軍起義，在這次改朝換代的過程中，朱元璋清楚地看到了阻礙生產力發展的一些重要因素。

在經歷了二十多年戰亂破壞的情況下，明初政府所面對的是人口的減少和田地大面積的荒蕪。曾經幾朝繁華的揚州，當時居民僅有十八戶，新上任的知府只能以廢棄的破房子當衙門。類似於揚州這樣的慘況並不少見，許多府、縣均處於地廣人稀、無人耕種的局面。

而大明王朝建立伊始，稅收微薄，勞動力嚴重不足，朱元璋想要迅速恢復社會生產力，就必須組織百姓投入生產。首先他免除了糧稅和徭役，集中力量發展農業，移民屯田、開墾荒地，想辦法調整勞動力不足的問題，同時興修水利，種植桑、棉等經濟作物，增加農民收入。他還規定墾荒者免稅三年，遇災優先免除租糧，還建立了預備倉、養濟院等專門用來救濟百姓的機構。

朱元璋一面鼓勵農民墾荒，一面採取移民政策，把一些田少人多地方的老百姓遷移到田多人少的地方。洪武三年（一三七〇年）六月，朱元璋將蘇州、松江、嘉興等地的四千多戶百姓，遷移到濠州去墾荒種田，並發給耕牛和種子，還下令三年不在此

紙幣的發行

在朱元璋稱吳王之前，由於元朝紙幣發行量過大，導致嚴重的通貨膨脹，引發元末經濟危機。到了至正十六年（一三五六年），元朝發行的紙幣被民間拒用，百姓之間的交易不再用錢鈔，而是以物換物。

朱元璋攻佔了應天之後，首先開爐鑄造了大中通寶銅錢，規定四百文爲一貫，四十文爲一兩，四文爲一錢。打敗陳友諒之後，朱元璋在江西行省設置貨泉局，繼續推行大中通寶。洪武元年（一三六八年）朱元璋即位之後，重新發行洪武通寶錢，分當十、當五、當三、當二、當一五個等級，當十錢重一兩，當一錢重一錢，還在京城設置寶源局，各行省設置寶泉局，專門負責鑄錢，嚴禁私鑄。洪武四年（一三七一年），改鑄大中、洪武通寶大錢爲小錢。

雖然全國上下貨幣統一，但是銅錢分量重，價值又低，非常不方便較大數量的交易，也不方便長途攜帶。再說商人用紙鈔也有了很長一段時間的歷史，已經成爲了一種商業貿易習慣，於是紙幣的發行就迫在眉睫了。洪武七年（一三七四年），明朝正式設立寶鈔提舉司，下設鈔紙、印鈔兩局和寶鈔、行用兩庫。

洪武八年（一三七五年），朱元璋命中書省製造大明寶鈔。國家還發布榜文，禁止民間以金銀貨物進行交易，違者治罪。百姓手中的金銀只能向朝廷兑換寶鈔，並規定商務稅收可以用錢鈔兼收。大明寶鈔的發行，在洪武年間滿足了人民的需要，促進商業的發展與繁榮。

地徵稅。接著，又遷移十四萬江南住戶到濠州。洪武九年（一三七六年）十月，朱元璋又下令從山西及眞定（今河北正定一帶）遷移一部分窮苦百姓到濠州屯田。

這種移民政策成效宏大，到洪武二十一年（一三八八年）八月，仍有大批人口從山東、山西一帶遷往地廣人少的其他省地墾荒種田。除此之外，在洪武二十二年（一三八九年）、洪武二十五年（一三九二年）、洪武二十七年（一三九四年）和洪武二十八年（一三九五年）這四年，明政府又辦理了幾次四、五千戶的大遷徙。

這類由朝廷組織的大規模的遷徙活動，朝廷除了給予耕牛、種子之外，還給路費。在分發土地方面，明朝政府規定，凡無田鄉民開荒者，每戶給十五畝地種糧，另給兩畝地種蔬菜，有剩餘勞動力的家庭則不限其耕畝數量。這樣的法令，促使北方無地和少地的農民，能夠積極投入生產之中，進而改變了北方一些地區的荒涼景象，也改善了一部分人民的生活。

重新分配土地

這種由朝廷出面大量分配耕地的舉動，直接涉及到土地產權問題。開國初期，朱元璋以迅速恢復生產爲首要目標，對於土地的產權問題，他頒令凡開墾荒田者，田地盡歸開墾者所有，如果遇到舊業主返鄉索還，將由相關機構在原來荒田附近另行撥補田產。這項法令的頒布，否定了戰前的地主產權，規定了農民將荒地墾熟之後即爲自己的田產，於是人民紛紛投入生產耕種。

洪武二十四年（一三九一年），朱元璋再次詔令天下，擴大墾荒，不論公侯大官還是百姓草民，不問何處，只要將荒地耕爲熟田，這塊土地便歸開墾者所有。但是荒田屬於國有，如果有餘力，可以申請再行開墾。這樣一來，所有的荒田都合理化地歸爲朝廷所有，只要有勞動力就可以報官開墾。

有針對開發荒田的政策，就有穩定既有田地的法令。同一時間，朝廷下達相關法令，若有荒蕪耕田、自行遷移者，全家發配邊疆充軍。

在頒行了一系列鼓勵農民開荒墾田的政策後，許多窮苦人民有了自己合法的田產，擁有耕地的農戶數量增長數倍，解決了元朝後期土地大量集中的問題，社會也相對穩定下來。

除了將內地農民遷徙至北方耕種開墾之外，在徐達遠征沙漠戰役之後，也有從居庸關南遷的西北地區移民。據史料記載，遷徙北平山的百姓有三萬五千八百餘戶散於諸府衛，充軍的分給衣糧，爲民的給予土地；又有沙漠移民三萬二千八百多戶屯田北平，置屯二百五十四處，開荒地一千三百四十三頃。

明．景德鎮窯青花雲龍紋「春壽」瓶

水利工程的建設

朱元璋在大力墾荒的同時，對水利建設也是非常注重。立國之後，他親自下令興辦了一系列大規模的水利建設工程。洪武元年（一三六八年）修建和州銅城堰閘，綿延二百餘里。洪武四年（一三七一年）修治廣西興安縣靈渠，可灌溉萬頃農田。洪武六年（一三七三年）開上海胡家港，從海口到漕涇，全長一千二百餘丈，可以暢通海船。洪武八年（一三七五年），開鑿山東登州蓬萊閣河，浚陝西涇陽縣洪渠堰，溉涇陽、三原、高陵、臨潼等二百餘里。

朱元璋幾乎每兩三年就會興建一處水利工程。到洪武三十一年（一三九八年），共修治洪渠堰、浚渠十萬三千餘丈。朱元璋從立國到去世，修建大型水利工程近二十處之多，這些規模宏大且耗費幾十萬人力的工程，如果沒有一個統一安定的社會時局，是根本不可能完成的。

除此之外，朱元璋還要求全國各地的地方官員搜集當地百姓對水利建設的意見即時上報。在興建水利的同時，朱元璋並沒有忘記既有的水利工程的修治工作。洪武二十七年（一三九四年），他特別交代官員，凡是如陂塘湖堰這樣可以蓄水、洩水、防備天災的水利建築，都要定期檢查，及時修治，並派遣國子監生和一些稅務人才到各地進行水利方面的督修和巡訪工作。到洪武二十八年（一三九五年），全國府縣共開塘堰四萬九百八十七處，開通河道四千一百六十二處，修建陂渠堤岸五千四十八處。

耕獲圖壁畫

此壁畫現存於山西新絳縣。圖中眾多官吏正在拜祭穀神，以祈求豐收。

實行移民屯田、開荒自耕、熟地產權私有制的政策和大量興修水利、增加農作物的措施，是朱元璋為了增強國家實力、增加稅收、強兵富民而採取的一系列策略。在朱元璋積極措施的推動下，農民生產熱忱高漲。明初農業發展迅速，元末農村的殘破景象得以改觀。農業生產的恢復發展，促進明代手工業和商業的發展。朱元璋的農業穩定了農民生活，促進了生產的發展。

大力推廣經濟作物

朱元璋除了重視糧食和水利外，還關心經濟作物的生產。洪武年間主要的經濟作物有桑、麻、木棉等。早在小明王龍鳳十一年六月（一三六五年），朱元璋就曾下令凡有耕田五畝到十畝的農戶，必須栽種桑、麻、木棉各半畝，十畝以上的要加倍，田更多的照比例遞增。地方官員會親自到田裡執行監督工作，一旦發現不執行命令者，則進行相應的處罰：不種桑的，罰出絹一匹；不種麻和木棉的，出麻布和棉布各一匹。到了洪武元年（一三六八年），朱元璋又將這項法令推廣至全國各地，同時規定了稅收的數量，麻每畝徵收八兩，木棉每畝徵收四兩，栽種桑樹的四年以後再行徵租。

洪武二十四年（一三九一年），在南京朝陽門鍾山之麓種桐、棕、漆樹五千餘萬株，每年所收的桐油、棕漆全部用於維修和建造海船。洪武二十五年（一三九二年），朱元璋又令鳳陽、滁州、廬州、和州等地的農民，每戶種桑二百株、棗樹二百株、柿樹二百株，並傳令全國衛所負責屯田的士兵每人種桑樹百株。

洪武二十七年（一三九四年），朱元璋又下令戶部教授各地百姓學種桑、棗、棉，要求每戶第一年種桑、棗二百株，第二年種四百株，第三年種六百株，多種棉花的免除徵稅，栽種的具體數目都要造冊上報，如果有敢違令的人，全家發配邊疆充軍。除此之外，朱元璋還大力發展一些地區的蠶絲生產和絲織工業。爲了確保政令能夠貫徹執行，朱元璋頒布命令給全國各地方考官，要他們定期報告農桑的成績，並規定洪武二十六年（一三九三年）以後栽種的桑、棗等樹木，不論數量全部免除賦稅，並將栽種經濟作物當做官吏政績考核的內容之一，違者降罰。

除此之外，每村還在村口設置一面大鼓，由本村老人專門擊鼓勸農。凡是耕種季節，五更擂鼓，眾人聞鼓聲下田；擊鼓的老人負責點名，若遇到有偷懶的農戶，由老人執行責罰大權。老人每月還要進行六次巡行，在本村宣導勸農務本的道理。

棉花的普遍種植

棉花的種植開始於南北朝時期，那時的棉花被稱為吉貝、白疊，大部分都是從南洋諸國引入中國。當時中國只有西北的高昌（今新疆吐魯番）地區產棉。後來唐朝滅了高昌，棉花才開始傳入中土，宋、元時期也有一些地方開始種植棉花，但真正推廣並在全國普遍種植，則是在朱元璋統治的洪武年間。

洪武元年（一三六八年），朱元璋在全國推行種植經濟作物的法令，並將棉花列為種植重點，種植棉花從此成為全國性的事業，紡織技術也不斷改進，而獲得很大的發展，使日後棉布成為普通百姓也能買得起的做衣原料；用棉花縫製御寒的冬衣，也成為社會發展的一個重要標誌。

棉花產量的發展，促使一些地區出現了專業市場，棉製品的加工也由手工作坊變成了頗具規模的集體生產。棉花產品的增加，擴充了國庫的收入，中國也成為了當時世界上棉紡織業最先進的國家。

洪武立法

明朝法規的殘酷程度堪稱中國古代刑罰之最，而當中又數洪武年間用刑最為殘忍。洪武年間，國家刑罰的依據不僅有《大明律》，更有《大誥》，從這兩部法典中，就可以看出朱元璋的治國思想。

立法思想

明朝初期的立法思想，與朱元璋這位平民皇帝的出身有著密切的關係。他所實行的一套治國方略，正好暗合了法家君主專制的思想。朱元璋的謀臣中儒學派佔了很大的比重，所以在他的立法思想中呈現出以法家爲主、儒家爲輔，嚴刑爲主、教化爲輔的法儒結合、刑禮並用的特點。

朱元璋主張法律應該適應社會的政治經濟情況，應該根據社會治安情況來確定刑罰的輕重程度。他曾對皇太孫朱允炆說：「吾治亂世，刑不得不重；汝治平世，刑自當輕。」由此可見，朱元璋本人也只是把酷刑作爲治理亂世的一種權宜之計，他並不希望自己的繼承人仍然堅持這種做法。

洪武三十年（一三九七年），朱元璋所頒行的《大明律》當中曾指出：「朕有天下，仿古爲治，明禮以導民，定律以繩頑，刊著爲令，行之已久」，可以看出朱元璋將明禮和定法相結合，以便治理天下。他的繼承人朱允炆在即位以後，也不斷宣傳以禮教治國、禮重於刑的思想，目的也是想將禮、法相結合，以達到最好的效果。

《大明律》

朱元璋登基以後，親自主持編定了《大明律》。它是明王朝的正式法典，從起草到修改頒布，前後一共經歷了三十餘年，可見朱元璋對法制建設的重視。這部法典成爲明朝最重要的法律依據。

早在朱元璋建立明朝之前的元至正二十七年（一三六七年）十月，朱元璋就命令左丞相李善長、御史中丞劉基開始議定這部法典。十二月，編成《律令》四百三十條，也就是《大明律》的前身，其中包括律二百八十五條，令一百四十五條；

一同頒布的還有《律令直解》，用來訓釋《律令》的文意。洪武六年（一三七三年）十一月，朱元璋命刑部尚書劉惟謙等人以《律令》爲基礎，開始詳細編註《大明律》，次年二月成書頒發天下，其中的篇目多仿自《唐律》，主要分爲衛禁、鬥訟、詐僞、雜律、捕亡、斷獄、名例等共十二篇，三十卷，六百零六條。

洪武二十二年（一三八九年），朱元璋對《大明律》做了一次大規模的修改，以《名例律》爲篇首，按吏、戶、禮、兵、刑、工六部分爲六律，共三十卷，四百六十條。洪武三十年（一三九七年），朱元璋再次重修並頒布《大明律》，同時規定廢除其他榜文、禁律，以決獄爲第一準繩。此後一直到明朝滅亡，《大明律》都沒有被修改過。

《大明律》涵蓋面極廣，在六律之下，還分有許多律令。它規定了對不同等級、不同犯罪行爲進行判刑的基本原則，基本定刑有笞、杖、徒、流、死五種。在六律的具體條款中，又有凌遲處死、邊遠充軍、遷徙、刺字等刑罰，此外還設了十惡條規，其中有謀反、謀大逆、惡逆、不道、大不敬、不孝、不睦、不義、內亂等所謂的不赦之罪，這十條法規表現出傳統綱常禮教的觀念。在這部法典中還制定了維護皇族、貴戚、官紳的特權法令，稱爲「八議」，即議親（皇親國戚）、議故（皇帝故舊）、議功、議賢、議能、議勤、議貴、議賓。如果有人犯了這八種罪，司法機構不許擅自詢問，必須上奏皇帝，不過《大明律》中的「八議」特權與之前的朝代相較之下，對文武官員的部分特權有所減少。

明太祖朱元璋蠟像

朱元璋，元順帝至正二十八年（一三六八年）正月稱帝，國號大明，建元洪武，以應天（南京）為京師。

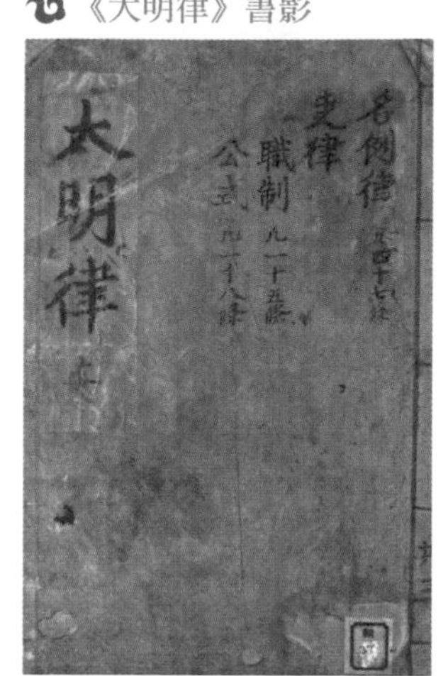

《大明律》書影

《大誥》

洪武年間，朱元璋制定了一種特別的刑事法規《大誥》。《大誥》的名字取自《尚書》中的《大誥》篇，原本是周公東征前對臣民的訓誡。朱元璋將那些從重處理的犯罪官吏記錄在冊，並彙整自己親自審理過的案件，再加上他個人對案件發表的言論，合成了這部訓誡天下臣民的特別法典。

《大誥》上所有的案例，處罰程度都要比《大明律》重。在《大誥》中，有許多罕見的法外酷刑，如斷手、閹割爲奴等，其最大特點就是對官吏犯罪處以重罰。

明《大誥》總共分四編二百三十六條，其中大誥七十四條，大誥紀編八十七條，大誥三編四十三條，大誥武臣三十二條，先後頒布於洪武十八年至二十年（一三八五年至一三八七年）間。四編大誥中，主要包括了三個內容：第一是將洪武年間的刑事案例進行摘錄，其中大多是一些對於臣民的法外用刑案例；第二是結合案例，另行列舉出一些專條專款的重刑法令；第三是在一些條目中，夾雜了朱元璋對吏官和人民的訓示。明《大誥》這種以案例、峻令、訓導三個方面構成法規的典籍，在中國法律史籍上前所未有，算是朱元璋的一大發明。

朱元璋做了皇帝以後，認爲元朝之所以滅亡，主要原因就是朝廷太過腐敗，只有以嚴治國，重典處罰，才可震懾亂民。《大誥》這部法典，在洪武年間大行推廣，到了朱元璋晚年，他認爲國家已經達到了以法治國的效果，於是將《大誥》中的部分內容收錄進《大明律》的法規裡面，並廢除《大誥》中的一些法外酷刑。洪武年後，《大誥》完全失去了法律效力，不過影響力依然存在，直到明朝末年，百姓家裡若留有《大誥》，還

明‧雕填彩漆雙龍紋長方盒

盒木胎，通體填彩漆紋飾。裝飾內容為傳統的吉祥圖案，紋理清晰，填飾細膩。

可以減罪一等。

《大明律．禮律》

元末二十幾年間，群雄並起，天下混亂，四處流傳著「明王出世」、「彌勒降生」的預言，朱元璋深深明白隱藏在這類預言下，那些祕密組織的威脅。朱元璋在建元第一年就頒布詔書，禁止以白蓮教、明教、彌勒教為主的一切邪教存在和活動。為了讓子孫後代也重視這點，他把這條禁令正式編入了國家法律之中，成為了《大明律》上的正式法規。

《大明律．禮律》明確規定，禁止巫師邪術，凡是有人假借降神寫符賜咒，號稱受天祈聖人，自命端公、太保、師婆者，以及以彌勒教、白蓮教、明教、白雲宗等名目集會，宣傳旁門左道之術，或者隱藏相關圖像，燒香聚眾，假裝做善事實為煽動人心者，一律受刑，發起者處以絞刑，隨從者各打刑杖一百，流放三千里。

朱元璋下了很大決心嚴令禁止邪教。浙江溫州、福建泉州一帶是明教最盛行的地方，自南宋以來，明教在這裡根深柢固，在民間流傳廣泛，甚至在洪武初年還有修造大型殿堂的事發生，許多無業的百姓都信奉不已。朱元璋以在律典中設立了「名犯國號」之罪為由，對明教的建築物進行摧毀，沒收了教派的財產，將所有教徒都趕去務農，甚至將明州這個城市的名字也改成了寧波。明教教徒們在這種高壓之下，只好改換名稱，繼續在暗中活動，明教成為了民間的祕密組織。

事實上，朱元璋所頒布的法律條款和制裁並不能阻止教徒信教，主要因素是百姓對於新建立的大明感到失望——這個新王朝並沒有替百姓解除痛苦，改善他們的生活，因此在二十年後還有彌勒教在民間廣泛傳播。

明．景德鎮窯釉裡紅雲龍紋雙耳瓶

逐孟事件

大明王朝立國之後，朱元璋由平民百姓變成了至高無上的皇帝。當他讀到《孟子》中民貴君輕的言論時，認為這種言論危及到他的皇權，盛怒之下，他下令將孟子逐出孔廟，因而造成了明初著名的「逐孟事件」。

《孟子節文》

元末戰亂多年，人才凋零，到明朝洪武初年出現了人才奇缺的狀況。朱元璋登基第二年（一三六九年）便詔告全國各級府、州、縣興辦學校，力圖恢復國家的選才制度。經過幾年的努力，頗有成效，甚至在窮鄉僻壤也能看見兒童讀書的景象。

朱元璋之所以要興辦學校，目的是爲了選才，但是在他心裡，深知這些讀書的士子們思想複雜，如果不讓這些士子們做出擾亂社會的事，就必須要統一士子們的思想，將他們納爲己用。要做到這點，首先要從教學書本上入手。朱元璋曾多次申令，全國士子要以四書五經爲本，孔孟的書籍要以朱熹註釋過的爲準。

朱元璋在讀《論語》的時候非常敬仰孔子的思想言論，對《孟子》中的思想卻十分厭惡。孟子是僅次於孔子的「亞聖」，他常在各國君主之間直言告誡國君應該做些什麼，不該做些什麼，這在朱元璋的眼裡是嚴重的以下犯上，是有傷君王尊嚴的舉動。

在《孟子》中有一段很典型的事例是說，孟子去見梁惠王，惠王向孟子請教治國之道，問他：「叟，不遠千里而來，亦將有以利吾國乎？」孟子回答說：「王何必曰利，亦有仁義而已矣！」如此毫不客氣的對話方式，在朱元璋看來，是十分大不敬的行爲。

諸如此類的內容在《孟子》中還有很多，如：「君之視臣如手足，則臣之視君爲腹心；君之視臣如犬馬，則臣之視君如國人；君之視臣如草芥，則臣之視君如寇仇」；「臣弒其君，可乎？曰：賊人者，謂之賊；賊義者，謂之殘；殘賊之人，謂之一夫；聞誅一夫紂矣，未聞弒君也。」

這些話對朱元璋而言，簡直就是告訴百姓要輕賤君王，不要講什麼尊卑，如果對君王的行爲有什麼不如意，就可以名正言順地起來造反。這類言論深深刺激了以君權爲上的朱元璋。他在讀《孟子》的時候，每看到不稱心的地方就會斥罵一番，說：「這老頭要是出生在今日，豈能放過他！」按照朱元璋的意思，《孟子》有很大一部分內容需要刪去，才能讓士子們閱讀。他親自刪減了《孟子》的八十五處地方，剩下的僅有一百七十餘節，之後編成《孟子節文》，於洪武五年（一三七二年）頒布到各級學校，作爲施行教材。

控制思想

爲了控制讀書人的思想，洪武十五年（一三八二年），禮部向全國學校頒布了十二條禁令，禁止生員干涉詞訟，不得妄言軍政大事等，並將這條禁令刻在石碑上，立在學宮明倫堂的左側，被稱爲臥碑。在這塊碑上，規定國家大事只許工、農、商、賈四類人可以參與意見，生員不許有任何意見，他們必須遵照老師教育的話做事，不得自作主張。

透過《孟子》看《論語》，《論語》上記載了孔子許多言論，基本上全是站在統治者的位置上來說話，如最著名的「民可使由之，不可使知之」這樣的名句，歷代統治者都很喜歡，朱元璋更是發揮它的最大效用，說這句話的威力就可敵百萬雄兵。

明．剔黑鳳凰牡丹菱花盤

再如孔子的「君使臣之禮，臣事君以忠」、「事君，敬其事，而後食其祿」。《論語》中的這些言論，就是歷代君王們奉爲金科玉律的聖賢之訓，更是教化百姓的治國理論依據。

唐朝開國之初，李世民非常注意總結歷代王朝的興衰教訓，並虛心納諫。唐貞觀十四年（六四〇年），魏徵曾上疏譬喻：「君，舟也，民，水也。水所以載舟，亦所以覆舟。故孔子曰：『魚失水則死，水失魚猶爲水也。』……安可不深思之乎？安可不熟慮之乎？」李世民引用魏徵「水能載舟，亦能覆舟」的話爲至理名言，常以此告誡臣屬，可見貞觀盛世與唐太宗的善於納諫有著直接的關係。

雖然朱元璋在立國之初也十分注意這些歷史教訓，可是他遠沒有李世民的胸襟，無法理解水和舟的關係，只是一味消極地面對問題——他怕水覆舟，卻不順民心、導民情，不可載舟的道理變成了權力上的高壓；他只會做些刪節孟子、樹立臥碑、大興文字獄的事情，力圖控制百姓的思想，以此防水覆舟。

逐孟出孔廟

有一次，朱元璋在翻閱《孟子》第四卷《離婁章》時看到這樣一段話：「孟子告齊宣王曰：『君之視臣如手足，則稱視君如腹心；君之視臣如犬馬，則稱視君如國人；君之視臣如土芥，則稱視君如寇仇』。」朱元璋大怒不止，他認爲這段話是鼓勵百姓造反，如果皇帝對他們不好，他們就可以把皇帝當仇敵、當賊寇。剛剛從天下諸路豪強中奪取江山的朱元璋深知民變的厲害，《孟子》中公開「鼓勵造反」的言論，在他這個新皇帝看來是了不得的大事，認爲這種教唆百姓仇視皇帝的書籍無疑必須禁止。於是朱元璋詔告天下，指出孟子這段話不講君臣之道，不配作爲聖賢之言，罷除了孟子在孔廟的配享地位。朱元璋想到朝中那些讀書人一定會起來反對，於是他通告群臣，有敢勸諫者，以「大不敬」論罪，處以死刑，命金吾子當即射之。

刑部尚書錢唐明知勸諫必然激怒朱元璋，是不赦之罪，必死無疑，但他仍然寫了奏章前來勸諫。他命下人抬著棺材跟在自己身後一同上殿，將胸膛袒露在外，任由金吾子射殺。金吾子可能被錢唐的行爲感動，故意射偏了位置，羽箭透過肩窩，並未致死。錢唐見到朱元璋之後，說：「臣得爲孟軻死，死有餘榮。」朱元璋也忍不住動容，速命太醫爲其救治，不久又詔告天下，讚揚孟子「辨異端、辟邪說，發明孔子之道」，從此又恢復了孟子配享孔廟的地位，命人依照他的批注對《孟子》進行了節選。

洪武二年（一三六九年），朱元璋下詔，朝廷每年對孔廟的祭奠大禮從此作廢，天下不必通祀。詔令一下，朝野嘩然。刑部尚書錢唐再次上疏勸諫：「孔子垂教萬世，天下共尊其教，故天下得通祀孔子，報本之禮不可廢。」侍郎程徐也上疏勸諫說：「古今祀典，獨社稷、三皇與孔子通祀。天下民非社稷，三皇則無以生，非孔子之道則無以立。」朱元璋看到反對的人這麼多，雖心有不甘，也只能收回了詔令。

明．鎏金銅編鐘

矛盾的朱元璋

朱元璋稱帝之後，由於性格多疑，做出了許多異於常理的事情，這些事情多是前後矛盾的，比如他對佛家、道家的態度極爲敬重，有時卻又加以殺戮，對儒家、法家的士子愛如珍寶，有時卻又視如草芥。朱元璋在談論古人時，常會大罵李斯、韓非子這樣的法家人物，可是在治國方略上，又重用兼有法家思想的李善長，以法家治理天下。在宣傳孔、孟思想的問題上亦是如此。朱元璋受屬下儒士影響，以孔、孟之道教化百姓，但在他的內心深處，卻看不起這些儒生士人。

洪武初年，無論是地方，還是京城，均缺少大量的文人學士，朱元璋招賢若渴，想盡辦法網羅天下賢才，即使是元朝遺民也不放棄，用心之誠，花費心力之大，天下人共見。對早期投奔來的讀書人，如李善長、宋濂、劉基、陶安等，在開國前十分信任，朱元璋一直尊稱軍師劉基爲先生，對這班建有功勳的文人們給予特殊的待遇。然而對立國後入朝爲官的文人卻沒有這麼幸運，在度過了開國之初人才極缺的艱難時期之後，朱元璋對讀書人展開了殘酷的文字獄，因爲隻字片語犯忌被殺的文人不勝枚舉。

孟子的思想是以民爲本，他主張天下百姓不要愚忠於一姓一人。若君不敬臣，不愛民，則可視之如仇寇，他將君權與民權平等化，認爲君臣之間是相對應的關係。朱元璋這個兩千年以來最專權的皇帝，面對孟子的這些言論，最終還能讓他配享孔廟，在朱元璋看來已是寬容到了極點。

孝陵神道

明孝陵由前後兩部分組成，前為神道部分，後為陵園主體部分。神道部分全長一千八百公尺，自下馬坊起至御河橋止，依據地形，曲折迂迴，佈局巧妙。

開科取士

在經歷了元末明初二三十年的動亂之後，大明王朝出現了人才稀少的局面，無賢才可選做高官，無能人可治國安邦。為了解決人才不足的問題，迅速恢復科舉制度成為了大明王朝創建後的又一件大事。

明朝的科舉制度

科舉制度最早起源於隋唐，宋元時期得到延續。那時科舉考試錄取的名額非常少，每次開科下來，全國上下也只能有幾十個人入選。科舉制度的眞正發展，是從明朝開始。洪武三年（一三七〇年），明朝開始恢復科舉考試，並實行擴招，只要刻苦讀書就有可能考取功名。於是，很多人開始以讀書做官爲職業，而這些人後來成爲了大明王朝的重要力量。

洪武年間的科考主要分成三個等級。第一個等級是院試，報考者稱爲「童生」，考試以州、縣爲單位，考試成績分六等，考取高等的考生被稱爲「秀才」，考取一、二等的考生被稱爲「錄科」，他們具備進行更高等級考試的資格。秀才享有一定的特權，他們可以免除家裡一人的徭役，見了縣級官員也不用下跪。

第二個等級的考試叫做鄉試，這是省一級的統考。鄉試每三年才有一次，在洪武年間一般定在當年八月，由省級考官出題，有名額限制，這一級考試及格的人就是舉人了。舉人有做官的資格，但並不是馬上就有官可做，要等著補缺。

第三個等級稱爲會試，只有考取舉人資格的考生才能參加。會試也是三年才有一次，一般在二月進行。進入會試的考生被稱爲「貢生」，考場叫做貢院。貢院裡有上萬個單人房間

南京江南貢院內的「狀元匾」與「趕考挑子」

被稱爲「號房」，這些號房一般只是個長五尺、寬四尺、高八尺的小房間，考生要在這裡待幾天。通過會試的考生們，就要面對最後一場考試了，這場考試由皇帝親自提問，因此被稱爲殿試。皇帝和主考大臣們會根據考生的表現，共分三甲。一甲三人，叫進士及第，分別是狀元、榜眼、探花；二甲若干人，叫賜進士出身；三甲若干人，叫賜同進士出身。

經過了這樣一個漫長的考試過程後，朝廷會委派官職，這個官職並不高，一般只是個八品的縣丞。

科舉榮耀

科舉考試不僅是讀書人獲取官位的途徑，也是讀書人追求榮譽的方式。他們以狀元爲目標，但狀元並不是讀書人的最高榮譽，這個最高榮譽是連中三元的稱號。簡單來說，三元是指在不同等級考試中的三個第一名。鄉試的第一名叫解元，會試的第一名叫會元，殿試的第一名叫狀元。只有在這三級考試中，取得了這三個第一名，才可以稱得上是連中三元，受萬人敬仰。

讀書是爲了參加科舉考試，考中了進士是爲了當官。隨著科舉考試的廣泛推行，那些名門望族的力量也隨之削減，取而代之的是科舉出身的進士。他們在朝中形成了一股科舉勢力。科舉勢力一年年壯大，對明朝的政治帶來了很大的影響。

讀書人考中進士之後可以候補官員，而考中舉人的要想當官就還要再參加會試，實在考不中的可以到吏部註冊，過個幾年，也許有哪位官員身故或撤職不幹了，有了空缺，吏部就會把這本冊子翻出來。挑選官員時還

明．水閣讀書圖

圖中山巒層疊，石紋繁複，樹木茂盛，雲氣繚繞，澗中溪水之上水閣屋舍掩藏，內有讀書文士正在凝想，溪水波光粼粼，溪岸石上有兩人皆抬頭仰望。該圖用筆渾厚老健，著色淋漓清潤。

要進行面試，這些舉人會被分成幾隊，站在吏部大臣面前憑相貌任其挑選，選中的才可以做官。

明代官員出外行走也很有講究，正式出行會帶許多人在前面鳴鑼開道，還有許多人舉著牌子。狀元出行，牌子上會寫「狀元及第」、「欽點翰林」這樣的大字。二、三甲出行，牌子上會寫「同進士出身」、「兩榜出身」。舉人的牌子上寫不出那麼多功名，就會在前面加上中舉的年份，如「甲子舉人」，如果有什麼官位、表彰之類的也會寫上去。正是這種榮耀，令許多讀書人終生奮鬥，務求中試。

八股文

洪武年間在改變科舉制度的同時，還創造出一種科舉考試的新文體，也就是八股文。它在後來的幾百年中，產生了很大的影響。八股文是明朝發明的一種新文體，考生們的考試科目分成三場，第一場考經義，即四書五經；第二場考實用文體寫作；第三場考時務策論，時務策論指的是針對某件事，讓考生去分析。這三場之中，要屬經義最爲重要，是取士的關鍵。

明・螭紋青玉竹筒形杯
高十五公分，寬十・五公分，北京故宮博物院藏。取形於梅竹，高雅不凡，伏螭寓意祥瑞，應為明代宮廷用器。

這個時期的考生，要想過第一關，只要認眞背熟四書五經就可以了，因爲第一場的題目就在這當中命題，範圍已經是相當小了。寫文章的時候，有規定的字數限制，一般限制在五百字內。考試中最難的部分在於格式和個人發揮，八股文分爲破題、承題、起講、入題、起股、出題、中股、後股、束股、收結十個部分，其中精華部分是起股、中股、後股、束股，這四個部分要求的格式最爲嚴格，必須用排比句、對偶句來完成，共有八股，所以叫做八股文。

這種生硬的寫法，對字數的要求極爲嚴格，多一個字也不行。爲了使格式整齊，達到對偶效果，有許多人胡編亂造湊字數，雖然文字格式上都過關了，但內容卻是一團糟。其實不但考生爲難，考官也很爲難，他們只能從四書五經裡出題，還不能與歷屆考題重複，最後只能去了頭尾，拿中間一些字來考人。

在八股文這樣古板的文體之上，明朝還規定，所有的文章要以古人立

中國的第五大發明

科舉制度在中國實行了一千三百多年，這對中國本身以及世界各國都有著深遠的影響。隋唐以後的社會結構、政治制度、教育方式、人文思想，無不受到科舉制度的影響。科舉的產生，根本目的是爲了從民間選拔出優秀人才。相對早期的世襲、舉薦等這些選才制度，科舉考試無疑是一種公平、公開、公正的選才方法，改變了國家選才用人的制度。

最早倣傚中國科舉制度的國家是與中國來往密切的東亞諸國，如日本、朝鮮、越南等，其中越南廢除科舉比中國還要晚。進入明清之際，隨著航海業的發展，歐洲一些國家看到了中國的科舉取士制度，他們記入遊記帶回本土，於是科舉制度來到了歐洲。清初，正逢西方啓蒙運動，英、法思想家都推崇中國這種公平、公正的選才制度，在歐洲，英國最早將科舉制度的主要形式應用於公務員錄用方面。隨著科技的發展，歐美各國先後倣傚這種制度，他們文官選拔的考試原則與中國科舉十分相似，因此有人稱科舉是中國的第五大發明。

言，按照聖人的思想行文。這裡所說的聖人，指的就是宋代大思想家朱熹，這麼做只因爲朱熹在讀四經的時候寫過註解。在這種固定的模式下，竟也有考生能寫出好的文章來。

科舉制度的影響

科舉制度最早源於隋唐，當時對考生還有身分的限制，從宋朝開始，便不再論出身，貧富均可以參加科考。這樣的政策，不但擴寬了選拔人才的門路，還讓社會中下層的知識分子有機會透過科舉考試改變自己的命運。這種政策對保證社會的穩定，具有長足的作用。明朝的進士當中，有將近一半的人祖先是沒有讀過書的窮苦人，但是他們只要一朝考中，便會身價百倍；對朝廷來說，這無疑是籠絡和控制讀書人的有效手段。

科舉還可以發現、培養人才，並且能推動文化知識的普及，民間因此讀書風氣盛行。雖然這種推動是以對功名利祿的追求爲目標，但也提升了全國的文藝風氣。除了極少一部分人能夠進入官場，大多數人還是留在了地方，作爲最基層的知識分子，他們對知識的普及具有很大的貢獻。

科舉制度造成的負面影響也十分嚴重，從洪武年間開始，科舉考試的內容更加僵化，要求考生寫出合乎形式的文章，而不是發掘考生們的實際學識。考生們的思想逐漸被制約在四書五經這樣一個狹小的視界裡，無論是思想，還是創造能力以及獨立思考的能力都受到嚴重束縛。這使得那些具有文學創作或是技術方面的傑出人才失意於科場，被埋沒在民間，延緩了社會的發展。官場上科舉勢力的產生，直接導致了官場的腐敗，久而久之，科舉制度被政治化、人情化了，官官相護也造成了社會秩序的混亂。

洪武軍制

一個國家軍隊的素質，直接關係著國家的存亡，而一個國家的軍隊制度，又直接影響著國力的興衰。明朝在借鑒了古代軍制之後發明的衛所制，以軍事據點防禦外敵，以屯田墾荒進行內治，取得良好效果。

衛所制的產生

軍隊是建立和維護一個國家穩定的基礎，想要獲得最終統治權的人，背後都必須要有軍隊的支持，大明王朝也不例外。

中國古代有徵兵制和募兵制兩種兵制。所謂徵兵制就是以兵務農、以農養兵，全民皆兵，用時召集，這樣做不但兵員素質良好，國家平時又不用擔心養兵的費用。不過這些兵員幾乎全部出自農村，如果遇上長期的戰事，必將直接影響農村的生產，而且這種兵源相對有限，不適合迅速集結和進行大規模作戰。除了徵兵制，還有募兵制。所謂募兵制就是收攬社會上的閒散人員，讓他們以當兵爲職業，這樣做的好處是可以收攬社會上的一些無業遊民，並且這些人員在數量上和服役的時間上都可以不受農耕限制。不過，與徵兵制相比，募兵制最大的缺點就是國家要維持很大一批常備軍，這樣一來，在軍費方面無疑是個巨大的開銷，而且募來的士兵中會有一些來路不明的人，很容易反叛或逃亡。

明朝時期，劉基針對這兩種兵制，各取所長，想出了一個比較折衷的方法，既能使戰鬥力和生產力保持一致，又不會出現太多的失誤，這種

明．塡漆戧金雲龍紋雙連環小几

幾面飾有紅、綠二龍戲珠及海水江涯紋，做工精緻。

制度被稱爲衛所制。衛所制的兵源主要從四個方面獲得：第一批稱爲從徵，指那些從朱元璋起事便開始跟隨他打天下的士兵；第二批稱爲歸附，指那些從群雄和元朝部隊投降過來的士兵；第三批被稱爲謫發，這類人是在軍事行動中，因爲戰鬥急需人手從牢獄中放出來幫助打仗的囚犯，也叫恩軍；最後一批被稱爲垛集，也就是被徵召而來的士兵，這些士兵多數是按當時的人口比例，從每戶之中徵召服兵役的。

在這四批士兵中，前兩批是主要軍力人選，後兩批則屬補充軍力。衛所制規定，這四類兵種都必須娶妻生子，世襲爲兵，如果無子孫繼承，就要從原籍的家屬壯丁中選人補充。這種規定既保證了軍隊的穩定兵源，也讓這些武裝了的軍隊成爲了兵營式的家庭團體。

明長城遺址

明長城東起遼寧虎山，西至甘肅嘉峪關，是中國歷史上費時最久、工程最大，防禦體系和結構最為完善的長城。

軍籍與衛、所等級

朱元璋創建明朝之初，就將百姓劃分在一定的生活區域中，每個人在出生的時候就規定了他的職業，編入明代的戶口。在這本戶口中，軍籍和民籍、匠籍是當時的三大戶籍類別。享有軍籍的人和普通百姓不同，他們不受普通的地方行政官員管治。

每戶若有一人應徵入伍，那麼這戶將受到政府的優待，免去這家一人的差役。被充軍到衛所的士兵本身稱爲正軍，隨軍的子弟被稱爲餘丁或軍餘，將校的子弟被稱做舍人。這些人平時的糧食支出均由國家按月發送，稱爲月糧。軍中規定，馬軍月支兩石米，步軍總旗月支一石五斗米，小旗月支一石二斗米。步軍又分守城和屯田兩種，守城的月支一石米，屯田的只有半石。恩軍的標準是四口以上支一石米，三口以下支六斗米，無家口的爲四斗米。其他方面如冬衣、棉布、夏衣、夏布每年都會按人口分到一件，出征打仗的時候還會分發棉襖和鞋褲。

軍隊根據人數和性質分爲衛、所

兩個級別，五千六百人稱衛，設有指揮使。衛的下面又分成五個千戶所，每個千戶所一般是一千一百二十人，設有千戶。千戶之下又分成十個百戶所，每百戶所一百一十二人，設有百戶。百戶之下是旗，設有總旗兩個，小旗十個，每個總旗領五個小旗，一小旗爲十人。

這些大大小小的軍隊編制成軍，以衛所爲單位，分布在地理位置險要的地方，小的據點設所，重要的據點設衛，這樣衛所相關聯，散佈在一個大的地區裡，形成了軍區，每個軍區都由若干的衛所組成，軍區裡最高指揮長官是都指揮使。到洪武二十五年（一三九二年），明朝軍事防禦體系才算基本定形，全國共建有十七個都指揮使司，分別隸屬於五軍都督府，內外共有三百二十九個衛，守禦千戶所六十五個，京師部隊人數佔全國士兵總人數的六分之一。

邊防屯田制

衛所的軍糧問題，大體上是學習漢朝趙充國的辦法，在邊塞實行屯田制，每處駐守的軍隊分成兩部分，一部分守禦，一部分下田耕種，這樣做既可以節省糧食長途運輸費用，以補充軍需，減輕國家養兵的負擔，又使戰鬥力和生產力得到協調統一。內地的衛所基本上也是屯田耕種。

每個軍隊單位都會分到相應的田地，由官府分發耕牛和農具，開始的幾年國家免除一切田租，等將耕田養成熟地之後，每畝收租稅一斗。朝廷還規定，屯田守軍十分之三用作守城，十分之七用於屯種，內地則是二分守城，八分屯種，這樣既可以自給自足，也可以有所囤積以備戰事。

在衛所中，軍人本身的吃穿用度都由國家支付，可是他們的家屬卻需要自己負擔。雖然有一石米的收入，但是在人口多的家庭裡連吃飽飯都成問題。有的士兵活不下去只好逃跑，有些人去當苦力，有些人去做買賣，使軍隊的戰鬥力大大削弱。

除了軍屯還有商屯。在軍糧不夠吃或是出現困難的時候，朝廷創造出了「開中法」來補救。所謂開中法就是把運輸軍糧的費用轉移給商人，朝廷一般不缺糧食和鹽，但運輸費用是個難題；當時交通不便，運輸費用往往比所運的糧食本身還要高。商人雖然擁有資本和人力，卻無法得到被朝廷壟斷的鹽。開中法就是讓商人把糧食運到邊防駐地，拿到當地接收的收據，回來後向朝廷請領等價的鹽進行販賣。這個辦法朝廷省錢省力又省心，商人也有好處。有的商人索性在邊塞僱人開墾耕地，就地繳糧囤積，進而省去了數倍的運費，這樣一來，不但邊防得以充實，邊疆荒地也獲得大規模的開墾。

軍權中的學問

明代的軍權被分為統軍權和軍令權兩個部分，統軍權由五軍都督府掌管，軍令權則歸兵部負責，也就是帶兵作戰由軍士來完成，但發號決策卻是由兵部來指揮。平日，衛所的部隊在各自的駐地屯田練兵，一有戰事，動員令一到，各地衛所的軍隊馬上就集結成軍，會有都督府派來的官員暫時充當最高指揮官將軍一職統兵出征。打完仗後，各處駐守的兵馬回到各自的衛所，恢復之前的屯田守禦工作。統軍的將軍在戰鬥結束後也將交出將印，回到原任做自己的事。這樣的好處是大將沒有自己的親信部隊，也就沒有實力造反，而軍隊又過於分散，沒有更高的指揮將官來統領，也是一盤散沙，對朝廷無法形成威脅，上下階級分明，紀律也比較好維持。

朱元璋是個極度多疑的人，他對掌握兵權的人極其敏感，對下面的軍官士兵們也時常留意防範，除了在一些重要部隊裡面派遣義子做監軍外，還派了許多眼線暗插其中。洪武五年（一三七二年），朱元璋特別發布軍律到各個衛所，下令禁止軍官和士兵私下和公開接受公侯給予的一切賞賜，其中除了錢帛之外還包括衣服和糧米；沒有出征任務的時候，也不允許軍官或士兵們在公侯府門外侍立。對公侯也規定了在沒有特殊旨意時，不得私自召喚軍人做工役，如果有違犯的公侯，三犯准免一死，軍官或士兵三犯則要發配到海南充軍。

到後來，情況更加嚴重，名義上公、侯、伯都是因功受爵，賜有家卒一百一十二人作衛隊，並設立一個百戶進行統領，頒布鐵冊說明「侯其壽考，子孫得襲，則兵皆入衛」，這些衛卒被稱為奴軍，或是鐵冊軍。事實上這些被特別派來守衛功臣們的鐵冊軍，是皇帝派來監視功臣是否有貳心的人，這些公、侯、伯爵們每天的行動，隨時隨地都有人向上報告；於是日後就發生了一連串的告密案和大規模的黨案。

山海關明代鐵砲

設立土司

由於中國西南、西北地區少數民族眾多，有的地方甚至出現民族雜居的情況，這為明朝的治理帶來了很大的麻煩，於是形成了土司制度。土司類似於藩屬國，區別只是一個境內一個境外，當時土司繁多，以雲南、貴州地區的土司最為有名。

土司制度的構建

明朝建立以後，總結了歷朝統治的經驗和元朝對少數民族的制度，特別制定了一套比較完整的「土司制度」。這套制度是明朝對那些少數民族地區採取的一種統治形式。大體來說，是在府、縣管轄下的少數民族地區設立宣慰司、宣撫司、長官司等地方行政機構，委任當地部落領袖來當這個機構的長官，稱爲土司。

這些在明朝版圖之內的內地土司和藩屬國一樣，要定期向朝廷進貢。土司們的冊封、繼承都由朝廷正式詔旨，各少數民族土司轄有軍隊的，都直屬於兵部，有的還設有土府、土縣等屬吏部門，體系不盡相同。

平時，各少數民族地區一樣有納稅、開闢、保養驛路以及戰時調兵從征的義務。如果在其內部發生了糾紛，或是有聚集起來反抗朝廷的，被平定之後，都會收回自治權，直屬於朝廷，被稱爲「改土歸流」。

土司衙門有宣慰司、宣撫司、招討司、安撫司、長官司、土府、土縣等各級名目，其最高長官都採用世襲制，享有一定轄區的土民。元朝的土司有宣慰使、宣撫使、安撫使三種武官職務。明朝與清朝沿置土司，自明

明．白玉雙螭耳杯

朝起，增加了土知府、土知州、土知縣三種文官職務。土司對朝廷承擔一定的賦役、並按照朝廷的徵發令提供軍隊；對內維持其作爲部族首領的統治權利。

從土司分布來看，洪武初年，西南部少數民族比較密集，在湖南、四川、貴州三省交匯處是苗族經常活動的中心，一直向南延伸到了貴州。廣西境內則是以瑤族、壯族爲主。四川、雲南、貴州這三省的交界處是羅羅族的聚集地。四川西部和雲南西北則是摩梭族。雲南南部有擺夷族。四川北部及青海、甘肅、寧夏有羌族。由此可見，少數民族集中地多在中國的西南部，這裡也成了明朝土司制度施行的重點地區。

治理西北

在上述所提的這些區域裡，除了有當地土司外，還有一部分配合管理的流官。所謂流官，即朝廷直接任命，具有一定任期，不是世襲的地方官員。這些少數民族地區，大多是以土司爲主，流官爲輔，而流官在這裡的主要作用僅僅是執行監督罷了。

與此相似，在流官當州府官長的地方也有不同的部族土司存在。這樣一來，在同一個布政使司的管治下，既有流官的州縣，也有土官的土司，還有土流合治的州縣，即便是在全是流官治理的州縣內，也有漢人與非漢人雜處的情形。因此民族問題錯綜複雜，極易引起紛爭，進而導致戰亂。

中國歷朝以來，均有漢人憑藉政治優勢、利用武力或是其他方法強佔土民的土地和物資，逼迫土民不得不遷徙到山裡，過著極爲艱難的日子，更甚者會被屠殺消滅。如此一來，土民自然不甘心，遂組織起來進行武力對抗，這樣就可能爆發地方性或是更大規模的

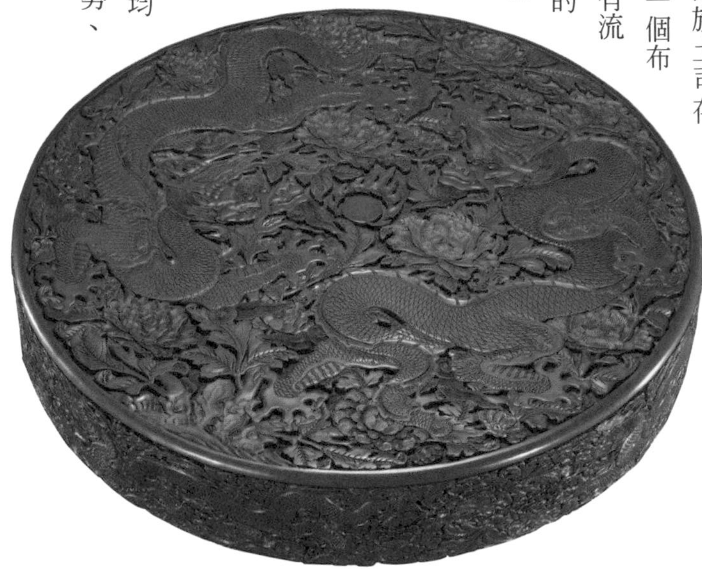

明．剔紅雙龍牡丹紋圓盒

盒面髹朱漆，蓋心雕一顆火焰寶珠，圍繞寶珠兩側盤曲浮游著兩條五爪長龍，龍體豐厚，鱗甲分明。以牡丹花及枝葉為襯地，更顯得豐滿華美。

戰爭。

洪武時期，朝廷治理邊疆少數民族的原則是任其發展，只要土司聽從朝廷旨令，朝廷也就任其充當一方霸主並且世代相襲，不作過多干涉。對待內地的土民，朝廷則採取積極的同化策略，派遣流官輔助管理，設立道路驛站，並且選拔土司的子弟到國子監學習漢人的文化，使其納糧納稅，一步步地加強對他們的統治，以達到直接治理州縣、擴大疆土的目的。

在針對西北羌族方面，通常採取兩種辦法，一種是任命當地部落領袖爲衛所長官，世襲相傳；一種是根據地方信仰，建設寺院，賜番僧封號，利用宗教來治理邊民，將羌民的力量逐步分化，使其兵力分散，這樣西北國防就可以相對穩固。

雲南的土司制度

洪武十五年（一三八二年），明軍收服雲南，明將金朝興進駐紅河地區，改路爲府。這裡民族眾多，民族情況極爲複雜，因此成爲實行土司制度的重要地區。洪武十七年（一三八四年），紅河地區的部落領袖正式歸附明朝，並進行了第一次入朝進貢。朝廷有意樹立榜樣，封當地部落領袖和寧爲阿迷州土知州、陸羨爲蒙自縣土知縣、普少爲納樓茶甸副長官司。不久，紅河兩岸以及哀牢山區的思陀、溪處、落孔等各部以及其他各族領袖紛紛主動歸附受封，朝廷根據各部情況，設立長官司，授各族領袖爲地方長官、副長官，並以百家姓賜予漢姓，土司制度進一步深化。

在此期間，紅河兩岸的土司主要有彝族的納樓土司、哈尼族的思陀土司、落孔土司、瓦渣土司、溪處土司和傣族的虧容土司。

納樓土司是當時紅河地區最大的一家土司，在洪武十五年（一三八二年）授予的納樓茶甸副長官司普少，就是納樓土司的最高領袖，所轄地區號稱「三江八里」，因其領土廣闊，人口眾多，曾與貴州永西土司和武定鳳氏土司合稱爲西南三大彝族土司。

思陀土司，最早起於漢代，歷史悠久，在洪武年間，思陀土司的首領遮比歸附大明王朝之後，在捍禦安南（今越南）的戰爭中立有功勞，被賜姓李，授長官司副長官的職務。其中紅河地區的落孔土司和瓦渣土司均是從思陀土司分化出來並發展起來的大土司。另外還有眾多的土官、土舍、頭人、寨長等。

貴州的土司制度

貴州少數民族極多，洪武時期，朝廷在這裡設置的土司機構遍及全省各處，比較重要的有貴州土司、貴陽土司、水西土司、安順土司、銅仁土司、播州土司、烏撒土司、興義土司、思南土司、思州土司以及鎮遠土司等。

地處邊疆的貴州，是屬民關係最爲複雜的省區，明朝根據具體情況頒布相關制度加以管理，大力推行土、流並治的政策，充分利用土族大姓便於統治的特點，設立了宣慰使司，最高長官叫做宣慰使。貴州宣慰使司是由元朝時期的順元路改制的，洪武年間任命水西氏爲宣慰使，沙溪安氏、水東宋氏並爲同知，最先隸屬於湖廣，之後隸屬於四川，最終歸屬於貴州布政司。不過貴州宣慰使司不同於其他土司機構，他可以直接向皇帝呈報地方上的問題，所以並非完全受貴州布政司轄制。

土司、土官與布政司的結合，是明朝對貴州統治的一種特殊策略，這種策略完全是沿用了前朝的制度，這樣做使中央、地方、百姓三者的關係趨於穩定。

土司制度是專制政治的產物，它的建立使少數民族在政治、經濟、文化等各方面的發展與內地緊密相連。土司制度大大加強了中央政權對邊民的統治，保衛國家領土完整。

明．雞翅木翹頭案

修撰《元史》

在歷朝史書中，《元史》是最具有特色的一部。《元史》的修撰，不但要有強於文字運用的編修者，還需要有精通蒙古文字的翻譯人才。即便如此，資料中蒙古姓氏的特點和文化的差異，仍然造成了《元史》的諸多錯誤，也正因為這些錯誤的存在，才讓後人在看到元朝歷史的同時，還能看到洪武年間文化思想的主流。

豐富的參考資料

洪武元年（一三六八年），明軍主帥徐達、常遇春率北伐大軍攻克大都，元朝成爲歷史。朱元璋接到消息後，立刻下令進行《元史》的編修工作。第二年，以左丞相李善長爲監修，以大學士宋濂、王禕爲總裁，加上趙塤等十六人，於南京天界寺，開始了《元史》的正式編修工作，前後僅用了一百八十八天，便完成了一百五十九卷之多的《元史》。

明軍攻克元大都之後，發現了許多有關元朝歷史的寶貴資料。徐達從元大都繳獲的元代《十三朝實錄》和《經世大典》成爲了編修《元史》的基礎。爲求確實，朱元璋又派歐陽佑等人親自前往北平（即元大都）搜集元順帝一朝的史料，之後，又於洪武三年（一三七〇年）重新開設史局，除了之前的大部分編史成員外，另召朱右等十四人參加，耗時一百四十三天，完成了五十三卷的續修工作。之後將前後兩史合併，以本紀、志、表、列傳排列後，共得二百一十卷，編撰工作共歷時三百三十一天。

元朝是由蒙古這個古老的少數民族建立的。蒙古族最初興起於黑龍江上游額爾古納河東，後來漸漸散佈在廣闊的蒙古草原上。成吉思汗以前，蒙古人並沒有自己的文字，在日後的發展過程中逐漸借用了畏兀兒文字來

《元史》書影

明洪武年間內府刻本。

記錄蒙古語，創製了以畏兀兒文字爲基礎的蒙古文。成吉思汗收服蒙古各部後，文化上開始形成統一。到忽必烈時期，國師八思巴參照藏文字母，發明了蒙古新的文字，得到官方肯定並加以推廣。直到新蒙古文問世以後，忽必烈之前的元朝歷史，才被追述上去，這一部分歷史相對比較簡略，也有一些錯誤。

元太宗（窩闊台）到元憲宗（蒙哥）時期，所編成的史書《元朝秘史》，都是用畏兀兒文字寫成。元世祖中統二年（一二六一年），忽必烈設置了翰林國史院，開始用新的蒙古文纂輯國史。專職機構的設立，使元朝除了順帝外，其他幾位元朝皇帝都有很完整的「實錄」，是《元史》編修的主要依據。元朝的豐富典章制度史和史料雜著都是編修《元史》的材料來源，原始史料如此全面豐富，爲前朝各代所未見。

紀傳體的斷代史書

洪武三年（一三七〇年）七月，《元史》二次成書，共二百一十卷。這是一部包括了紀、傳、表、志的紀傳體斷代史書，其中本紀四十七卷、志五十八卷、表八卷、列傳九十七卷，記載了從金章宗泰和六年（一二〇六年）鐵木眞建立大元帝國根基，稱成吉思汗，到元順帝卒於明洪武三年（一三七〇年），共一百六十五年的歷史。

《元史》本紀記載最爲詳盡的要屬《世祖本紀》，共有十四卷之多，占《元史》本紀總篇幅的三分之一，其次是《順帝本紀》，也有十卷之多，主要原因是這兩位元朝皇帝在位時間相對都較長，原始史料也因此而豐富。根據材料的多少來定每位皇帝的篇幅，充分體現了編修人員實事求是的精神。

《元史》中的志書是對元朝典章制度詳細的記述，包含了大量珍貴的歷史材料，其中以《天文志》、《曆志》、《地理志》、《河渠志》四志的材料最爲珍貴。《天文志》中吸取了郭守敬這位元代傑出科學家的研究成果。《曆志》主要是以元代曆算家李謙的《授時曆議》、郭守敬的《授時曆經》爲基礎編撰而成。《地理志》是以《大元一統志》爲依據。

明・花卉紋金盃

此杯線條優美，杯身飾花卉紋，杯柄形似樹枝，構思巧妙。

《河渠志》是以《海運紀原》、《河防通議》等書爲基礎編撰而成。如今《大元一統志》等書早已散佚多年，《元史》志書中所保存下來的這些書籍內容，成爲非常有價值的史料。

《元史》中列傳的部分被分成十四種，多數是沿用前朝的史書，僅有《釋老》一傳是《元史》的創新。《釋老》的主要內容是對宗教方面的記載，從中可以瞭解元朝時期，宗教的社會地位以及發展概況。列傳中以《儒學》、《列女》、《孝友》、《忠義》四種記錄人物最多。《元史》列傳中敘述的事件，多有詳細的年、月、日，這是最爲突出的特點之一，更增加了其參考價值。

《元史》以整齊的綱目、淺顯易懂的文字，展現出朱元璋要求文學著作通俗易懂的特點。

史實上的錯誤

雖然《元史》材料豐富，但因爲編纂時間距離元朝滅亡只有一兩年，許多當時元朝的史料並沒有及時獲得，例如大將常遇春俘獲的元順帝北逃時帶去的大量史料，因爲在洪武三年（一三七〇年）七月，《元史》已經完成了二次編修，所以常遇春帶回來的這些史料就來不及引用了。還有一點原因，是由於當時資料多是畏兀兒文字和以藏字爲基礎新創造出來的蒙古文，許多參與《元史》編修的明朝學士讀不懂或認不全這兩種蒙古文字，加上多數人沒有考訂的經驗，造成了《元史》中許多失誤之處。比如有些應該立傳的卻沒有立傳，就連一些元朝開國勳臣的傳記也有部分缺漏。有些因蒙古姓名的特點誤作兩人，爲一人立了兩傳，再加上那些史實錯誤以及音譯不統一等問題，數不勝數。這樣就導致了後世人在讀《元史》的時候，還要參考《元朝秘史》和《新元史》等典籍。

另外，《元史》的編修過於急躁，而且又出自二十幾人之手，謬誤之多，歷來受到史學界學者們的非議，他們指出最主要問題是資料隨得隨抄，重複出現，欠缺剪裁。透過閱讀《元史》，很明顯可以看出在編修過程中彼此沒有互相對照，參考材料也不相同，前後矛盾的地方層出不窮，一事再書、一人兩傳、譯名不同的情況比比皆是。史文翻譯改編工作也有很多疏漏，有的翻譯竟然與原意完全相反，根據案牘編修的宰相年表，只是刪掉了官銜而不深加考訂，以致有姓無名。

列傳部分，直接照抄碑誌、家傳之類的文字，取捨失當，主次難辨。其中改寫紀年的干支，居然出現誤推出一甲子六十年的情況，這讓史料的時間完全錯亂。在參考材料中沒有具體廟號的皇帝，在改寫過程中出現的錯誤更多，如太祖、太宗兩帝相互移位，憲宗、世祖兩帝相互移位，兒子成了老子，老子反倒成了兒子。

再有，編撰者對元朝蒙古族的制度不熟，如宋朝時期，各州另有軍號、郡名，在《地理志》中，卻寫成某州改爲某軍、某郡。諸如此類的問題層出不窮，《元史》的修撰者們因此常被後人拿來嘲笑，說他們是「草澤腐儒，不諳掌故」。

與衆不同的價值

雖然《元史》有很多錯誤的地方，但是它卻比某些正史的史料具有更高的研究價值。

首先，許多元代史籍，如「十三朝實錄」和《經世大典》如今都已失傳，當中部分內容卻因《元史》的摘錄而保存下來。

其次，《元史》編寫操之過急，開國第三年就已完成了第二次編修，正因爲這樣，修撰者沒有依照修史的慣例，保留了那些儒家學者認爲不屑一提的史實。

第三，《元史》中的本紀和志佔去了全史的一半篇幅，本紀就佔去了全書的四分之一，在這一點上，被後人批評爲不合舊制。不知削減的《文宗紀》，竟然一年一卷，這種做法，也許對整部史書的體例有些影響，但從保存失傳史料這方面來看，卻是很有意義的做法。在列傳部分中，由於元朝史庫的資料並不是很完整，修史者常用當時古人的碑傳作爲參考資料。這些碑傳多是評述元朝文人的內容，然而對一些蒙古名臣卻沒有收錄，這就是《元史》中列傳部分的文人詳於元朝將相大臣的主要原因。如元朝丞相的列表有五十九人，這五十九人當中，立傳的還不到一半。太祖諸多皇弟、諸多皇子中僅有兩人有傳，而太宗以後的皇子無一人有傳，由此可見那些蒙古人、色目人有一半已經沒有任何史料可以參考了，後人只能在《元史》中看到關於他們的簡述。

有人批評說佛事和遊皇城的禮樂不應該立書建志，這樣做不合乎寫史的慣例，《元史》卻保留了這些方面的內容，這些內容是根據元代實際情況保存下來的最可靠的元朝史料。

明·釉裡紅牡丹蕃蓮瓷盤

詩人高啓

明朝最具代表性的詩人高啓，一直期望形成兼修百家之長卻自成一格的詩風，然而卻因官場的險惡，成為朱元璋苛政之下的犧牲品，被用來告誡天下文人。在高啓被殺的過程中，還有一位備受蘇州人民愛戴的清官魏觀牽連其中，這使高啓的死又增添許多傳說。

明代詩人之冠

高啓，元至元二年至明洪武七年（一三三六年至一三七四年），元末明初著名詩人，字季迪，長洲（今江蘇蘇州）人。元朝末年，天下大亂，高啓避禍於淞江畔的青丘，自號青丘子。明朝初立，朱元璋久聞其名，親自下詔請高啓入朝編修《元史》，並授以翰林院編修一職。洪武三年（一三七〇年），朱元璋又委任高啓爲戶部右侍郎，高啓拒辭不赴，回到青丘靠講學爲生。

高啓的詩風博采百家之長，不拘一格，著有詩集《缶鳴集》，文集《鳧藻集》，詞集《扣舷集》。其詩作多反映百姓質樸眞切的生活，田園氣息濃烈，或悼古或抒懷，寄予了很深的感慨。

高啓的思想主要以儒家爲主，兼顧釋、道的影響。他爲人清高孤僻，非常厭倦政治氣息，不貪功名利祿。正因爲如此，朱元璋請他做戶部右侍郎的時候，他固辭不受，堅決回到家鄉。

在青年時期，高啓的詩作就十分出名，世人常把他與楊基、張羽、徐賁並稱爲「吳中四傑」。高啓的文學思想與眾不同，他主張倣傚漢魏晉唐等前朝的佳作，待融會貫通之後，自然成就一家。他認爲要「兼師眾長，隨事模擬，待其時至心融，渾然自成，始可以名大方而免夫偏執之弊」。高啓的詩作體制各異，風格多變，有明代詩人之冠的美譽。

明・青花瓷管卷草紋筆

「陳烙鐵」陳寧

洪武初年，朱元璋派陳寧去蘇州出任知府。陳寧爲政苛猛，人們幫他取了個綽號「陳烙鐵」。陳寧是茶陵（今湖南茶陵）人，元朝末年做過鎮江府的小官，後來投降朱元璋，曾在高郵被張士誠所俘。雖然被俘，但與敵人對話義正辭嚴，被釋回後，朱元璋升任他爲廣德知府。

洪武元年（一三六八年），陳寧應詔回京，出任司農卿，又升爲兵部尚書，之後曾擔任松江知府、山西行省參政，後來再一次應詔回京，任爲參知政事，掌管吏、戶、禮三部政務。他起初名爲陳亮，朱元璋賞識他，賜名陳寧。洪武三年（一三七〇年），陳寧犯了官司，被外調蘇州任知府。陳寧確是個很有才氣的人，只是對百姓太過嚴酷。在蘇州期間，每次徵收賦稅，若有百姓無法交納，他

華山圖冊（局部）

明洪武十七年（一三八四年），王履繪。王履，元至順三年至約明洪武十七年（一三三二年至約一三八四年），字安道，號畸叟、抱獨老人，擅畫山水。此圖為他遊覽陝西華山後而畫。

便用燒紅的烙鐵往百姓身上烙，因此有了「陳烙鐵」這個綽號。

有一次，陳寧的兒子陳孟麟實在看不過去，勸陳寧不要這樣對待百姓，卻被陳寧活活打死。朱元璋聽說這件事後，大爲震怒，認爲此人對自己的兒子尚且如此，更不要說什麼忠君了。隨後陳寧被調離蘇州。陳寧看出朱元璋的疑忌，內心恐懼，最後與胡惟庸結黨，被朱元璋處死。

暗藏殺機的酒宴

洪武五年（一三七二年），朱元璋撤換陳寧之後，改派魏觀出任蘇州知府一職。魏觀當時已經從京城國子監祭酒任上致仕，他能出任蘇州知府，是受馬皇后的舉薦。朱元璋非常重視對蘇州的治理，在魏觀出宮前，請他與馬皇后，還有當時著名詩人高啓一同飲宴。此時的高啓還在宮中做翰林，因爲要授他爲戶部右侍郎，他堅辭拒授，反倒要回鄉，所以這次朱元璋也將高啓一同請來，有意讓他回心轉意，仍想勸他在朝爲官。但酒宴過後，高啓還是離開了官場，回到了蘇州，隱居在甫裡。

蘇州城送走了鬼煞星陳寧，迎來了大清官魏觀，百姓都很高興。魏觀有學識，待人也很平和，到了蘇州之後，盡改前任陳寧所爲，以禮教、民風爲治，廣辦學堂，爲百姓做了很多好事。第二年，朝廷念魏觀功績，要升任他爲四川行省參知政事，蘇州百姓百般乞求魏觀留任，魏觀深受感動，得朝廷恩准，繼續留任蘇州知府。魏觀在編修《元史》的時候與高啓是同僚，他很欣賞高啓，很快二人在蘇州結成了忘年之交，魏觀聘請高啓等人協助校訂經史。

明．黃花梨衣箱

衣箱造型古樸大方，通體包鑲多塊銅面葉，既有加固的作用，又增添了華貴之感。

大禍臨頭

魏觀爲官清廉，深得百姓愛戴。百姓見蘇州知府衙門又破又小，想

高啓詩歌中的精品

高啓在官場之中僅任官三年，大部分時間長居鄉下，因此他的詩歌大部分是描寫人民生活的場面，如《牧牛詞》、《捕魚詞》、《養蠶詞》、《射鴨詞》、《伐木詞》、《打麥詞》、《採茶詞》、《田家行》等。這些詩歌並沒有像大多數詩人那樣把田園生活理想化，而是反映民間疾苦。除此之外，高啓還描寫百姓在遭受天災兵禍時的痛苦，如《練圻老人農隱》、《過奉口戰場》、《聞長槍兵至出越城夜投龕山》、《大水》等。

高高啓的詩歌多取法前人，兼師眾長，而且清新超拔，富於才情。在明代，高啓的詩成就極高，影響也較大。和他同時的詩人楊基、張羽、徐賁，與之號稱「四傑」，但成就皆在他之下。

幫忙改造，魏觀也決定重修衙門。新朝初立，一切從簡，洪武七年（一三七四年），魏觀選中了原來張士誠的皇宮舊址作爲蘇州府衙，並打算重新開通錦帆涇。錦帆涇是子城西邊的一條小河，張士誠也曾經治理過，可後來因爲戰事，大部分被淤泥所阻塞，爲了方便水上交通，魏觀決定重新疏通。

當時蘇州有個和魏觀平級的武官叫做蔡本，他認爲魏觀有意以文壓武，於是他將此事密報朱元璋，說魏觀建造樓館是心懷不軌，順便還告高啓不肯做皇帝的高官，卻肯聽命於魏觀，幫著魏觀造房子，還在「上梁文」中寫到「龍盤虎踞」這樣大逆不道的話。

朱元璋本來疑心病就重，加上早對高啓懷有不滿，於是派一個姓張的御使暗查此事。這位張御史假扮成一個工匠混到工人中去，和工人們一起做搬運的雜活。等工程完畢的時候，魏觀請大家喝酒，朗誦高啓爲新衙門所寫的「上梁文」，在文中果有「龍盤虎踞」的字樣。

張御史馬上密報朱元璋，檢舉魏觀在任蘇州知府時勾結高啓大興滅王之基，開敗國之河，爲張士誠招魂。朱元璋本就恨透了蘇州這個城市，又對高啓懷有極重的偏見，當下動了殺機。就這樣，年僅三十九歲的大詩人高啓被腰斬成八段，六十八歲的魏觀也被砍了頭，一同被處斬的還有王彝等當時與高啓交好的文人。

有人說魏觀是受高啓連累成了陪葬品，也有人說是魏觀連累了高啓。魏觀被殺後，朱元璋非常懊悔，頒旨爲其平冤復爵，以大臣禮將魏觀遺骨送回老家湖北蒲圻。

明初文化藝術的繁榮

明朝代元而立，不僅在政治上恢復了漢族政權，在文化上也逐漸回復傳統的儒家禮樂文明。然而，朱元璋在立國之初設計的一整套加強中央集權的制度也延伸到文藝界，人們的創造力被壓抑，使得作品略顯呆板，創意不足。

小說

明朝的小說主要是從宋元話本的基礎上發展而來。宋元時期民間「說話人」主要分爲「講史」和「小說」兩類。講史者述說歷史上帝王將相的英雄成敗故事，小說者則講述與百姓生活貼近的市民故事。這兩類說話人的底本，分別成爲明朝長篇章回體小說和短篇市井小說的雛形。

明朝的長篇小說成就輝煌，爲人們所熟知的有《三國演義》、《水滸傳》、《西遊記》、《金瓶梅》和《封神演義》等等。《三國演義》的作者是羅貫中，書中一些故事情節於唐宋時期就已經在民間流行。元朝亦有話本《全相三國誌平話》，基本規模已經奠定。羅貫中在此基礎上改編成二十四卷二百四十節的《三國誌通俗演義》，後來經過合併、刪改，形成新的一百二十回本，廣泛流行於民間。清初的毛綸、毛宗崗父子對其再次加工，使之情節更加緊湊，文字更加藝術化，這就是現在所見的一百二十回《三國演義》。《三國演義》描寫了東漢末年到西晉初年戰亂和爭霸的歷史，生動地描繪三顧茅廬、群英會等場面，尤其以戰爭場面的描寫氣勢恢弘，手法高超。書中

皮影戲曹操發兵

曹操發兵是《三國演義》劇目《當陽橋》皮影戲中的一個場面。透過生龍活虎的幾個人物形象再現了曹操百萬大軍的氣勢。

人物形象性格鮮明，生動活潑，對諸葛亮、曹操、周瑜、劉備等人物的塑造十分成功。

《水滸傳》的作者爲施耐庵。這是一部描寫北宋末年以宋江爲中心的一百零八將被逼上梁山的過程，是「官逼民反」主題的充分表現。這些江湖英雄除暴安良的任俠之舉，受到人們的喜愛。書中人物最終雖然接受招撫降宋，但是立功邊陲的理想卻因爲官場黑暗而破滅，最終報國無門，或戰死、或離散，以悲劇收場。

《西遊記》是一部以傳統神話故事爲藍本的小說。作者吳承恩科場失意，直到六十歲才謀到縣丞之職，最終因爲性格孤傲，辭官而去。《西遊記》這部作品中處處反映了他對社會現實的不滿，尤其是孫悟空這個放蕩不羈的形象，更是作者心中希望衝破現實黑暗的寄托。

戲劇

明代初年，元雜劇創作仍然盛行，民間舞台上演的雜劇豐富多彩。但是，雜劇的內容形式逐漸僵化，已經不能滿足民間對戲曲藝術的需求，因此雜劇在明朝中期開始衰落。此時，南戲開始興起。南戲是流行於南方民間的戲曲形式，大致產生於宋徽宗時期，此後一直在南方百姓中流傳。明朝初年著名的南戲劇目有《琵琶記》、《荊釵記》、《拜月亭》等等。然而，南戲曲目多由傳統劇目改編而成，創新作品不多。

明代戲劇發展歷經了正統雜劇逐漸衰落，新雜劇和傳奇戲逐漸興起的過程。在明初的文化高壓政策下，雜劇創作都是一些教化戲、神仙戲，直到明中期開始才有文人不滿雜劇形式內容的僵化，開始戲劇改革，突破了原來雜劇「四折一楔子」的固定格式限制，有一折、七八折乃至十幾折，

明代戲曲人物

中國戲曲的行頭、砌末、臉譜、舞台裝置等屬於舞台美術方面的技藝，在明代後期有了長足的改進。時衣——現實生活中出現的時髦服裝不斷地被吸收到舞台上來，戲曲行頭煥然一新，臉譜在戲曲演出中逐步定型和逐漸豐富。明代戲曲，在我國戲曲史上，是繼元代雜劇之後的第二個黃金時代。被聯合國教科文組織定為「人類口述和非物質遺產代表作」的崑曲，偉大的戲劇家徐渭、湯顯祖以及膾炙人口的傳奇作品《牡丹亭》等，都產生在這個時代。

內容上反映現實生活。著名的劇作家和作品有梁辰魚的《浣紗記》和阮大鋮的《燕子箋》等。而明代戲劇的集大成者，是臨川派的創始人湯顯祖。他的代表作是《臨川四夢》，又稱《玉茗堂四夢》，由《紫釵記》、《還魂記》、《南柯記》和《邯鄲記》四部構成，其中又以《還魂記》影響最大。《還魂記》又名《牡丹亭》，描寫的是杜麗娘和柳夢梅浪漫的愛情故事。劇中，杜麗娘勇於追求愛情，爲思念夢中情人而死，又爲追求愛情復生，最終有情人終成眷屬。這些都反映了湯顯祖本人的理想，交織著現實主義和浪漫主義的風格。

繪畫與雕塑

中國傳統繪畫藝術在宋元時代一度繁興，明代開國後，朱元璋推行文化專制政策，導致明代初年畫壇只能以宮廷院體畫爲主流。明初畫師大多由元入明，承襲元代畫風，因此院體畫尚未形成明代的獨特風格。明成祖永樂以後，國家政治趨於穩定，君主專制逐漸定型，院體畫風行天下，到明憲宗成化、明孝宗弘治年間達到頂峰，憲宗和孝宗父子二人本身就長於繪畫。但是經歷了一百多年之後，明朝的中央集權削弱，政治漸趨寬鬆，思想獲得解放，爲藝術的多樣化提供了可能，院體畫也開始走向衰落。

明代的雕塑藝術反映了宗教由官方走向民間的過程。政府很少出現強

明人演戲圖

明代戲曲在繼承宋元南戲和北曲雜劇的基礎上，經過各聲腔劇種藝人們長期而廣泛的實踐，在唱、念、做、打以及舞台美術等方面，都有全面化的發展與提高，進而使戲曲藝術逐漸走向成熟，進入了繁榮時期。

力控制國家信仰的措施，官方組織建造宗教建築和塑像的行為也逐漸減少，而各地的民間信仰則不斷豐富，出現了許多新的神祇，反映在雕塑藝術上，就是明代地方廟宇建築的紛繁和生動活潑的塑像。寺廟雕塑更加貼近百姓的信仰，城鄉廟宇中佛道造像和民間信仰的新神如城隍、關羽、岳飛等大大增加，繼承了唐宋遺風，而更注重寫實。

藏書與刻書

藏書自古就是讀書人的愛好，明代的私人藏書到達前所未有的高峰，出現了眾多著名的藏書家和藏書樓。在數量和質量上，私人藏書都超過了國家藏書，對清朝的官方編書、私人藏書的全盛和考據學的興起，有很大的助益。

明代的藏書到達一個新的高峰。明太祖朱元璋雖然出身不高，但是他十分重視儒家經典，在尚未建立明朝時，就曾派人網羅古今書籍，以備查閱；即位之初，又派徐達搜求元朝遺書運回南京。

由於科舉教育的盛行和民間市鎮經濟的發展，私人刻書業逐漸發達，並出現了彩印和套印這類新的印刷工藝，裝幀方法也獲得改進，出現了對後世影響深遠的「線裝書」。私人藏書能夠在明朝盛極一時，與刻書業的發達相輔相成。國家大興八股和民間市鎮經濟的繁榮是促進刻書業發展的主要原因。八股考試在明朝逐漸走向僵化，考試內容和行文規範都被限制在嚴格的範圍之內，因此，各書坊爭相刊刻與科舉有關的四書五經、律令典籍和時文選集，以便應試者參考與模仿。

官方的大規模刻書起源於朱元璋的倡導，在明朝前中期比較受重視，內府、部院、各地藩王府雕版刻書風行一時。明朝中後期，皇帝漸漸失去王朝初建時勵精圖治的精神，刻書、藏書事業也隨之衰落，而民間刻書業卻空前繁榮起來。

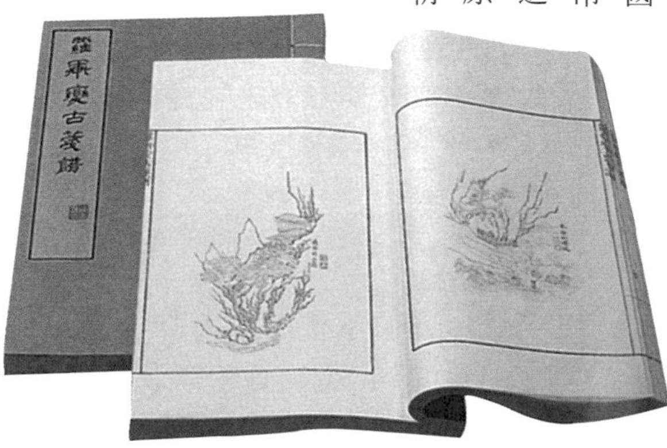

蘿軒變古箋譜

《蘿軒變古箋譜》分上、下兩冊，上冊四十九張九十八面，分為自撰小引、目錄、話詩、筠藍、飛白、博物、折贈、玉、斗草、雜稿；下冊四十五張九十面，由目錄、選石、遺贈、仙靈、代步、搜奇、龍鍾、擇棲、雜稿組成。《蘿軒變古箋譜》是現存最早的多色套印拱花、版印刷的印本。也是印刷史上版拱花結合的代表作之一。《蘿軒變古箋譜》的印成，象徵中國木版水印技術有了很大的突破。

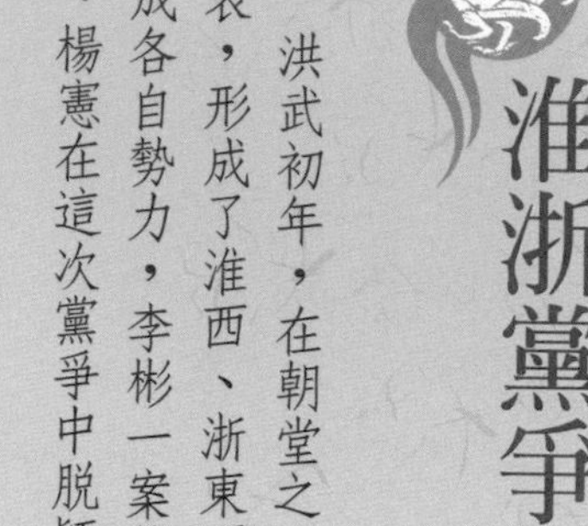

淮浙黨爭

洪武初年，在朝堂之上，以李善長和劉基為代表，形成了淮西、浙東兩黨。他們在朝野之中形成各自勢力，李彬一案將黨爭推向高潮，胡惟庸、楊憲在這次黨爭中脱穎而出，走向台前。

黨爭序幕

洪武初年，大臣們以地域劃分，形成了兩大派系，開始上演了一場明爭暗鬥的兩黨之爭。

其實這些派別簡單來看就是同鄉會，大家方言一樣，生活習慣接近，又都來自一個地區。朱元璋出身於淮西，他的隊伍當中絕大多數都是淮西人，這樣一來，朝堂之上，淮西一黨逐漸形成。這一黨派的主要成員有李善長、郭興、郭英、湯和、周德興，還有死去的常遇春等人，他們是朱元璋白手起家時的重要班底，以會講淮西話爲榮。

淮西黨派的首腦當屬李善長，他被朱元璋稱爲開國第一功臣，之所以這麼說，最主要的原因是李善長非常盡職地完成了朱元璋的後勤補給工作，並且他也是最早跟隨朱元璋打天下的文人之一。朱元璋把李善長比喻成蕭何，從這一點也可以看出朱元璋對這位默默無聞，能夠做好後勤工作者的重視。因此創建明朝後，李善長被封爲韓國公，擔任首輔大臣。當時滿朝只封了六個公爵，其他五人均是在戰場上拚死殺出來的一代名將，因此出人意料的是，在這六位公爵中，李善長是唯一的文臣。

與李善長相比，素有運籌帷幄、決勝千里之名的劉基，卻只封了個誠意伯。年俸方面，劉基是伯爵中最低

明．大彬款提梁壺

這件紫砂壺是傳世大彬壺中最完美的一件作品。壺高二十．五公分，口內徑八．三公分，刻款「大彬」。壺的外觀呈紫黑色，提梁特別高大，拱起如長虹臥波。

的，只有二百四十石，而李善長卻是他的十幾倍，年俸四千石，這對一個運籌帷握，決定重要戰略的人來說，實在有些出乎意料。

李善長外表看起來很敦厚，心胸卻很狹窄，誰要是得罪了他，他就一定要報復回來，淮西一黨以他爲首，風氣可想而知。在這種情況下，有人要權傾朝野，就必然有人要站出來制約，能夠制約淮西黨派的，正是以劉基爲首的浙東派。這兩個派系的心結，朱元璋早就看在眼裡，可是他並不打算解決，於是，兩黨之間的衝突勢必愈演愈烈。

李彬案

洪武元年（一三六八年），淮西、浙東雙方終於爆發了第一次「戰爭」。當時劉基出任御史中丞一職，負責管理御史台。這是一個監察機構，下轄一群言官，劉基正是這群言官的首領。

引出這場交鋒的關鍵人物是一個叫李彬的人，他是李善長一手提拔上來的親信，由於犯了法，被劉基關了起來。查清罪行後，劉基決定將他依法處死。當時朱元璋正在外省巡遊，李善長忙去找劉基疏通。劉基爲人正直不阿，一口回絕了李善長，他還將此事奏報了朱元璋。朱元璋知道後大怒，回批立斬李彬。

不巧的是，這份回批文書落到了李善長手上，他氣得火冒三丈。爲了救出李彬，李善長想出一個辦法。當時京師地區正逢大旱，很久沒有下雨了，李善長找到劉基，以此爲由，勸劉基不要妄開殺戒。其實他眞正的目的，是想將旱災的責任推到劉基身上。

劉基一下子就明白這是李善長想阻止他殺李彬。不過劉基並不在意，他淡淡地說：「殺李彬，天必雨！」還是把李彬給殺了。等朱元璋剛一回京，李善長馬上把不下雨的責任推到劉基身上。朱元璋心裡很清楚是怎麼一回事，所以並沒有治劉基的罪。劉基明白再待下去不會有好結果，於是在八月請假回了老家。

離京之前，正趕上朱元璋要把京師建到老家鳳陽去，同時還準備遠征北元。劉基向朱元璋建議鳳陽不適合建都，北元的實力尚存，不宜輕易出兵。沒想到這兩件事不幸都被劉基言中了。整體上來說，朱元璋還是很了解劉基。他曾對劉基的兒子說：「現在滿朝文武都結黨，唯有劉基不和他們混在一起，我是個明白人，不會虧待他的。」

從幕後走出來的胡惟庸

劉基的還鄉，並不像表面上看到的那麼簡單。原來在劉基走之前，已經暗伏下了一個人，這個人就是楊憲，他是劉基的門生，政績素來不錯，深得朱元璋的信任。劉基走了之後，楊憲果如劉基所料，接任了御史中丞這個職務。楊憲一上台，就開始準備對淮西派進行一次有力的反擊。

楊憲是個有智謀的人，他韜光養晦，著意扶植起了一批如高見賢一類的人，並發動御史台言官們的力量，四處搜集李善長的惡行，準備一有機會就向朱元璋進言。朱元璋起初並不以爲然，對李善長還是非常信任，但時間一長，加上楊憲有些話並不是沒有一點根據，漸漸地他對李善長也有些反感。十一月，他又召回劉基，委以重任。淮西派遭到全面打壓，浙東派漸佔上風。

這個時期的李善長經常處於憂慮之中，他很清楚自己的處境，他決定找一個代言人爲淮西派出頭，最終他選中了胡惟庸。胡惟庸和李善長是同鄉，他本來也是很早就追隨朱元璋打天下的，只是一直都沒有高昇的機會，總是做些知縣之類的地方小吏。不過不可否認的是，他確實是一個有能力的人，在得到李善長的認同之後，胡惟庸眨眼之間成爲了淮西派的領袖。

正當浙東派準備一舉擊敗淮西派的時候，一件意想不到的事發生了。由於劉基做人太過直爽，在朝中得罪了很多人，這些人不斷地在朱元璋面前說他的壞話，這讓朱元璋對劉基起了很大的疑心。

韓國公李善長畫像

李善長，元皇慶三年至明洪武二十三年（一三一四年至一三九〇年），明初著名的開國元勳。

失敗而歸

有一天，朱元璋約劉基談話。起初兩人只不過說些家常事，氣氛很融洽。談著談著，朱元璋突然一臉嚴肅，改變話題，他問劉基：「如果換掉李善長，誰可以擔任新的丞相？」劉基馬上有所警覺，說道：「這要由陛下來決定。」朱元璋也注意到了劉基的表情有些不自然，於是緩和了一下氣氛，接著問他說：「你認爲楊憲怎麼樣？」

這明顯是一個陷阱，劉基很清楚。在朱元璋的眼裡，楊憲是劉基的人，他說出這樣的話，明顯是在試探。劉基已經明白了這次談話的重點，如果不多加小心，說錯一句話，自己就會人頭落地。他不敢有半分怠慢，忙回答道：「楊憲雖有丞相之才，卻無丞相之器，不可用。」

「那汪廣洋呢？」朱元璋緊接著又問，他不想給劉基過多思考的時間。汪廣洋不屬於朝中的任何一個黨派，提到汪廣洋是因爲他聽到有人說此人與劉基暗中有來往。

劉基決定以正直之心毫不偏私地應對皇帝的問話，於是從容答道：「此人淺薄，不可用。」

朱元璋看了劉基一眼，馬上又提出了第三個人選：「胡惟庸如何？」

劉基聽到胡惟庸三個字，提著的心才敢放下。在朱元璋談到這個話題的時候，他就已經想到會提到此人，於是不假思索地答道：「別看此人現在還是頭小牛，他年必將擺脫牛犁的束縛！」說完這句話，劉基的心徹底放鬆了，他再也想不出能做丞相的人選，不過他似乎忽略了一個人，那就是他自己。

此刻的朱元璋用意味深長的口吻說道：「我看相位只有勞煩先生才能擔當了。」

劉基聽了，輕描淡寫地說道：「我並不是不知道自己可以做丞相，但我嫉惡如仇，陛下還是另選賢才吧。」劉基並沒有把相位放在眼裡，回答得非常坦然，但是這種坦然在朱元璋眼裡，卻是自命清高的得意。這次談話之後，劉基與朱元璋徹底決裂了，在朝中的地位大不如前。最終在朱元璋的暗示下，劉基辭了官，再次回到鄉下。浙東派失去劉基這個台柱後，楊憲根本無力支撐，很快也被淮西派排擠出局，被胡惟庸找了個藉口給殺掉了。這場淮浙派，最終以淮西派全勝告終。

劉基廟

劉基廟位於浙江文成縣南田鎮新宅村，舊稱誠意伯祠。

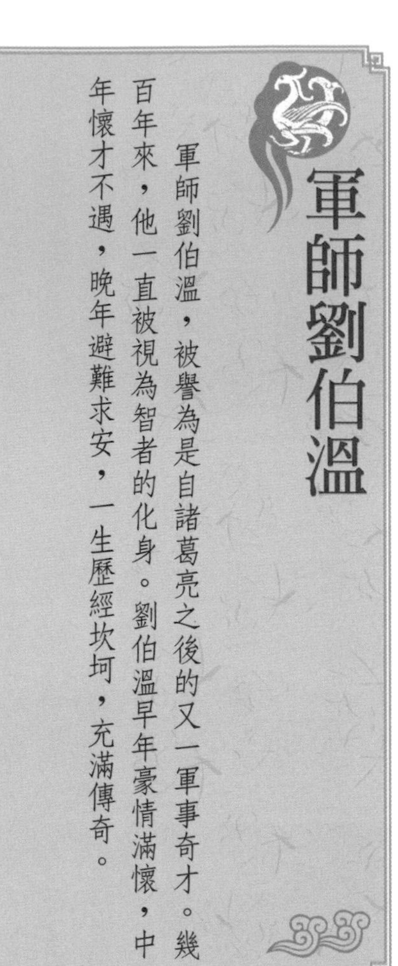

軍師劉伯溫

軍師劉伯溫，被譽為是自諸葛亮之後的又一軍事奇才。幾百年來，他一直被視為智者的化身。劉伯溫早年豪情滿懷，中年懷才不遇，晚年避難求安，一生歷經坎坷，充滿傳奇。

人中俊傑

劉基，元至大四年至明洪武八年（一三一一年至一三七五年），字伯溫，諡文成，生於青田縣（今浙江文成）一個官宦人家。他自幼家教嚴格，本人又聰明好學，天生的聰穎加上後天的努力，使他在少年時期就比同年齡的人突出。劉基從小酷愛讀書，尤其精通經史，喜好象緯之學。象緯之學與現代天文學有所關聯，古人認爲世間萬事均與天上的星辰日月相對應，星宿的變化預示著凡人命運的興衰。這種被神話了的天文學，關係著帝王的命運，所以在當時是被嚴禁私學的，劉基瞭解象緯的學問，自然也就與眾不同。

劉基十四歲的時候，已經進入處州（今浙江麗水）郡學習《春秋》，十七歲時拜處州名士鄭復初爲師，學習宋明理學，同時積極準備元朝的科舉考試。青年時期的劉基脫穎而出，很快成爲江浙地區的才子。鄭復初在觀察了劉基一段時間後，對劉基的祖父說這個孩子將來必成大器。西蜀名士趙天澤在評論江左名士時，曾將劉基列爲第一人。

元至元五年（一三三九年），劉基赴大都參加會試，首試即獲取進士功名，不久被任命爲江西高安縣丞，後又升任元帥府都事，從此開始了他的仕途之路。這一時期的劉基，躊躇滿志，希望爲元政府效力。

劉基投軍

面對腐朽黑暗的元朝政府，劉基屢次提出建議，可是不僅得不到採納，反而備受朝廷壓制，這使他大失所望，他先後三次憤然辭官回鄉。在第三次辭官之後，劉基隱居故里青田，創作著名的《郁離子》一書。在劉基隱居期間，局勢發生了巨大的變化，紅巾軍起義的風雲席捲了全國，元朝的統治已然搖搖欲墜。

劉基靜觀天下大勢，認爲活動在淮西一帶的朱元璋與其他義軍不同。至正二十年（一三六〇年），紅巾軍統帥朱元璋三次派人邀請隱居青田的劉基輔佐自己成就大業。劉基在經過反覆的思考之後，決定放棄不可挽回的元朝，輔佐朱元璋創建一個新的王朝，希望透過朱元璋來實現自己的治國大業。

劉基初次與朱元璋見面時就提出了「時務十八策」，朱元璋聽了之後大喜過望，拜他爲心腹軍師，從這一刻起，二人成了最有默契的戰友。

劉基投軍以後，積極爲朱元璋成就大業出謀劃策。他所提出的先滅陳友諒，再滅張士誠，而後北圖中原一統天下的戰略方針，成爲朱元璋軍事行動的領導綱要。如虎添翼的朱元璋，有了劉基的戰術指導，先後平定了陳友諒、張士誠等強大對手，最終完成了統一天下的大業。

避禍青田

洪武元年（一三六八年），朱元璋在應天登基稱帝，正式創立大明王朝，改元洪武。平定天下、開創大明基業立下汗馬功勞的劉基，被任命爲御史中丞太史令。爲了進一步表彰劉基的卓越功勳，朱元璋下詔免除劉基家鄉青田縣的賦稅，這是整個處州地區唯一一個不用交稅的縣。不久朱元璋又追封劉基的祖父和父親。

洪武三年（一三七〇年），劉基又被任命爲弘文館學士，授以「開國翊運守正文臣資善大夫上護軍」稱號，賜封誠意伯，食祿二百四十石，至此，劉基的事業達到頂峰。

劉基很清楚自己嫉惡如仇的性格在朝廷之中得罪了不少的同僚和權貴，也看透了朱元璋多疑的性格，深知「伴君如伴虎」。在發覺失去了皇

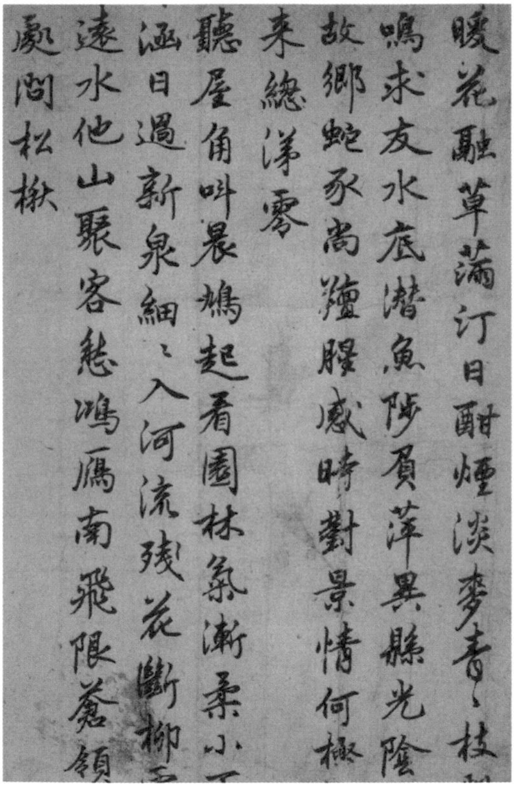

劉基．楷書七律詩冊

此詩冊是劉基書寫自作的春興詩八首，書法勁挺流美，既有趙松雪行書清麗秀美的特點，又有唐楷嚴謹莊重的意味。

帝的信任之後，他毅然選擇了急流勇退的道路，於洪武四年（一三七一年）主動辭去了一切職務，告老還鄉，回老家青田過隱居生活。

爲了讓皇帝放心，他將自己的兒子留在京城做官，當作人質。劉基在隱居青田的兩年裡，每天以飲酒下棋爲樂，一句也不提起以前的功勞。

青田縣令聽說大名鼎鼎的劉基告老還鄉，隱居故里，很想親眼看看這位傳奇人物。他知道劉基不肯見官，於是就微服化裝成普通百姓登門拜訪，兩個人聊了很長時間縣令才表明身分。劉基忙起身以小民之禮參拜這位縣令，之後回到後房，說什麼也不肯再相見了。

謀臣之死

即便劉基如此小心翼翼，也沒有逃過胡惟庸的算計。劉基回鄉後不久，李善長因爲受到朱元璋的猜忌，也主動辭官，並推薦胡惟庸爲丞相。胡惟庸聽說劉基曾在皇帝面前反對過自己，於是和劉基結下了仇怨。

明代修建的嘉峪關

在青田附近有一塊地域叫做茗洋，該地區是鹽販、盜賊聚集的地方，方國珍就是在這裡起兵的。這些盜賊爲禍百姓，劉基看不過去，就委託兒子劉璉上報給朝廷，建議在此地設立巡檢司，以便管轄此處。胡惟庸得知此事後，指使刑部尚書吳雲彈劾劉基，說茗洋踞山臨海，有王者之氣，劉基此舉不是爲了保境安民，而是想牟取此處作爲自己的墓地，當地百姓不同意，於是他就想在這裡設置巡檢司。

預言家劉伯溫

劉伯溫是一個被後人賦予神話的傳奇人物，據說他留給後人的「燒餅歌」中暗藏了許多預言。傳說在明朝開國不久後的一個早晨，朱元璋正在殿內吃燒餅，聽到劉伯溫覲見，他有心要測試一下劉伯溫是否能預言，便把咬了一口的燒餅用碗扣在下面，讓劉伯溫猜是何物。劉伯溫掐指一算，對道：「半似日兮半似月，曾被金龍咬一缺。」朱元璋大加讚歎，跟著又請劉伯溫預測國運，問道：「天下後事若何？朱家天下可長享否？」劉伯溫答道：「我主萬子萬孫，何足問哉。」這句話聽上去是在拍馬屁，實際是在預言，明朝將亡於萬曆帝的孫子，即崇禎這一代。

朱元璋又問到國家後世如何。劉伯溫隨即做歌三首，在歌詞之中預言燕王篡位、魏忠賢擾亂朝綱、吳三桂引清兵入關、崇禎死於煤山，甚至連清順治帝入關以及民國、抗日等時期的歷史大事，也都暗示出來，其神奇程度，難以想像。不過，這些別說朱元璋聽不明白，就連現代人也無法參透的預言，想必是後人過於神化的結果。

朱元璋也分不清這話是眞是假，只是讓人把這件事傳給劉基知道，等待劉基的反應。劉基知道這件事無法辯解清楚，只好赴京面聖。等見了面，朱元璋又閉口不提此事，劉基只好留在京裡，不敢離去。

洪武八年（一三七五年），劉基舊病復發，朱元璋派胡惟庸代表自己前去探望病情。胡惟庸的隨身醫生爲劉基開了個藥方，劉基服了藥後，頓時覺得似乎有拳頭大小的石頭堵在胸口，病情更加惡化。又過了三個月，朱元璋派人去看望，得知劉基已經病得起不了床，這才讓他隨同發送公文的官船一同返回青田老家。劉基回到家中沒過幾日便憂憤而死，終年六十五歲。

後來胡惟庸案發，那位隨身醫生供認胡惟庸指使他下毒毒死劉基，但也有人說是朱元璋授意胡惟庸這麼做，不過從劉基服了胡惟庸的藥，到回老家去世，前後最少有四五個月的間隔，由此可見，自然死亡的可能性更大。對於劉基的死因，無論哪一種說法都沒有確實的依據，這是歷史留給後人的一個謎團。

一代軍事奇才劉基死後被葬於青田武陽夏山。洪武十八年（一三八五年），朱元璋爲劉基平反，並賜予劉基家金書鐵券，劉氏後人可憑此券免去一死。

劉基不但是一個謀略家，也是一個著名的學者，他的著作《郁離子》十卷和《誠意伯文集》二十卷在民間廣爲流傳，尤其是《郁離子》一書，在中國文學史上佔有很重要的地位。

胡惟庸之獄

胡惟庸是跟隨朱元璋打下江山的文臣元老，他辦事精明幹練、善於逢迎，就連開國首輔李善長也成為他攀登高位的工具。出自李善長的欣賞與提攜，短短數年，胡惟庸便從小小縣令升為權傾朝野的當朝丞相。然而相權獨攬的胡惟庸，很快走上了擅權亂政的謀反道路，最終惹來殺身之禍。

掌握相權

胡惟庸（？至一三八〇年），與李善長是同鄉，在攻克和州的時候加入朱元璋的隊伍。李善長是朱元璋攻打滁州時的謀士，他參謀軍事，組織後勤，事事都能妥善解決。明朝建立後，李善長被任命爲左丞相，加封韓國公，其子李祺被皇帝招爲駙馬，權勢更爲顯赫，朝廷裡逐漸形成了以李善長爲首的淮西派。在這個過程中，頗有些頭腦的胡惟庸很快成爲了李善長的心腹。

淮西派的日益壯大直接威脅了皇權。洪武四年（一三七一年），朱元璋借用浙東派的勢力，暗示李善長讓出相權。於是李善長自稱年老多病，告老還鄉，時年五十八歲。淮西派似乎以李善長的撤職而瓦解，浙東派也就失去了存在的必要。在黨爭中，劉基屢遭異己惡言，引起了朱元璋的猜疑，後來在談論丞相繼承人的問題時，劉基坦然進言，說胡惟庸不可重用，否則必出禍事。胡惟庸得知此事後，對劉基更加怨恨。

李善長被撤了職，並不代表朱元璋否定了他的相才。胡惟庸經李善長不斷提攜，在政務上也頗見功績。洪武六年（一三七三年），朱元璋決定任用胡惟庸爲左丞相，汪廣洋爲右丞相，同入中書省辦事。

明·犀牛雕布袋和尚

權傾朝野

胡惟庸的精明強幹，得到了朱元璋的賞識。他還把自己的侄女嫁給了李善長的侄子李佑，與李善長結成了兒女親家，進一步拉近了與李善長的關係。有了這麼強大的元老重臣做靠山，胡惟庸更加膽大妄爲。他充分利用與李家的關係，得到了李善長舊屬的大力支持，成爲朱元璋最爲倚賴的重臣。洪武十年（一三七七年），在除掉了右丞相汪廣洋之後，胡惟庸成爲朝堂百官之首的丞相，完全掌握了相權。

相權獨攬的胡惟庸，隨著勢力的不斷擴張，人也變得跋扈。各省諸司的奏章上報到朝廷，均要由胡惟庸先行閱覽，對於那些於自己不利的，則直接隱匿不報，其權勢似乎超過皇權。此外，胡惟庸還暗中結黨，對下級官員任意提拔、處罰，各地喜好逢迎之徒均拜入他的門下，向其賄賂金帛、名馬、古玩不計其數。一時間滿朝處處都有他的黨羽，而那些不與他結黨的人，也敢怒而不敢言。

胡惟庸也是一個有仇必報的人，對於異己者，一定要打擊報復。劉基說過他的壞話，他便唆使尚書吳雲彈劾劉基，誣陷他欲佔王氣之地，朱元璋借此奪了劉基的俸祿，導致劉基憂憤而死。

大將軍徐達看不慣胡惟庸擅權亂政的行爲，便將他的惡行上告朱元璋。胡惟庸知道後，派人收買徐達府上的守門人福壽，企圖謀害徐達，後來被福壽揭發，未能得逞。

殺身之禍

朱元璋對於胡惟庸的所作所爲並非沒有察覺，對他擅權亂政也深有不滿。洪武十二年（一三七九年）九月發生了阻攔占城貢使事件，胡惟庸等人未能及時引見占城貢使，與禮部相互推卸責任，這使得朱元璋大爲震怒，將所有人囚禁起來。此時，胡惟庸已經受到了朱元璋的猜忌。

同年十二月，有人查到汪廣洋被賜死的時候，其中一個殉葬的陳氏，竟是獲罪知縣的女兒。當時朝廷有規定，被罷官的官家婦女，只能嫁給有

烏紗帽

明代官員的主要首服沿襲宋元襆頭而稍有不同。黃帝戴烏紗折上巾，帽翅自後部向上豎起。官員朝服戴展翅漆紗襆頭，常服戴烏紗帽。官員穿朝服時所戴的梁冠、冠上的梁數及所佩的腰帶也是等差分明。

雲奇告變

洪武十三年（一三八〇年）正月，丞相胡惟庸聲稱自家舊宅的古井裡湧出醴泉，此乃祥瑞之兆，借此邀請朱元璋來府觀賞。朱元璋認爲這是大明的祥兆，欣然同意。當鑾駕行至西華門時，突然衝出來一個名叫雲奇的太監，他緊拉住馬車的韁繩，急得話都說不出來。侍衛們當即將此人拿下，亂棍打翻在地。雲奇被打得死去活來，手卻一直指著胡惟庸家的方向不肯退去。朱元璋感到事有蹊蹺，喝止了侍衛，馬上返回宮裡。他登上高聳的宮城，向胡惟庸家眺望，發現牆道內刀槍林立，似有兵甲，胡惟庸謀害皇帝的舉動昭然若揭。朱元璋當即下令捕抓胡惟庸，當天便將其處死。

不過這件事仔細推敲後，並不成立：雲奇身爲宮中內史，家住西華門附近，距離胡宅很近，既知胡惟庸有謀反之舉，爲何不事先告發，偏要等到迫在眉睫的時候才攔駕告發；如果眞是造反，定是祕密埋伏，又豈能將刀槍林立在院中如此招搖；朱元璋生性多疑，又怎會輕易就去胡惟庸家看所謂的祥瑞。可見雲奇告變一說，實在值得仔細推敲。

功的武官，而不能嫁給文官。這種有違國家法令的事讓朱元璋再次震怒，他急令有關單位徹查到底，結果從胡惟庸到六部堂屬各級官員都難辭其咎，胡惟庸此時的地位已經是搖搖欲墜了。

胡惟庸明顯失寵，當朝大臣們都有所察覺，有些官員私下裡認爲皇帝正在等一個處置胡惟庸的理由。洪武十三年（一三八〇年）正月，這個理由被找了出來，御史中丞塗節首先發難，告發胡惟庸謀反，緊接著，被謫爲中書省屬吏的御史中丞商整理了大量胡惟庸的不法材料，又有許多人起來彈劾胡惟庸擅權亂政。

之後沒多久，在朱元璋出遊的時候，有個叫雲奇的太監告發胡惟庸家藏兵器，準備造反。朱元璋接到消息後，立即命人抓了胡惟庸進行審訊，當天便將他處以死刑。雲奇也被朝臣彈劾，說他本是參與謀反，因事難成才站出來告變，與胡惟庸一黨的另一個主犯、御史大夫陳寧一同被殺。

借題發揮

洪武十三年（一三八〇年），胡惟庸因諸多罪名被處死，然而胡惟庸案只是一個開始，朱元璋嚴令徹底搜查與胡惟庸有關的罪證和黨羽。事隔五年，洪武十八年（一三八五年），毛轡糖告發李善長的弟弟李存義及李存義的兒子李佑曾參與胡惟庸謀逆之事。朱元璋顧念李善長之情，從輕發落，免二人死罪，貶到崇明島閒居。

在此期間，對胡惟庸案的查證工作仍然在繼續，並不斷有新的發現。洪武十九年（一三八六年），明州衛指揮使林賢私通倭寇案發，經過審訊，得知此人是奉了胡惟庸之命出海通倭，這成爲了胡惟庸謀反案的又一罪證。

就這樣，胡惟庸案成爲朱元璋

展開大屠殺的一個導火線，表面上公布的罪狀是擅權枉法，實際引起的牽連卻不只這些。從那時起，朱元璋只要想殺不順眼的文臣武將，便會拿胡惟庸案做藉口，隨時加進新的罪名，把案件波及層面擴大，變成了清除大臣的工具。先是發展出私通日本的罪名，後又發展出私通蒙古的罪名，當時日本和蒙古被稱爲「南倭北虜」，是明朝的兩大敵人，通敵自然是叛國，叛國自然就是造反朝廷。再向下發展，引出李善長謀逆，最後竟連帶出藍玉謀逆案。隨著罪名愈加愈多，受牽連的人也愈來愈多。

入案治罪的多數是以家族爲單位，殺一人就要連坐一家，死於胡惟庸案的除了御史大夫陳寧、中丞塗節、太師韓國公李善長外還有二十幾個侯爵和一個公爵，高級軍官和其他官吏更是不可數計，就連大學士宋濂的孫子宋慎也被牽連其中。

朱元璋爲了掩飾自己藉機消除隱患的眞相，針對此案發布了《昭示奸黨錄》，對藍玉案也發布《逆臣錄》，內容主要記述了整件案子的口供和判案時的詳細紀錄，讓全國人民都知道他殺的都是具有確實罪名的奸黨，而非亂殺功臣。

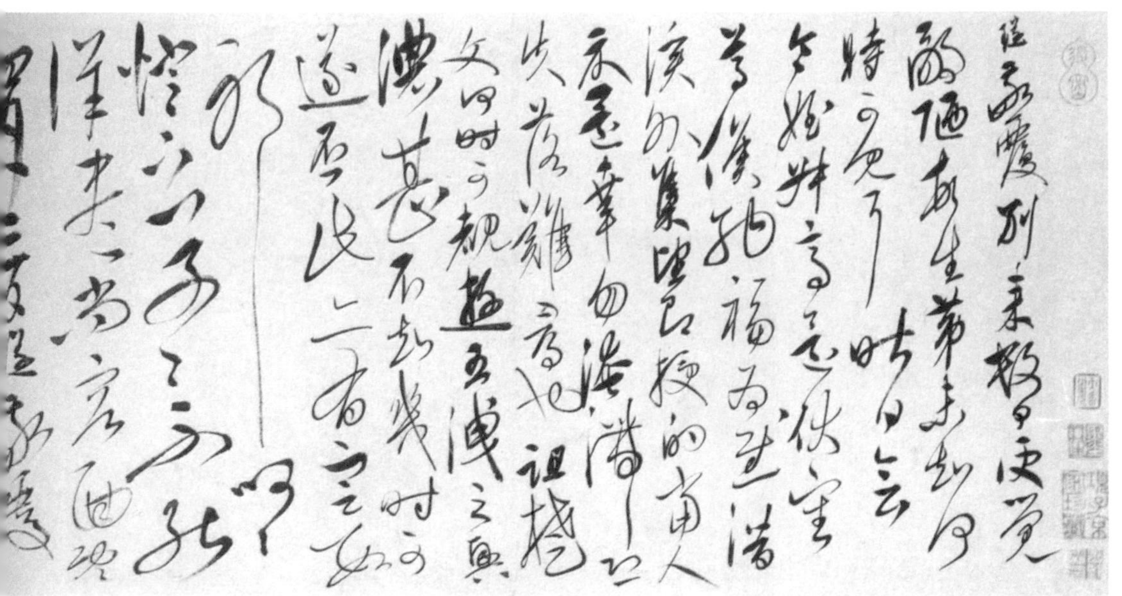

明・宋璲・敬覆帖

宋璲，明代書法家，字仲珩，浦江（今屬浙江）人。宋濂次子，洪武九年（一三七六年）官中書舍人，因牽涉於胡惟庸一案，連坐而死。《名山藏》稱其精篆、隸、真、草，小篆之工，為明朝第一。

宰相的興廢

宰相一職，最早可以追溯到西周時期，後來，宰相的權力愈來愈大。到了洪武初年，君權與相權之爭達到了難以調和的地步，最終以胡惟庸案為導火線，朱元璋將宰相一職永久廢除，君權從此更加集中。

相權的產生

早在西周時期，就已經有了類似於後來宰相的職位，只是那時不叫宰相，而叫「大宰」。周禮中有關「大宰」職權範圍的紀錄包羅萬象，沒有統一的說法，不僅朝廷有「宰」，連貴族家裡也有「宰」。「宰」在古文中是管理、統轄、制裁的意思，所以「宰」這個官銜的特點，就主要體現在管理職能上。

同一時期，不僅有「宰」還有「相」。早期「相」的主要功用是在各諸侯國間負責司禮。進入春秋時期，周王室衰敗，諸侯國間相互交往、結盟，戰爭頻頻發生，「相」的作用就更加重要了，最後乾脆把「相」與「宰」合二爲一，由司禮轉變成總理國政。

秦孝公時期，商鞅變法打破了宗族觀念的統治結構，在中央開設丞相一職。丞相就是承接君王的旨意，輔助管理國政的意思。丞相代爲行使君王的一些權威，用來減輕君王的工作量。隨著秦國兼併諸侯，完成了統一天下的大業，政權建立，宰相和丞相就此融爲一體，成爲百官之上君王之下的重職。

金陵第一名勝：莫愁湖

在中國兩千年的政治結構中，各級官員的職位和權力規定的界限並不是非常明確，宰相一職權限的界定最爲明顯。漢代名相陳平對宰相的認識是天地內外所有的事都歸宰相管理，僅次於天子。這種定義是很危險的，試想宰相直接管理百官，很容易架空君權，甚至謀權篡位，歷史上利用相權這麼做的人不佔少數。正因如此，到了朱元璋這個專權皇帝手裡，君相的關係肯定會出現衝突，最終演變成君相爭權的局面。

明代官吏常服
為一種盤領窄袖大袍，胸前和後背綴有一方補子，織繡紋樣文官用飛禽，武官用走獸。

君權與相權之爭

朱元璋時期的宰相被稱爲丞相，當時的丞相分爲左、右兩位，左比右大。第一批擔任丞相的人是明朝開國第一文臣李善長和開國第一武將徐達，李善長被任命爲左丞相，徐達爲右丞相。

經過一段時期的共事，朱元璋愈來愈覺得相權與君權的衝突嚴重。他擔心臣下權力過大，會導致宰相專權的局面發生，他幾次設法調整，試圖加強君權，但結果都不太理想。

朱元璋看到李善長的相權過大，已經嚴重威脅到了君權，於是撤掉了李善長。洪武三年（一三七〇年），李善長回家養病，楊憲由中書右丞被升爲左丞。可是他玩弄權術，誣陷同僚，很快被朱元璋所殺。接著，朱元璋選中了做事小心謹慎，素以廉明持重著稱的汪廣洋。洪武六年（一三七三年），朱元璋又提拔胡惟庸進入中書省，同汪廣洋共爲右丞相，後來因爲汪廣洋無所建樹，被貶往廣東做參政。汪廣洋離開相位之後，胡惟庸遇事更加專斷，加上李善長還在背後遙加控制，一時間相權勢力更甚從前。

汪廣洋被貶後並不服氣，他暗中搜集李善長的罪證，於洪武九年（一三七六年）與御史大夫陳寧聯合彈劾李善長有大不敬之罪，這正合朱元璋的心意。洪武十年（一三七七年）九月，朱元璋先升胡惟庸爲左丞相，再調回汪廣洋爲右丞相，以達到相互牽制的作用。然而汪廣洋恢復相位之後不思進取，整天喝酒，對胡惟

大明通行寶鈔

庸並無牽制，反而事事從中調和，這令朱元璋大失所望，又重新把他貶到廣南地區，但這仍然無法平息朱元璋的憤怒，最後他追令了一封詔書，於洪武十二年（一三七九年）十二月將汪廣洋就地處死。

由此可見，明朝的丞相十分難當。朱元璋對於相權干涉君權深爲反感，他無法容忍相權過大，因而相權的被廢只是時間上的問題。胡惟庸沒有意識到這點，反而更加獨斷專行，於是相權與君權的衝突便推向了一個高峰。之前的幾位丞相處處小心，君權與相權的衝突尚不明顯，但是在胡惟庸爲相的這七年裡，擅權亂政達到了頂峰，除了剪除，朱元璋心中再沒有其他的選擇。

廢相藉口

洪武十一年（一三七八年）三月，爲了控制丞相的權力，朱元璋下令，凡事不得先上報中書省，六部奏事也不必先通知中書

明．《幽居樂事圖冊》

最忙碌的皇帝

隨著政局逐漸走向君主高度集權，皇帝的工作量愈來愈大，宰相反倒成了皇帝直接管理百官、掌控天下的一個阻礙。大明王朝立國之後，朱元璋就意識到了這點，於是藉胡惟庸案，廢除了宰相，設立內閣大學士，用來輔佐皇帝處理政務。從表面來看，內閣大學士與宰相似乎很接近，其實不然，二者最大的不同之處，就是內閣大學士是「差」，宰相是「職」，內閣不是依照正規的途徑陞遷上來的官，沒有獨立的辦事機構和具體的分管事務，他們是皇帝親自挑選出來的人，看誰合適，就給他一個「大學士」的頭銜，於是這個人就有權協助皇帝批閱奏章，草擬上諭，再分派各部去執行。

朱元璋的改革，可以說是向君權高度集中走出了關鍵的一步，但是他的改革還不完善，從制度上還能找出許多漏洞。洪武年間的制度，各衙門首先要把報告交到內閣，再由內閣對此提出處理的意見，然後再交給皇帝批閱，皇帝批准後再寫成諭旨，下達到各層。若是皇帝無心政事，這個差事可由司禮秉筆太監代勞，如此幾次，皇帝疏懶成性，整個政務無形中就全部被內閣與司筆太監包攬了。

朱元璋廢除丞相制度，使相沿一千餘年的宰相制度至此銷聲匿跡，君權、相權合二爲一，使君主專制發展到了最頂峰。而權力的高度集中也使朱元璋成爲歷史上空前忙碌的皇帝，據史書記載統計，僅在洪武十九年九月十四日到二十一日，朱元璋就處理諸司奏章一千六百六十件，平均每日處理二百多件。這使他感到十分勞累，所以他對身邊的侍從說：「朕自即位以來，嘗以勤勵自勉，未旦即臨朝，晡時而後還宮，夜臥不能安席。」

省，而在此之前各地的奏章都是要先送到中書省那裡，然後經中書省選閱之後再上交給皇帝。這樣中書省的權力被大大削弱了。洪武十三年（一三八〇年），在朱元璋一手操縱下出現了胡惟庸案，借這個機會，朱元璋首先宣布裁撤了中書省。中書省的被撤，代表宰相制度從此被廢除，丞相所管理的事務被分派給六部，六部直接對皇帝負責，朱元璋大權獨攬，成了秦漢以來權力最大的皇帝，君權得到了進一步的加強。朱元璋擔心後世子孫重又恢復宰相制，特別宣告後嗣之君不許再置丞相，大臣如有請奏者，處以重刑。

朱元璋製造胡惟庸案，只是在爲廢除宰相制尋找一個合理的藉口。胡惟庸被告謀反後，在證據並不充分的情況下，當天就被處死了，並且緊跟著實行連坐，連告發他的塗節也被隨即問斬。

朱元璋是個多疑的人，在廢除宰相制後，他仍然感覺受到李善長的威脅。李善長雖然告老還鄉多年，但他在朝中的勢力仍然很大，爲了鞏固自己的基業，就必須消除這一隱患。於是朱元璋將胡惟庸案擴大，最終牽扯上開國第一功臣李善長，並將其抄家滅族，這才算了卻他一樁心病。

六部分權

六部是中央行政機構中吏、戶、禮、兵、刑、工各部的總稱。早期的六部毫無實權，只是進行書記、傳遞的機構，隋唐時期始確定六部為尚書省的組成機構。為了避免權力集中的弊端，六部一再分權、併權，歷經幾朝調整，才有了明朝初期的形式。在朱元璋廢除了宰相之後，六部的地位提升，成為主管全國行政事務的最高機構。

六部改制

當朱元璋還是吳王的時候，就建立了以吳國爲中心的小政府，基本上效仿元朝行政建制，但是恢復了元朝之前的尚左制度，中書省相當龐大，雖然其中不設中書令，卻有左右兩位相國（此時已經改爲尚左）以及平章政事、參知政事、左右司郎中、員外郎、都事、檢校等官員。洪武元年（一三六八年），朱元璋稱帝，設立左、右丞相各一名，設立中書省吏、戶、禮、兵、刑、工六部，每部設尚書、侍郎各一人，附屬官員若干名。

到了洪武六年（一三七三年），朱元璋感覺六部工作很繁重，在每個部又增設尚書、侍郎各一名。兩年以後，又爲戶部設置了五個科，刑、工兩部各設四個科，同時各設尚書一人、侍郎一人。這樣一來，戶部便有了七個尚書、七個侍郎，刑、工兩部也各有了六個尚書、六個侍郎。另外加上吏、禮、兵三部的尚書和侍郎，中書省一共就有了二十七個尚書，二十七個侍郎。

洪武十三年（一三八〇年），胡惟庸案發，朱元璋藉機廢除了宰相制度，取消了中書省，並順理成章地裁掉了中書省的所有官員，只留下十名「中書舍人」。六部在這次政局大改革中被保留了下來，不過機構大爲簡

腰牌

官員監察制度是中國古代文官制度中最具特點的內容。圖為明代監察御史的象牙腰牌。

化，每部只設立一個尚書，左、右兩個侍郎，原來掌管各科的尚書一律降爲郎中，原來處於正三品的尚書的官階，改爲正二品。六部由皇帝直接掌控，只需對皇帝負責。

六部的職能

從官員數量方面來看，戶部在六部中最多。戶部最早設有五科，洪武十三年（一三八〇年），五科改成四個「屬部」；洪武二十三年（一三九〇年），這四個屬部再次分成十二個屬部；到了洪武二十九年（一三九六年），屬部改稱「清吏司」。中間幾經改制，到了明朝末年，戶部共有十三個清吏司，每一個司主管的是中央對某省的收支及各省對中央的報銷、軍隊的俸祿糧餉等等。明朝共分十三個省，所以有十三個司。各省的承宣布政使，任免大權歸屬吏部，在公務上則是與戶部關係最爲密切，他們等於是戶部的屬員，主管著國家戶籍、田畝、貨幣、賦稅、俸祿。

尚書省	六部內機構的設置
吏部	文選、驗封、稽勳、考功四個司
禮部	儀制、祠祭、主客、精膳四個司
兵部	武選、職方、車駕、武庫四個司
工部	營繕、虞衡、都水、屯田四個司
戶部	浙江、江西、湖廣、陝西、廣東、福建、河南、山西、山東、四川、廣西、貴州、雲南等十三個司
刑部	同戶部，主要以地區作爲劃分轄司的界限

禮部在歷朝都是個清冷的衙門，但它卻主管國家大典吉凶，教育與考試也歸它掌管，再有就是負責招待外賓、宴賞功臣文士，這些事務也算是比較重要的。

吏部則主管整個國家與文職官吏有關的一切事務。由於吏部是主管人事的部門，所以它在六部中地位最高。

洪武十三年（一三八〇年）之前，兵部是隸屬於中書省下面的一個部門，受中書省的左右丞相、平章政事和參知政事等官員的節制。洪武十三年之後，兵部與其他五部一樣，均由皇帝直接管轄，全國的武職官員、練兵、武器、驛站全部在其職權範圍之內。

主管天下刑獄的刑部也有十三個清吏司，和戶部相同，也是分責各省。這十三個清吏司與各省的提刑按察使聯繫，主要是負責覆勘、錄囚、決因等，掌管國家的司法、行政。

工部則主管國家工程，其中包括宮殿、陵寢、城郭、祠廟、倉庫、車船、錢幣、兵器、顏料、窯器等等，水利方面也歸工部負責。工部雖然是六部之中最爲繁忙的一個部門，但地位在六部之中卻是最低的。

大學士宋濂

宋濂是元末明初的一代名儒，他的一篇《送東陽馬生序》流傳至今。除此之外，宋濂與劉基、高啓並稱為明初詩文三大家，被朱元璋稱為「開國文臣之首」，官至翰林學士，並主持編修了《元史》。

青蘿山房

宋濂，元至大三年至明洪武十四年（一三一〇年至一三八一年），字景濂，號潛溪，浦江（今浙江義烏）人，別號玄眞子、玄眞道士、玄眞遁叟等，是元末明初著名的文學家。宋濂自幼家境貧寒，卻非常好學，早先曾拜元末古文大家吳萊、柳貫黃等爲師。元順帝曾親自下詔，召他爲翰林院編修，宋濂卻以奉養家中父母爲由，隱居到東明山修道著書。

至正二十年（一三六一年），宋濂與劉基、章溢、葉琛先後受聘於朱元璋，被尊爲「五經」師。朱元璋建立大明王朝之後，又任命宋濂爲江南儒學提舉，專門負責爲太子朱標講經。洪武二年（一三六九年），宋濂應召編修《元史》，官拜翰林學士承旨、知制誥，朱元璋立國時的朝廷禮樂制度，便是由他制定。洪武十年（一三七七年），宋濂爲避免朝廷黨禍，主動辭官告老還鄉。

元朝末年，各地大興私家藏書的風氣，當時在浦江地區，論到藏書之廣之精，莫過於宋濂。宋濂早在青年時期就開始收藏各種書籍，因元末戰火連年，宋濂爲避兵禍，舉家遷居到浦江，隱居在青蘿山中，築起屋室作爲讀書之所，並親筆題名爲「青蘿山

明．花鳥紋提匣

房」。多年之後，兵亂漸止，官家和城中的一些私藏書籍遭受嚴重損毀，宋濂的「青蘿山房」卻因爲隱居山中得以保全。

宋濂晚年，長孫宋慎牽連到胡惟庸黨案中，全家被流放至茂州（今四川茂汶羌族自治縣）。洪武十四年（一三八一年）五月，宋濂在流放途中病死於夔州（現在重慶奉節），終年七十二歲，後被追謚文憲，其生前著有《宋學士文集》、《孝經新說》、《送東陽馬生序》等著作。

道統文學

道統文學觀念主要分兩種，一種是以韓愈、歐陽修兩位唐宋時期的古文學家爲代表，他們主張「文以載道」，強調「文」是用來講明道理的。另一種由宋代理學家提出，他們認爲前一種道統文學觀對於道統還不夠深入，於是提出了「文道合一」甚至「作文害道」的理論，以防文人在「道」之外受到「文」的左右。

宋濂的文學思想屬於理學家的觀點，他強調文並不是專指辭翰之文，而是道的表象，文與道相始終，道文不可分。宋濂在他的文章中反覆強調「文非道不立，非道不充，非道不行。文外無道，道外無文」。由《元史》可知，「文道合一論」受到當時官方的支持。南朝史學家范曄將《後漢書》分爲《儒林》、《文苑》兩傳，目的是爲了區分經學之士與文學之士，從那之後的每代史官編修正史時多沿襲這種分法。但宋濂參與編修的《元史》卻取消了這種區分，只單獨立了《儒林傳》，可見當時官方多數文人均認爲經藝文章不可分割。《元史》是朱元璋的詔命編修，宋濂這樣做完全迎合了朱元璋的意願。在朝廷出面支持的情況下，這種理論爲後來的文學發展帶來了極大的影響。

宋濂的散文文字簡練而典雅，極少做過多的渲染，文風變化多樣，一點也不僵硬，具有明顯的道德規範的特徵。正是這種高超的語言技巧和成熟的文章風格，使他的作品成爲了明朝初年道統文學的典範。

獨尊宋儒

在宋濂身上具有理學家和文學家的兩重性格。他的文學思想主要是繼承了郝經、劉將、孫餘緒三位老師的風格，以倡天道、事功、文章三位爲一體。宋濂在文學本體論上則是延續理學「文道合一」的觀念，這種觀念主要表現在編修《元史》時，他將「儒林」與「文苑」二者合一，完全站在理學家的立場上，並以皇權意識爲中心，配合朱元璋「獨尊宋儒」的文化政策。

宋濂的文學創作道路可以分成兩個階段，第一階段是至正二十年

宋濂．行書煙江疊嶂圖跋

（一三六〇年）之前。當時天下大亂，這時期宋濂的作品多以逃避亂世、歌頌隱逸爲主。第二階段爲明朝建立以後，這一時期他寫了許多廟堂典冊之類的文字，還有一部分元勳巨卿的碑銘傳記，這些文學作品受到同輩及四方文人的推崇。

在宋濂的文學作品中，首先採用了「台閣體」，因此宋濂成爲「台閣體」文學的奠基人。在《汪右丞詩集序》一文中，他將文章分爲台閣體與山林體兩大體派，尊台閣而貶山林的意識非常明顯。宋濂所寫的那些雍容靜穆的廟堂文章主要也是以「台閣體」爲創作範本，如《閱江樓記》設想天子登樓時的思想活動，讚歎朱元璋的「致治之思」。此後的三楊台閣文就是源於此的應制文章。

其實眞正能夠顯示出宋濂文學造詣和精神的文學作品，並不是他的廟堂文章，而是由他選材、隨性由感而發的傳記，他的傳記在藝術上也具有特色。他刻畫人物，往往是抓住一些委曲具體的細節來突出性格，對話也比較注意個性化，雖然渲染不多，仍給人較強的感染性。例如，記述浦陽歷史名人的《浦陽人物記》就是這類文章的代表作，此外還有爲婺州先賢立傳的《雜傳九首》和其他具有傳奇色彩的傳記。這些作品準確地掌握具有特徵性的細節，採用對比映襯的寫作手法，突顯人物性格，形神兼備。

《送東陽馬生序》

宋濂少年時讀書非常刻苦，書到

了他的手裡，總是馬上翻閱，幾乎沒有一日不在讀書，這也是他日後能夠取得文學成就的主要原因。宋濂在文學上主張從眞實事物或事件出發，這樣才可以寫出上等的文章。在這種思想下，他創作出了許多著名篇章，如《秦士錄》、《王冕傳》、《胡長孺傳》、《李疑傳》、《環翠亭記》、《看松庵記》等，其中《送東陽馬生序》是他最著名的作品之一。

明洪武十年（一三七七年），宋濂爲避禍告老還鄉，第二年，受朱元璋的詔命，從家鄉浦江回到京城去覲見朱元璋。還在太學讀書的同鄉晚輩馬君則慕名拜訪，宋濂就寫了這篇《送東陽馬生序》給他。文章主要述說宋濂個人的學習經驗，勉勵馬君則要勤奮學習，做一個德才兼備的有用之人。宋濂並沒有因爲地位與年紀的差別，再三教訓，而是現身說法，講述了自己青少年時期求學的艱難，動之以情，曉之以理，並對馬君則寄予了殷切期望。

在《送東陽馬生序》這篇文章中，有一部分講述的是宋濂自己的事，有一部分是別人的事，這些刻苦求學的眞實事跡，娓娓道來，如讀者親歷，感人至深。這篇勸學的文章言簡意深，一直廣爲流傳。

宋濂不僅學識淵博，文才超群，還是個一政治經驗豐富的人。他能夠看透時局，在朱元璋大殺功臣之前就先行告老還鄉，退隱山林。在《送東陽馬生序》中，他對朱元璋加以讚頌，爲避猜疑，整篇序文中不講爲國爲民這些極易涉嫌政事的語句，只提到讀書的問題，大談讀書之餘還不忘讚揚一下由朱元璋主辦的太學。不過，縱使他再小心謹愼，後來還是被他的孫子牽連，最終客死異鄉。

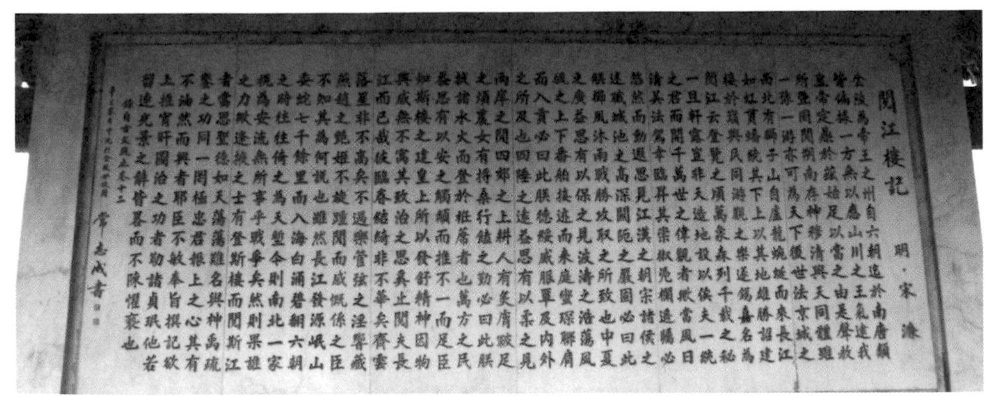

宋濂·《閱江樓記》

位於今江蘇南京獅子山閱江樓中。

大腳馬皇后

馬皇后是一位出生民間的普通女子，她在亂世之中嫁給了朱元璋。從此，無論貧賤與富貴，無論艱險與太平，她一直默默地跟隨著自己的丈夫，並用自己的慈愛之心，關心著身邊的每一個人，直至生命的最後。

大腳女子

朱元璋的原配夫人馬秀英，是紅巾軍起義時期濠州元帥郭子興的養女。後來她跟隨朱元璋出生入死，從一個普通的女人成為一國之母。起初朱元璋娶馬秀英的時候，是夫憑妻貴，朱元璋做了元帥的養女婿，在軍中才有了身分，人稱朱公子。

馬秀英的生父馬公是宿州人，他與好友郭子興一起起兵，後來不幸遇害。年幼的馬秀英由馬公的親信帶著逃亡到了定州，交給郭子興。郭子興念在昔日情義上，收馬秀英為義女。當時的朱元璋剛剛投效到郭子興軍中，因為表現出色受到重視，於是郭子興便將馬秀英嫁給他。至正十二年（一三五二年），郭子興為這兩個年輕人舉辦了婚事。當時，朱元璋二十五歲，馬秀英二十一歲。

元末時淮西這個地方很苦，家家戶戶都很窮，希望能多一些人來務農，所以也有一些人家沒有讓女兒裹小腳，馬秀英家也是這樣。成年後的馬秀英的腳在當時看來很大，所以人們都稱她大腳馬姑娘。

就因為她這雙大腳，在南京城裡還鬧出了血案。那時朱元璋已經當了皇帝。有一年元宵佳節，不知是誰畫了一張畫，畫上是一個大腳女人，赤著腳，懷裡抱著個大西瓜。正逢朱元璋化裝出遊，他見了此畫大怒不已，

明．鑲寶石金蝴蝶

認爲這畫是借諧音說「淮西婦人好大腳」，意在諷刺馬皇后。雖然到最後也沒有查出是誰畫的，可是朱元璋一怒之下將這條街的人全部都殺了。

患難夫妻

馬秀英其實是個很平常的女子，她沒有受過什麼教育，相貌也不出眾，但她不平常的地方，卻是少有的賢惠。

馬秀英和朱元璋結婚之後，二人仍然留在郭子興的軍中做事。郭子興生性難以容人，而且易聽信閒話，做事也總是遲疑寡斷。相比之下，朱元璋有謀略、有野心，做事勇決果敢，又會拉攏人心。朱元璋在軍中很得人心，常有功績，時間一長，郭子興愈來愈不放心，每次面對朱元璋，總是陰沉著臉。

朱元璋在郭子興軍中所受的待遇不佳，非常氣悶，到後來，他手下幾個能幹的將校和參謀一個個被調離到了別處，軍權也被削減，朱元璋只得小心謹慎地應對。這一切，馬秀英看得很明白，她爲丈夫感到著急，主動拿出積蓄下的私房財物，去討好郭子興最寵幸的小張夫人，又分給將士們一些好處，拜託他們能夠在郭子興面前多說丈夫的好話。平時她也總是將好吃的東西留下來，寧願自己挨餓，也要讓丈夫吃得飽。

朱元璋渡江打集慶的時候，將一些將士的家眷留守在和州做人質，以防止前線將士變心。打下集慶之後，馬秀英發動婦女們爲前方將士縫製戰衣、鞋子。那年陳友諒打到應天城外的時候，城裡的官員、居民都亂作一團，不是打算逃跑，就是藏好金銀，多屯糧食，馬秀英卻反而把宮中的金銀財物拿出來犒勞有功的將士，鼓勵前方將士奮勇殺敵。就這樣，馬秀英在後方一直默默地做著力所能及的事，即使後來被冊封爲皇后，她也仍

宮廷年節娛樂

明朝宮廷的年節娛樂活動非常豐富（這裡指的是北京城）。在元旦（現在的春節，即農曆正月初一）時，宮內有燒香、放紙炮與「跌千金」等活動。立春的前一天，順天府還要在東直門外舉行「迎春」儀式，比賽跑馬。元宵節時，帝后登樓賞花燈，宮中還有雜技表演。正月十九日是「燕九」節，皇帝和內臣要到白雲觀游訪，以求得「長生之道」。清明節時，皇帝要到回龍觀等地踏青，宮中還有盪鞦韆等娛樂活動。端午節時，帝后到西苑，觀看龍舟比賽，並到萬壽山插柳。七月七日的七夕節，宮中穿鵲橋補子，玩乞巧。七月十五日中元節，西苑做法事，放河燈。中秋節時，宮中有祭月等活動。九月九日重陽節，皇帝要到萬壽山等地登高郊遊。從十二月二十日起到次年正月十七日，宮中每天白天都燃放花炮，安置花燈、放煙火。這些年節娛樂活動大多數是來自民間，並且在民間也是廣泛流行，有些還一直流行至今。

高底弓鞋

明代婦女大多纏足，穿弓鞋，以香檀木為高底。老年婦女多穿平底鞋。

然時時處處爲別人著想。

力保功臣

馬皇后心地善良，遇事總是先替別人著想。自朱元璋稱帝以來，殺氣愈來愈重，他只要一發脾氣，就要殺人，每到這個時候，馬皇后總會找時機委婉勸解。登基後的朱元璋初試皇權的威力，殘酷到了極點，但由於有馬皇后再三勸解，多少也聽進去了些，實在聽不進去的，也敷衍一下，就這樣不知救活了多少人的性命。

李文忠守嚴州，朱元璋對楊憲說：「我外甥是個未經歷練的年輕人，地方上的事都由你主張，如果有了差錯，我只治你的罪。」楊憲聽了這樣的話，深怕受連累，於是誣陷李文忠不法，被朱元璋當即召回。馬皇后知道此事後，認爲嚴州地處前線，直接和敵人接觸，如此輕易調換守將不好，而且李文忠素來行事小心謹慎，楊憲的話不可全信，這才使李文忠逃過一劫。

大學士宋濂的孫子宋慎被人舉報說是胡黨，連帶著宋濂也被逮捕，要處以死刑。馬皇后爲其求情，以百姓家尚且知道尊敬老師、以禮相待，皇帝家卻還不知尊師的道理來勸說朱元璋，又說宋濂一直住在原籍，必不知此事。朱元璋不聽，到了吃飯的時候，發現馬皇后不吃也不喝，就問她哪裡不舒服，是不是生了病。這時，馬皇后才說心裡難過，替宋先生傷心。於是往事一幕幕出現在眼前，鐵石心腸的朱元璋也爲之動容，第二天便特赦了宋濂，免他死罪，安置到茂州養老去了。

教導諸皇子的老師李希顏也是一個有脾氣的老學究，他教鄉下頑童慣了，小皇子們不聽話的時候，他常用體罰來懲治。有一次他下手過重，打傷了一個小皇子的額頭，小皇子向朱元璋告狀。朱元璋當下臉色馬上變得很難看，馬皇后見他又要發作，忙勸解道：「老師是拿聖人之法教我們的孩子，是爲了孩子們好，你怎麼可以生他的氣呢？」朱元璋想到自己小時候沒有書讀，覺得很有道理也就不把這事放在心上了。

一生爲人

馬皇后時常勸丈夫不要以個人的喜怒來賞功罰罪，得到寶物不如得到人才，她說「驕縱生於奢侈，危亡起於細微」；「法律總是改動，必然會生弊端，有了弊端就要生奸小，總是擾民，百姓必然困苦，百姓困苦了，就容易生出亂子」。

即使是一些瑣碎的小事，馬皇后也是處處關心。朝官們上朝後在殿廷會餐，如果飯菜不合口味，她就提醒皇帝要光祿寺改進。馬皇后還替國子生建立了板倉，儲存糧食，用來贍養他們的家屬。她常說要預防天災，就要多積存糧食。她待人接物非常周到大方，對待自己卻非常節儉，身上的衣服即使穿洗破了，也不肯輕易換件新衣，對後宮的妃嬪也不嫉妒，對諸位皇子一視同仁，不會厚此薄彼。起初朱元璋想安排一些同族人來朝中做官，她極力反對，說是不要以朝廷爵祿偏私。每當提起父母早逝，她都忍不住傷心流淚。

洪武十五年（一三八二年）八月，馬皇后生了重病，太醫們來爲她診治，開了藥方，但馬皇后卻不肯服藥。朱元璋不明白她的意思，強要她吃，她說：「如果我吃了太醫們給我開的藥，治不好病，你就會殺死他們，那不是等於我殺害了他們嗎？我實在不忍心這麼做。」朱元璋聽了之後，希望她能服藥，向她承諾就算治不好也不會懲治太醫，可是馬皇后還是不肯用藥，最終病死，享年五十一歲。

馬皇后替太醫們著想，寧可自己病死也不願讓朱元璋遷怒於人，這種品德實在令人敬佩。馬皇后死後，朱元璋悲痛欲絕，再不立皇后，其義子沐英在雲南聞此噩耗，哭得吐血，《明史》中讚揚她「母儀天下，慈德昭彰」。

特務機構錦衣衛

錦衣衛這類機構雖然並不是起源於明朝，但卻是在明朝發揚光大，並且成為大明王朝的一大特色。這個機構表面上是皇帝的耳目，可實際上卻是清除威脅皇權的機器。

直屬偵察機構

對朱元璋來說，洪武初年的法律和刑罰還是不夠全面性，他需要透過一種方式發現那些不忠於自己的人，進而將他們治罪，這就需要一批經過嚴格挑選和訓練的偵察人員，同時還要建立與這批偵察人員相互配合的特殊監獄及特殊的刑罰方式。這些偵察人員會散佈到所有場合，包括軍隊、政府衙門、學校，甚至一些民間集會的場所和私人的住宅，總之是無孔不入，整個大明帝國所統治的地區，都有這樣的特殊的偵察人員存在。

這些偵察人員直接對皇帝負責，專門做一些搜集情報工作的特殊偵察，這樣的制度並非由朱元璋首創。早在漢代就有這種人員，當時被稱做「詔獄」和「大誰何」，三國時稱「校事」，唐朝時稱爲「麗竟門」和「不良人」，五代時稱「侍衛司獄」，宋代時稱「詔獄」和「內軍巡院」。到明朝洪武時期，朱元璋將特訓的這批人稱爲「檢校」和「錦衣衛」。

檢校的職務是用來探察在京大小官員們的不法勾當，最著名的人物有高見賢、夏煜、楊憲、凌說等，他們的工作就是告發他人的隱私。

無處不在的耳目

檢校的身影無處不在，朱元璋曾

明．嵌赤銅阿拉伯文銅香爐

經派人去探聽一些將官的祕密。有一次，傅友德出征賜宴，朱元璋派葉國珍前去作陪，並派了十幾名歌妓前去助興。酒過三巡，葉國珍讓那幾名歌妓脫去舞衣，換上華麗的服裝與諸位將官陪酒。這件事被朱元璋暗插在其中的檢校告發了，朱元璋聽了之後大爲震怒，當即派人把葉國珍綁起來，把他與那些歌妓一起鎖在馬棚裡，並割去了歌妓的鼻尖，用來羞辱葉國珍。葉國珍不堪羞辱，怒問朱元璋：「死就死，爲什麼與這些歌妓鎖在一起？」朱元璋也不客氣，喝斥道：「正因爲你不分貴賤，才這樣對你。」最後，朱元璋命人鞭打葉國珍，將他發配到瓜州做了壩夫。

大學士宋濂爲人最爲坦誠、嚴謹，有一次他請客喝酒，被朱元璋發現了，叫人偷偷地去察看。第二天見到宋濂，朱元璋便問他昨天喝酒了沒有？都請了哪些客人？準備了什麼菜？宋濂不敢隱瞞，老老實實地回答了，朱元璋這才笑著說：「全對，沒有騙我。」

吏部尚書吳琳告老還鄉，朱元璋不大相信，派人到他家鄉去調查。檢校來到吳琳的老家黃岡，放眼一片稻田，不知從何找起，正巧看到不遠處有一個老農正在插秧，便湊上前向老農打聽吳琳的下落。哪知那個老農聽了之後，起身相認，原來這就是告老還鄉的吳琳。使者回來把這件事上報給朱元璋之後，朱元璋聽了非常高興，了卻了一塊心病。

弘文館學士羅復仁操一口江西腔，性格樸實，朱元璋對他印象很好，稱他爲老羅。有一天，朱元璋一個人喬裝到羅家，想看看這個老羅是眞樸實還是假樸實。羅家住在城外一個不起眼的小胡同裡。在一條破破爛爛的巷子裡面，有許多東倒西歪的民房，其中一間就是老羅的家。也巧，那天老羅正搭著梯子粉刷他家那面破牆，看到皇帝親自來訪，慌了神，忙叫老婆拿過一個小板凳請皇帝坐下。朱元璋萬萬沒有想到老羅家窮到這步田地，非常過意不去，回去之後，即刻賞賜了羅復仁一所大宅院。

明．錦衣衛木印

木質印信，印面邊寬十一．五公分、印面厚一公分、通高四公分。此印縮肩平紐，有部分裂紋。印面篆刻「錦衣衛印」。

有進無出的鎮撫司

錦衣衛的前身是朱元璋還是吳王的時候就設立的拱衛司，到了洪武十五年（一三八二年）才正式改爲錦衣衛。

錦衣衛中最高主管稱爲指揮使，設一人，正三品官銜；下設同知兩人，從三品；僉事三人，四品；鎮撫兩人，五品；十四所千戶十四人，五品；副千戶從五品，百戶六品。錦衣衛統有將軍、力士、校尉，掌直駕侍衛、巡察緝捕等，分南北鎮撫司兩個部門，北鎮撫司最爲可怕，專門受理詔獄。

直駕侍衛其實只是錦衣衛中形式上的職務，巡察緝捕才是工作重點。錦衣衛主要針對那些散佈反對大明王朝言論的人，以及那些以宗教爲名的組織團體，如彌勒教、白蓮教和明教等都在此列。朱元璋早年做過紅巾軍，喊了好幾年的「彌勒降生」、「明王出世」的口號，沒有人比他更明白這些口號深入人心的作用，他很清楚這些人聚眾結社會對他的統治地位產生威脅。不過朱元璋最擔心的還是身邊這批曾經一起並肩作戰的將領們，害怕他們會在這些邪教的煽動下有所行動，或是在他死後對朱家的子孫有所影響。朱元璋很瞭解自己的長子是個被儒化的柔懦太子，如果他現在不趁著自己大權在握，替子孫們除掉這些有潛在危險的角色，實在是難使自己安心。

錦衣衛成了朱元璋手上最得力的工具，這個工具被用來翦除他認爲會威脅到自己子孫社稷的人，配合這個

明．王象牙腰牌

腰牌為腰佩的裝飾物，也有信物憑證之用。此腰牌為明代監察御史王的腰牌。

靈活工具運行的是律法之外的酷刑。

全國各地的重刑犯都要押解入京，送到北鎮撫司獄裡來，這裡備好了幾十套刑具以及早已安排好的罪狀，編寫妥當的供詞。進來的人，沒有申訴的權利，更沒有翻供的可能，犯人們唯一能夠減輕痛苦的方法，就是馬上認供，不然就得遭受接連的酷刑，一直用到招認，用到死爲止。不論是誰，只要進了北鎮撫司這個衙門口，能再活著出去，絕對是奇蹟中的奇蹟。

削了權的錦衣衛與廷杖

到了洪武二十年（一三八七年），朱元璋認爲那應該殺的人基本上都殺完了，錦衣衛已經失去了作用，於是下令焚燬錦衣衛的所有刑具，在押犯人全部移交刑部接管，說是要依法治國，實行法治國家。

又過了六年，胡黨、藍黨該殺的都已殺完了，鬍鬚已經花白的朱元璋總算鬆了一口氣，他下令從今以後所有案件都交由朝廷法司處理，內外刑獄公事不允許錦衣衛再行插手。這道手令之後，大明王朝的皇權似乎就可以永固了。

廷杖和錦衣衛緊密相關。錦衣衛這個機構主要效仿的是前朝的詔獄，而廷杖則是學習元朝。在元朝的時候，由於蒙古人馬上得天下，政府的大臣們也多是軍中將校，皇帝的金鑾寶殿成了中軍帳，大臣們一旦有過，隨時杖責，打完了繼續辦事，甚至就連中書大臣這樣的當朝一品都有殿前受杖的時候。

朱元璋建立大明帝國之後，一律恢復漢人從前的規矩，唯獨廷杖這一件，卻被他繼承了下來。廷杖刑罰之中有許多著名的例子，皇族朱文正就是死於廷杖之下的，還有功臣永嘉侯朱亮祖父子也被當廷鞭死，重臣工部尚書薛祥也是被廷杖所殺。從那時起，受人尊敬的士大夫們，不但可殺，而且還可辱，君臣之間的距離一下子被拉到一個天上，一個地下。

明・壽山石長方章

空印案

空印案是洪武四大案中的第一案，此案發生在洪武十五年（一三八二年），事件原本並不嚴重，卻因涉嫌藐視皇權而引發明朝開國以來第一次大規模的屠殺。此案之中，雖然有罪證確鑿的貪官，但更多的是無辜的官員及家屬，甚至連聲譽良好的清官也難逃殺身之禍。

遺留下來的隱患

大明王朝開國以來，朝廷規定各地的布政使司和府、州、縣都必須每年派遣財務官員到戶部報告地方的財政收支賬目。依照程序，所有的錢糧和軍需等款項都是先從基層一層層逐級向上報告。這是一個很繁瑣的數字統計工作，每層自行統計後上報給戶部審核。

審核的過程是戶部拿著各地方呈上來的賬冊，與戶部所掌握的各地布政司收支款項總數對照，一旦發現錯誤，地方報上來的賬冊就要被駁回，再重新一層層地核實，塡表造冊。可想而知，經過這麼多人累計上來的數字，能符合戶部數據的機率是很小的，每年多少都會有些變化。在交通、通訊還不發達的洪武年間，全國疆域如此之大，各地方府縣和布政司距離京城是何等的遙遠，一旦被駁回，重新造冊，兩地來回一趟，最少要幾個月，有的甚至要一年以上，這樣往返不但麻煩，就連所報上來的數據，也因爲日期太遠而缺乏準確性。

在這種情況下，有人想出了個比較實用的辦法，事先準備好蓋有地方官印的空白賬冊，如果被戶部駁回，馬上進行修改，這種做法雖然實屬無奈，但也算是權宜之計。進京上報賬冊的官員都覺得這個方法可行，於是紛紛效仿。

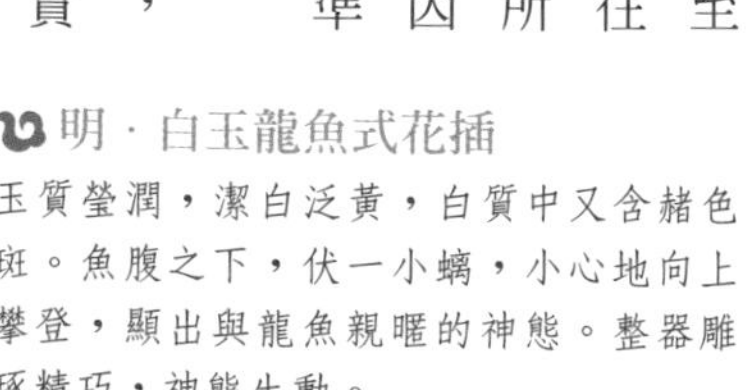

明．白玉龍魚式花插

玉質瑩潤，潔白泛黃，白質中又含赭色斑。魚腹之下，伏一小螭，小心地向上攀登，顯出與龍魚親暱的神態。整器雕琢精巧，神態生動。

空印案發生

空印賬冊這種整個官場都心照不宣的規矩，只有皇帝一個人不知道。終於有一天朱元璋知道了這件事，他大發雷霆。這種賬冊既然上報給戶部，必然是經過戶部官員默許，於是朱元璋下令將戶部尚書和布政司的官員全部問罪，接著又下令對府以下的有關各級官員進行查問，凡是涉及到主管地方官印的官員全部處死，副級杖責一百，並發配充軍。據說，全國這一次入獄或被定爲死罪的官員達到上千人。

當時有個生員叫鄭士利，他有一個兄長叫鄭士原。洪武九年（一三七六年）九月，空印案發，鄭士原因此入獄，當時還是一介平民的鄭士利以生員的身分，直言上書空印案的處罰過於嚴重。

朱元璋看了奏章後大怒，認爲一介平民敢如此大膽，必有幕後指使。他一面拘禁了鄭士利，一面派人去追查此事。最後，鄭氏兄弟被發配到江浦去充軍。

空印案發後，朱元璋下令處死了一批地方掌印官員，剩下的大部分被發配邊疆充了軍。創建大明王朝以後，省級的地方機構主要有三個，專門掌管民政與財政的布政使司、掌管司法和監察的提刑按察使司，還有掌管軍政的都指揮使司，三司分權，互不節制。再往下的地方機構是府、州、縣，這些都是布政使司系統下面的機構，和其他兩個司的機構無關。

僅從空印案處罰令來看，似乎這次被處罰的官員除了戶部以外，都屬於布政使司這個機構，其實不然，地方上的監察官，也就是當時的言官，隸屬於提刑按察使司。

其實，空印早在洪武建元以來一直都是如此操作，因爲錢糧在運輸的途中難免會有損耗，等發運到了戶部，和之前統計的數字相比肯定會有所出入，誰也不能預知途中會造成多少損耗，所以官員們早就習慣了帶著空印賬冊到京城，再根據實際數字填寫。朱元璋心裡其實很明白這一點，他不過是想借此案警示百官，維護他的威嚴。

戴烏紗帽、穿盤領補服的明朝官吏

外甥李文忠

在明朝開國大將之中，李文忠位列功臣第三，是僅次於徐達、常遇春的英傑。他作戰勇猛多智，從十九歲開始即立功，可謂戰功赫赫。在征戰沙漠的戰鬥中，李文忠面對極其被動的局面，竟然反敗為勝，追敵千里，創造了一次戰場上的奇蹟，然而他的死，卻為後人留下了不解的謎團。

少年英雄

李文忠，元至元五年至明洪武十七年（一三三九年至一三八四年），字思本，小名保兒，江蘇盱眙（今江蘇盱眙）人。李文忠是朱元璋二姐的兒子，母親去世時只有十二歲，從那以後，他便跟隨著父親四處流浪。朱元璋剛打下滁州（今安徽滁州）不久，父親帶著年少的李文忠前來投奔，當時朱元璋的二哥、三哥均已離世，李氏父子成爲朱元璋唯一的親人，大喜之下，朱元璋將這個外甥認作義子，並從此跟隨自己姓朱，起名文忠。

少年李文忠投入軍營之後，朱元璋爲他請了老師，教他讀書識字。他讀書很聰明，做事也很機靈，十九歲就成爲了朱元璋帳下有名氣的小將。

池州（今安徽池州）戰役，是李文忠第一次參加戰爭。他擔任常遇春的先鋒將官，一出手便擊敗池州趙普勝的軍隊，接著又連下青陽、石埭、太平、旌德四個縣，當時他只有十九歲。第二年，他與鄧愈、胡大海一起由徽州進入浙東，一馬當先，打敗元軍守城主將，奪取建德，被升爲親軍都指揮，輔助胡大海一同鎮守建德（今浙江建德）。

此時張士誠聯合元朝江浙丞相達識帖木兒，殺死了苗帥楊完者，其部將員成、劉震、蔣英等主動向李文忠請降。李文忠不敢擅斷，請示朱元璋並得到批准。同年九月，李文忠又與

明．菊瓣式高足金盃

高十公分，重八十四．五公克，金質，高足，杯身形如花瓣，口沿和足上鏨有花蕊紋。

胡大海一起趕到桐廬納降了苗軍的三萬部隊。不久，鄧愈轉戰江西，李文忠為胡大海攻下了諸暨（今浙江諸暨）與金華（今浙江金華），諸暨改稱諸全，交由謝再興鎮守，胡大海坐鎮金華。李文忠也因此升任「同僉行樞密院事」。

沒多久，苗軍降將蔣英、劉震二人突然反叛，用袖錘擊碎胡大海腦袋，大掠金華城而去。李文忠乘勢奪回金華，朱元璋封他為浙東行省左丞，總制嚴、衢、信、處諸州軍事（嚴是建德，衢是金華，信是信州，即今江西上饒，處是處州，今浙江麗水）。

諸全新城之戰

元至正二十三年（一三六三年），鎮守諸全的謝再興暗通張士誠，反叛朱元璋，與張士誠合兵來打東陽。李文忠得到消息後，率軍阻擊於義烏，大獲全勝，卻因為攻城力量不足未能奪回諸全，只好在離諸全五十里的地方重建一個「諸全新城」。

沒過幾天，張士誠又派李伯升領軍十六萬攻打諸全新城，但未能得逞。張士誠為洩諸全兵敗之憤，鞏固南部防線，於至正二十五年（一三六五年）二月，又令李伯升率兵二十萬，與叛將謝再興再攻新城。他們來到城外，建造防禦工事十餘里，廬舍、倉庫不計其數。同時，他們又調派數萬精兵，駐紮在諸全新城北十里處，用來阻擊援軍，氣勢逼人。

吹藥器

江蘇江陰出土的明代喉科用具，用此器具將藥散噴到喉部，設計十分巧妙。

城中守將胡德濟拚死拒守，派人向嚴州李文忠告急，李文忠派兵出浦江聲援。張士誠擔心李伯升、謝再興不是對手，又派兵自桐廬（今浙江桐廬）溯富春江而上，經釣魚台（今浙江桐廬西）直指嚴州。李文忠令水師主動迎戰，親率指揮朱亮祖於二月二十九日進駐距新城二十里處。次日，他以元帥徐大興、湯克明作為左軍，嚴德、王韶作為右軍，自領中軍，與剛剛趕到的援軍一起向張士誠發起總攻。新城守軍見狀，出城配合作戰，張士誠的部隊潰散四逃，李文忠率軍乘勢追擊，斬首數萬，生擒同僉韓謙等六百人、甲士三千餘人。次年，李文忠進攻杭州，杭州的守將謝五與潘元明聞風喪膽，不戰自降。李文忠因此被升為「浙江行省平章政事」，加銜「榮祿大夫」。此役之後，朱元璋叫他恢復李姓，這一年，他二十八歲。

千里追擊

洪武五年（一三七二年）正月至十一月，朱元璋對元朝發動了第二次大規模北伐，兵分三路，中路徐達輕敵冒進，遭到敵人伏擊，損失慘重。李文忠在六月二十九日率軍抵達口溫（今內蒙古查干諾爾南），元軍佯裝敗退，實爲誘敵深入。李文忠企圖以快制敵，誤判元軍沒有防備，於是將軍需輜重扔在後方，親率大軍輕裝全力追擊元軍。當李文忠的十萬人馬追到阿魯渾河（今蒙古烏蘭巴托西北）時，終於追上了「敗退」的元軍，但卻遭遇另一支等待已久的強悍之師。

這支元軍部隊的統帥是蠻子哈剌章，他是一個有才幹的將領，這時被他吸引而來的明軍主力已經進入了他的預定包圍圈。而此刻李文忠的部隊，在連續追趕了數日之後全軍疲憊不堪。在如此不利的情況下，雙方激戰數日，佔盡優勢的元軍居然被硬生生地打垮了，李文忠殲敵上萬人。

元軍向北敗逃，明軍諸將均認爲應該回師休整，可李文忠力排眾議，非要殺絕這股元軍才肯收兵。在糧草和輜重供應不及的情況下，他率大軍一口氣追到了稱海（今內蒙古哈臘烏斯湖）才撤退。元軍早被李文忠打垮了士氣，疑有伏兵，也不敢追擊，任由李文忠班師回朝。

李文忠之死

洪武六年與七年（一三七三年至一三七四年），李文忠奉命巡邊，曾與元軍有過小規模接觸，均獲全勝。洪武十年（一三七七年），他與李善長二人受任總中書省、大都督府、御史台、議軍國重事，權及丞相。李文忠曾於洪武十二年（一三七九年）上半年督率沐英等人，帶兵平定洮州

將官甲冑穿戴展示圖

明代軍戎大致上與宋、元時期相同。盔、甲、護臂等全副武裝，材質大多採用鋼鐵。甲冑以衣身長短和甲片形制取名，有魚鱗甲、圓領甲、長身甲、齊腰甲等。頭盔大致上分為三類，便帽式、可插羽翎較高的缽體式和尖頂形。

李景隆

李景隆，明朝開國名將李文忠之子，小名九江，是個白面書生。洪武十九年（一三七六年），李景隆世襲公爵爵位，娶陽成公主（朱棣同胞妹妹）爲妻。李景隆曾經掌管過左軍都督府事，官至太子太傅。建文帝即位之後，李景隆深受信任，得到重用。建文元年（一三九九年）七月，燕王朱棣以「靖難」爲名，起兵造反。長興侯耿炳文討伐燕王失利，退守眞定城，經黃子澄舉薦，李景隆接任主帥，率大軍五十萬接替了耿炳文，直逼北平城。

然而李景隆是個紙上談兵的庸才，他妄自尊大，除了挑選平安爲先鋒官之外，其他一事無成，許多老將功臣他都棄而不用，最終兵敗而歸。建文帝並沒有意識到選將錯誤，反倒認爲是給李景隆的權力不夠，又令他親率六十萬大軍再次出征，結果再次大敗。三年後，燕軍全力最後一擊，打過長江，李景隆奉命與燕軍割地求和，遭到拒絕，燕兵進駐金川門，他反叛建文帝開門迎降。朱棣即位後，授以李景隆高官厚祿，引起功臣們不滿。明永樂二年（一四〇四年），以周王爲首的諸大臣聯合彈劾李景隆圖謀不軌，朱棣只好將其下獄，李景隆自殺而死。

十八個番族的叛亂，七月回京，掌理大都督府的事，國子監也交由他兼管。沒過幾個月胡惟庸案發，朝政機構發生大的變動，大都督府從此分爲五個都督府，李文忠也只擔任了一些虛職，多數時間閒居在家。

洪武十六年（一三八三年）冬，李文忠患病不起，第二年三月病逝。李文忠生病期間，朱元璋曾親自看望過他，回去後派華雲龍的兒子淮安侯華中來料理李文忠的醫藥。李文忠死後，朱元璋以料理不周爲名，廢了華中的官職，並將華中一家流放建昌（今遼寧建昌），後來他懷疑醫生在藥中下毒，把所有爲李文忠看過病的醫生全部處斬，甚至連這些醫生的妻兒也沒有放過，一同處死。

曾有人猜測，李文忠之死其實是朱元璋暗中授意太醫下毒，以解後患。不過也有人認爲，朱元璋沒有毒殺李文忠的必要，李文忠是他一生中除了馬皇后外最親的人，而且早已罷兵在家，與世無爭。

李文忠病逝時年僅四十六歲，朱元璋親自寫了一篇祭文悼祭他。在開國六公之中，李文忠被封爲曹國公，死後又追封爲岐陽王，謚「武靖」，配享太廟。

明・金盞玉杯

大將徐達

徐達是大明開國皇帝朱元璋從小的玩伴。他與朱元璋有著相似的童年，同樣的家貧如洗，同樣的目不識丁，但在投軍之後，他努力識字學文，苦讀兵書戰策，在一次次的實戰中，成為大明王朝最能征善戰的大將軍。

英雄出世

徐達，元至順三年至明洪武十八年（一三三二年至一三八五年），字天德，濠州鍾離人。他出生於一個世代務農的貧困家庭，小的時候曾與朱元璋一起放過牛。少年徐達雖然沒有機會讀書，卻是胸懷大志。他性格剛毅，英勇無畏。在朱元璋投到郭子興處不久，他經朱元璋指引，也報名投軍，成爲朱元璋手下的戰將。很快地，徐達傑出的軍事才能便充分展現了出來，並且得到了朱元璋的信任。

在投效軍旅後的連年征戰中，徐達虛心學習，常向讀書人求教，一有機會他就翻閱一些兵書戰策，爲日後的軍事才能奠定了基礎。每次出戰的時候，徐達都會進行敵情分析，製訂作戰方略，並且經常提出獨特可行的見解，令其他將領及下屬們信服。

朱元璋自治軍以來，一向以嚴謹著稱。在他準備發兵攻取鎮江的時候，爲了嚴明軍紀，告誡將領們，他請徐達與他演了一場「苦肉計」。徐達帶兵向來紀律嚴明，所過之處，對百姓秋毫不犯，每當攻下一座城鎮，他總是要再三言明軍紀，嚴禁燒殺搶掠的事情發生。

元至正二十年（一三六〇年）五月，徐達和常遇春在池州戰役中伏擊陳友諒，大獲全勝，俘虜三千人，常遇春不聽勸告，殺了三千降卒。朱元璋知道此事後，非常惱怒。從此以後，只要有大軍出征，朱元璋總是任命徐達親任主帥，用來約束這些桀驁不馴的將領。

在大明王朝建立以後，徐達被封爲魏國公，官拜右丞相，生活衣食無

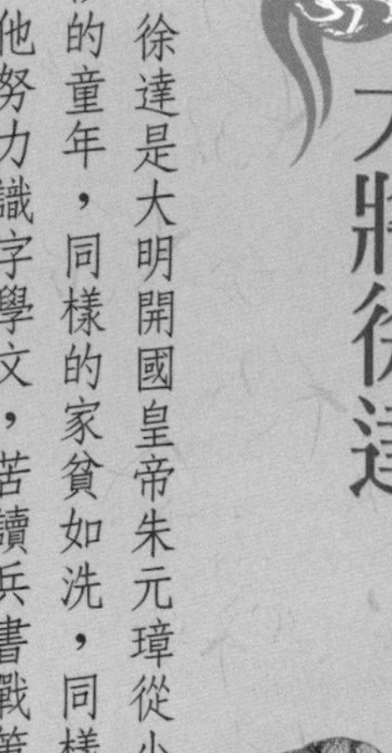

明．象牙雕漢鍾離

根據象牙新月形本型，以淺浮雕技法雕作漢鍾離立像，人物渾樸生動。

憂，權力也是一人之下，萬人之上，可是他仍然沒有忘記讀書，常常請朝中的儒士爲他講解古書，並提出自己的看法。徐達謙虛謹慎的態度幾十年沒有變，正是這種性格使他在無數次征戰中指揮若定，並取得顯赫戰功。

克己禮讓

徐達在率領北伐大軍攻克元大都之後，深怕士卒們進宮滋擾元朝女眷，派親兵守住皇宮大門，讓宦官們看守宮女、妃嬪、公主等，並在軍中申明軍紀，禁止士卒進宮騷擾。朱元璋知道此事後，對文武大臣們說道：「治軍持重、紀律嚴明，攻無不克、戰無不勝，最具大將風範的人，莫過於徐達。」

徐達不僅治軍有方，而且嚴於律己。不論是在元朝還是明朝，起義軍領袖一旦身居高位，就會倚仗權勢，搶奪金銀財寶，搶佔美女奴僕。徐達與這些人不同，他一直以來都嚴格約束自己，不貪圖財寶美色。

徐達善於團結部將。他體恤士卒，與他們患難與共。那些跟隨他的將士們，人人都尊敬他、愛戴他，都願意服從他的指揮。徐達馳騁疆場數十年，攻克的都城有兩座，省會城市有三座，州縣更是數以百計，所過城鎮，百姓不受兵禍。

歷朝歷代，不知有多少功臣名將因爲居功自傲，被流放邊疆或是滿門抄斬。可是在大明王朝，從創建到穩固的數十年裡，徐達開闢江漢、掃清淮楚、盡收浙西、蕩平中原，其威望直達塞外荒漠，先後向他投降的王公將領不計其數。即使有這樣大的功勞，徐達在皇帝面前仍然沒有半分驕橫的態度，反倒更加恭敬謹慎。每當朱元璋大宴群臣時，總是以「布衣兄弟」與徐達相稱，而徐達也總是小心應對，不敢逾越半分君臣之禮。

明．銅鎏金龍紋筆架

此筆架雕有雙龍戲珠，龍的神態傳神，仿如活生。此筆架為皇帝或王公貴族所用。

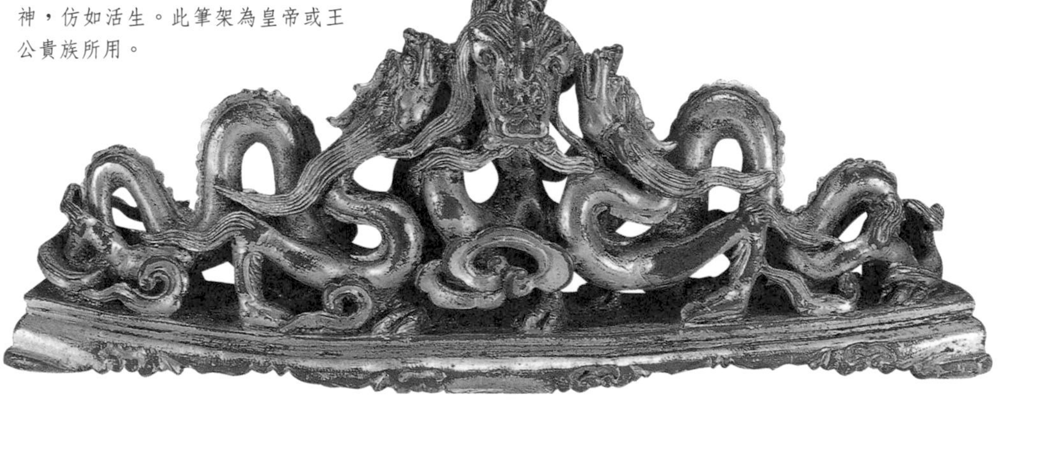

光明磊落

徐達一生深受朱元璋的信任和器重，這與他爲人謙虛謹慎的性格有著直接的關係。他的卓越戰功和忠誠正直，使得他在朝中佔有很高的地位。他愛憎分明，不結朋黨。在君臣之間的關係上，皇帝最看重的是忠，朱元璋曾在朝堂之上，當著眾臣稱讚徐達每次遠征必然凱旋，並且不驕不傲，不貪財寶女色。他說徐達公正無私，就像日月行於天空一樣光明磊落。

有人看到徐達功高蓋世，又深得皇帝信任，便有意攀附。丞相胡惟庸就曾多次想拉攏徐達，可是徐達爲人剛正不阿，沒有理睬他。胡惟庸在李善長的提攜下，很快得到朱元璋的賞識，因此更加飛揚跋扈，專橫無忌，甚至連有關人命和官員升降的大事，他也敢不上奏皇帝，擅做主張，其門下更是網結朋黨。當胡惟庸想結交徐達，被徐達拒絕之後，他的本性終於暴露了出來。胡惟庸企圖拿大量錢財收買徐達家的看門人福壽，並準備好了罪名，讓他去陷害徐達。誰知福壽忠於主人，不貪圖財物，把這件事告訴了徐達。徐達非常氣憤，就將胡惟庸貪權驕縱、結黨營私的惡行告到朱元璋那裡。洪武十三年（一三八〇年），朱元璋以擅權謀反的罪名殺了胡惟庸，對徐達是更加器重。

功臣之死

洪武十七年（一三八四年）閏十月，戎馬生涯近四十年的徐達積勞成疾，在北平因身患背疽一病不起。背疽是一種很毒的惡瘡，很難治癒。朱元璋得到消息後，派徐達長子徐輝祖帶著自己的親筆書信前去慰問，並召徐達回到京城養病。

徐達回到京城沒多久，朱元璋派宮中內侍捧著恩賜的食盒前來探病。徐達見狀忙從病床之上掙扎著起來磕頭謝恩。當他打開食盒的時候，不禁流下了眼淚，原來那食盒裡面放的

勝棋樓

朱元璋非常喜歡下圍棋，徐達棋藝不凡，所以朱元璋總愛找他對弈。一天，君臣二人來到南京城外的莫愁湖，朱元璋突然犯了棋癮，便要與徐達在此地下一盤，並且對徐達說：「你今日如果贏了我，我就將這湖賞賜給你。」徐達心裡他既怕贏了棋觸怒朱元璋，又不想輸掉這麼好的莫愁湖，於是心生一計。一盤棋下到最後，朱元璋丟盡了面子，正要發作，徐達跪在地上說：「請皇上細看全局。」原來徐達在對弈之中，竟用棋子擺出了「萬歲」二字，朱元璋立刻轉怒爲喜，龍顏大悅。他佩服徐達的棋藝，就將莫愁湖賞賜給了徐達，並在下棋的地方築起一座高樓，取名「勝棋樓」。

竟然是一隻蒸鵝。醫生曾交代，背疽最忌食用發病食物，而蒸鵝正是這一類食物。徐達一下子就明白朱元璋的意思了，看來自己剛正一生卻仍然難逃被賜死的命運。徐達忍著淚，當著內侍的面吃下了這隻蒸鵝。

洪武十八年（一三八五年）二月，徐達病逝於南京，享年五十四歲。朱元璋爲表哀悼之情，親自到靈堂祭奠，並下詔追封徐達爲中山王，謚號「武寧」，贈其三代皆受封爵，賜葬鍾山之北，配享太廟。朱元璋還親自爲徐達撰寫碑文，稱讚他爲「開國功臣第一」。

徐達一生有四個兒子、三個女兒。長子徐輝祖是個很有才華的人，徐達死後，他繼承了父親的爵位。長女嫁給了朱元璋的四兒子燕王朱棣爲王妃，後來燕王起兵，奪取建文帝的皇位自己稱帝，徐妃被冊立爲皇后。其他兩個女兒，也是嫁給了朱元璋的兒子，一個做了代王朱桂的王妃，一個做了安王朱楹的王妃。

明．白描羅漢（局部）

羅漢是唐宋以來傳統的佛教畫創作題材。此卷為渡海羅漢，其中一羅漢騎龍乘風破浪，十分生動。

文字獄

文字的產生，大大推動了歷史的發展進程。然而，在有心人的操弄下，文字有時候卻被充當剷除異己、迫害文人的工具。洪武年間的文字獄斷送了數十萬人性命，一向受人尊敬的讀書人，在這一時期竟然成為了朱元璋進行殺戮的主要對象。

文字中的講究

文字獄是專制社會的產物，很多朝代都發生過此類事件。雖說文字獄在歷代法律上並沒有相關條款，可是一旦皇帝認爲某些文字犯了他的禁忌，追究起來，那就是掉腦袋的重罪。有些文人書生，因爲幾個短短的文字，竟然被成批地屠殺，甚至滅族流放。

所謂帝王們的禁忌，其定義相當廣泛，洪武年間的禁忌主要是朱元璋的出身。眾所周知，朱元璋出身貧寒，少年時因生存所迫，出家當了和尚。和尚從外表來看與常人最爲不同的地方是沒有頭髮，俗稱光頭，因此在洪武年間「光」、「禿」這類的文字就是犯了禁忌的。隨著文字獄的升級，後來就連「僧」字也被列入了禁忌之列，更加誇張的是，連和「僧」字同音的「生」字也被人們所注意。

朱元璋早年是紅巾軍的小兵，紅巾軍在元朝政府和地主、士大夫的嘴裡以及文書上，都被稱爲紅賊、紅寇。因此朱元璋最恨「賊」字，不管這個「賊」字說的是誰，總覺得是在罵自己。因此，「賊」和與之相近的「則」字也被列入到了洪武年間的禁忌名單之中。

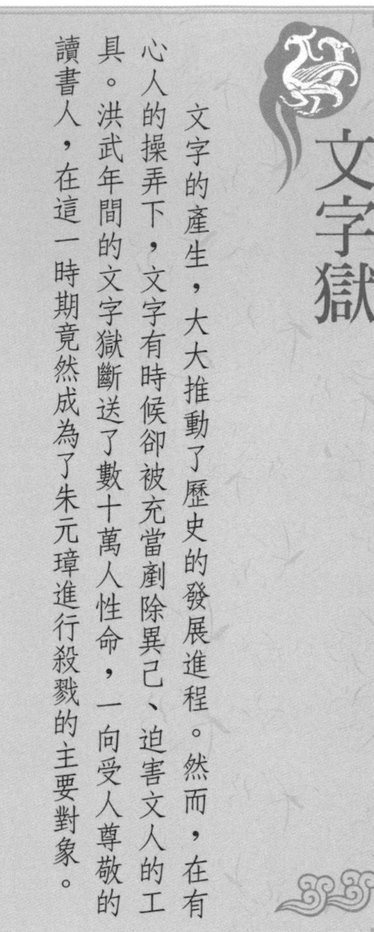

明．銅鎏金太獅少獅鎮紙

此鎮紙造型為太獅少獅，寓意吉祥。

著名的事例

洪武年間因爲文字獄而遭殺身之

禍的人很多，如常州府學訓導蔣鎮爲本府作的《正旦賀表》中有「睿性生知」一句，「生」字被解釋爲「僧」；懷慶府學訓導呂睿爲本府作的《謝賜馬表》中「遙瞻帝扉」一句，「帝扉」被解讀成「帝非」；祥符縣學教諭賈翥爲本縣作的《正旦賀表》中的「取法象魏」，「取法」被讀成「去發」；另有德安府縣訓導吳憲爲本府作的《賀立太孫表》中「永詔億年，天下有道，望拜青門」一句，「有道」變成「有盜」，「青門」當然指的就是和尚廟了。以上這些例子，一概都要處死，就連陳州學訓導周冕爲本州作的《賀萬壽表》中的「壽域千秋」看不出有什麼問題也要被殺。

杭州教授徐一夔在賀表中有一句「光天之下，天生聖人，爲世作則」，朱元璋讀了之後大怒，他認爲「生」爲「僧」，「光」爲剃髮，「則」音近「賊」，這些都是在罵他做過和尚，是禿子，後來做了強盜，於是徐一夔馬上從杭州被抓到京城砍了頭。這樣一來，禮部官員嚇得不知如何是好，求皇帝降一道表式，好讓百姓和官員們有所遵循。洪武二十九年（西元一三九六年）七月，朱元璋令翰林院學士劉三吾、左春坊等人撰慶賀恩表箋成式，頒布天下，以後凡是有賀謝的表箋，均依照這個格式撰寫錄進。

大明王朝初年的這場文字獄從洪武十七年至二十九年（一三八四年至一三九六年）歷經十三年之久。

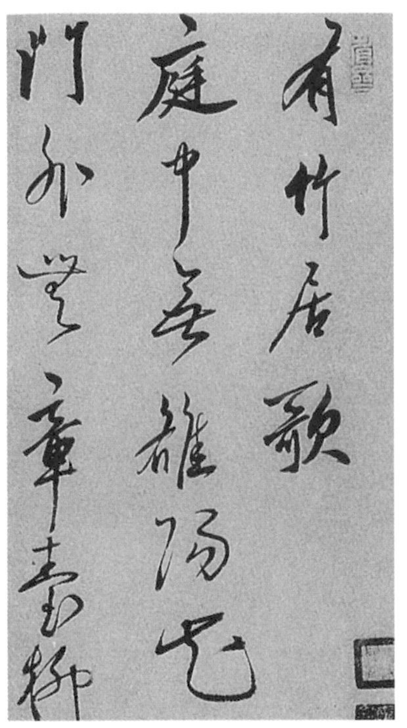

明・有竹居歌冊（局部）

郭桓案

告別了戰場上的滾滾硝煙，朱元璋開始了反腐反貪的後半生。在他經年累月、不分晝夜的嚴懲貪污事件的過程中，郭桓案以大規模官員涉案，向他制定的法律發出了挑戰。最終，郭桓以五項大罪被處以死刑。不過，由於朱元璋懲貪心情過於急切，此案最終潦草收場。

《大誥》記罪狀

洪武十八年（一三八五年），戶部侍郎郭桓盜賣官糧，把倉庫中的糧食納爲己有。此外，他還收受地方官員賄賂，勾結相關官員欺騙朝廷，其涉案金額之大、範圍之廣震動全國。當時不僅浙西四府被牽連在內，全國十二個布政司也未能倖免逃脫。

朱元璋列出此案的五項大罪，記載於《大誥》之中。

第一、朱元璋起兵淮西，自過江以來，應天、宣城、太平、廣德、鎭江五府州是戰備物資的主要來源，也是他的根據地。立國後，朱元璋下令免除這些地方的夏稅和秋糧，官田減半徵收。但事實卻並非如此，這裡的州縣數十萬官田的夏稅、秋糧從沒少繳過一分一粒。這些上繳的糧食全部由主管官吏張欽勾結戶部侍郎郭桓，連同各級官員們私呑了。

第二、戶部收到的浙西秋糧，本應該入國庫四百五十萬石，郭桓等人只將六十萬石收入國庫，郭桓還收取浙西等府賄賂五十萬貫。

第三、浙西各地機構在徵收稅糧的時候，嚴重擾害百姓。官府讓百姓用錢來抵消稅糧，好從中謀取錢財。每發米一石，原本應該折鈔兩貫，但地方官員巧立名目，每徵收一石米，還要徵收水腳錢、車腳錢、口食錢、庫子錢、蒲簍錢、竹簍錢，甚至還立出沿江神佛錢來，每一項少則一百文，多則三百文。而所謂的沿江神佛

明·程君房制五螭墨

錢，則是在運輸官糧時，求神保佑平安的拜神錢。

第四、戶部侍郎郭桓等人收取應天、太平、鎮江、寧國、廣德五府州納草人徐添慶等戶的贓鈔，卻不徵收他們應該繳納的馬草，反而向已經繳納了馬草的安慶百姓多加收取，以補足這五處府州的空缺。

第五、他們將那些摻了水的糧食當成好糧收繳上來，與其他糧食收在一倉，結果經常導致全倉官糧全部腐壞。郭桓怕此事敗露，就將這些官糧全部埋到地下，後來被主持調查的官員發現，竟有上千石的糧食就這樣被浪費掉了。

嚴懲貪官

郭桓等人爲國家造成的損失，相當於當時全國一年的收入，朱元璋知道後，立即命令右審刑吳庸帶人追查此事。

很快地，吳庸查出六部幾乎所有的官員都是郭桓的同犯，其中包括禮部尚書趙瑁、刑部尚書王惠迪、兵部侍郎王志、工部侍郎對德等高官顯貴，其他大小官員更是不計其數。

爲了追回損失的官糧，朱元璋嚴令涉案官員如數賠償朝廷的糧食和其他款項。不過，這些貪官們誰也不捨得拿出贓款來塡這個缺漏，他們又將這些負擔強加到百姓身上。朱元璋聽說後，讓各地百姓赴京面奏，揭發這群無恥的貪官，下定決心嚴懲各級官員及牽連在內的富戶。

這場大案牽連甚廣，從中央六部左右侍郎以下到直隸各省，數萬官吏被牽連其中，這些人均被繩之以法，或關入大牢，或是處以死刑。令人震驚的是，窩贓的人遍佈天下。

此案過後，中央各部官員所剩無幾，涉案受死罪者也高達上萬人之眾。可能是上報涉案人員的人數過多，朱元璋也感到問題太大了，於是他把責任推給了辦理郭桓案的右審刑吳庸等人，將這些爲他賣力當差的官員處死，以平民怨。

郭桓案確確實實是巨大貪污案，可是若說此案巨大到貪污了國家一年的財政收入，巨大到牽涉全國部級以下各地官員和所有的中產階層，似乎有些疑問。

洪武十三年（一三八〇年），朱元璋增設了錦衣衛這個直屬於他的偵察機構。錦衣衛遍及全國，有些官員白天貪污，晚上就被揭發。在這種情況下，郭桓這個戶部侍郎，竟然能夠明目張膽地吞下幾省的公糧，實在是令人感到奇怪。此外，在廢除了丞相之後，不論大小事務，朱元璋都要親自過問，成百上千萬石的糧食沒有入庫，而且等到御史揭發才發現，這也是一大疑點。

郭桓案中涉案人員竟然遍佈六部

明．谿溪草堂圖（局部）

要職，這也是不符合常理的。如此多的不合理之處，使這樁不是冤案的大案經不起深究，想必其中涉及了許多朱元璋不想揭露的內幕，所以朱元璋馬上下令給這個案子定了罪。此外，朱元璋還將負責審理此案的一批官員，包括主審官右審刑吳庸一併處死，然後大赦天下，匆匆宣布郭桓案就此結束。

倉官私放糧籌

在郭桓案中，龍江衛有幾個倉官，因參與盜賣官倉糧食被處以文身、墨面之刑。這兩種刑法在古代比較常見，就是在犯人身上和臉上刺上印記，然後仍然在倉庫留用，管理糧食。沒想到事情過去了僅半年，一個進士到倉庫裡放糧，早上發出放糧的籌碼是二百根，到了晚上竟收回了二百零三根。這名進士覺得其中有古怪，嚴加責問相關人，才知道那個受刑的倉官不思悔改，又做起私放糧籌的勾當。更加令人憤怒的是，這個倉官將籌碼轉賣給之前同樣受過刑處的其他倉官，這些小倉官竟然聯合起來盜支朝廷的糧食。

朱元璋聽說此事後，甚爲感慨。沒想到這些只剩下半條命的人居然還作惡不止。這位平民出身的皇帝實在是想不到還有什麼辦法能夠懲治他們。

貪污之由

在如此嚴酷的刑法之下，一批批官員們仍然鋌而走險，主要原因在於官員們的俸祿不合理。明朝官吏的俸祿是歷史上最低的，以縣官的年俸爲例，一個縣官的年俸僅有九十石大米。可是，這九十石大米並不只用來支付縣官一家人的吃喝，還要用來請師爺及衙門裡的一些辦事人員。除此之外，逢年過節，或是有同僚、上級路過此地，還要多少備些禮品作爲交際之用，如此一來，縣官靠這九十石大米實在是很難應付。

當時朝廷發放的俸祿主要是實物，這些實物無形當中也會有一定的損耗。這些實物有時是大米，有時是布匹，甚至還有胡椒之類的東西，只有少數情況下發的才是銀兩。官員們俸祿的多少是以大米來衡量的，一切銀子、布匹都是透過米價折算發放的。在這個折算過程中，官員們吃了不少的暗虧。

據書上記載，戶部曾以市價三、四錢銀子一匹的粗布，折算成三十石大米的俸祿發給官員，而三十石大米可以在市場上賣到二十兩銀子。以一個縣官一年九十石大米的俸祿計算，折成戶部給的粗布，不過只有三匹，而三匹粗布到市場上僅能換到兩石大米，如果某位官員遇上用粗布充當俸祿的話，他全家一年的生活，大概就只能以稀粥度日了。

在這種情況下，許多官員早上剛剛上任，到晚上就學會了貪污。不能說所有的貪官都是被低俸祿逼出來的，但最起碼有一部分官員是這樣逼出來的。

明‧竹鶴圖

明之蕭何

在元朝末年群雄並起的時候，李善長慧眼識珠，投到了當時勢力還很微弱的朱元璋手下當幕僚。他以忠誠勤懇的做事態度，為這股力量渺小的反元勢力創造了穩定的後方。有了這樣的支持，朱元璋才能在十數年間成為了天下的主人。開國之後的朱元璋，並沒有忘記追隨自己走過艱苦歲月的李善長，在大封功臣之時，李善長名列開國元勳之首，被譽為當世蕭何。

慧眼識珠

李善長，元延祐三年至明洪武二十三年（一三一四年至一三九〇年），字百室，定遠人。他年輕的時候，讀書並不多，僅會寫些簡單的文章，但他才智過人，喜歡法家的學說，推測當代時事曾多言中，爲此被鄉里推爲祭酒。元至正十一年（一三五一年），爆發了元末紅巾軍起義，劉福通在穎州起兵造反，天下爲之震動。李善長也決定投效紅巾軍。可是當時兵禍過甚，爲了避戰亂，李善長不得已躲進了山裡，他第一次投身軍伍並沒有成功。

至正十三年（一三五三年），朱元璋已投到郭子興麾下多時，爲了迴避濠州城各大帥之間無休止的內亂，他獨領親信二十四人，組建自己的軍隊，在用計收服橫澗山兩萬降兵之後，準備南下攻打滁州。李善長聽到這個消息，得知朱元璋與其他紅巾軍不同，便主動到軍門求見。朱元璋對李善長也早有耳聞，知道他是地方上很有才學的高人，馬上將他請入帳中，以禮相待。雙方交談甚是投機，朱元璋當即任李善長爲幕府的掌書記。

李善長被任爲幕府掌書記之後，便追隨朱元璋。在打滁州的時候爲朱元璋參謀攻略，得到了朱元璋的信任。隨著戰局的好轉，各地投奔的將士愈來愈多，李善長親自考察他們的才能，建議提拔那些有能力的人，處分做事不積極的將官，人盡其才，以法治軍，全軍上下無不信服。

明．象牙山馬筆

保境安民

至正十四年（一三五四年），郭子興受到濠州城內各帥的排擠，率萬餘兵馬到滁州與朱元璋會合。朱元璋恐其多心，將整個軍隊的指揮權交給郭子興。郭子興非常欣賞李善長，想請李善長到他的帳下幫助他處理軍務，朱元璋礙於情面不好世拒絕，然而李善長卻極力推托，最後也沒有去。郭子興不好勉強，朱元璋卻因此更加信任李善長了。不久，朱元璋帶兵鎮守和州，郭子興病死，軍中形勢起了變化。

有一次，朱元璋親自帶兵攻擊雞籠山寨，只留下少量的軍隊給李善長守城。他怕李善長不懂兵法，臨行時特別交代如果敵人來犯，千萬不可出擊。當時的形勢比較複雜，周圍除了元朝王子禿堅、樞密副使絆住馬的軍隊外，還有元朝民兵元帥陳野先屯兵附近。他們聽說和州空虛，怕錯失良機，急忙趕來攻城。李善長看出戰機，暗設伏兵，大敗來犯之敵，朱元璋聞訊大喜。

在準備渡江攻打集慶的時候，朱元璋與李善長謀劃妥當，成功渡江，佔據采石，並乘勝攻取太平。在軍隊進城前，朱元璋叫李善長先行寫好了禁令，以防止士兵們進城後大肆搶掠，禍及百姓，李善長依照命令，進城之後叫人四處張貼禁告，軍士們看了之後無人敢犯。朱元璋建立太平興國翼元帥府後，他派李善長做了帥府都事，建立良好軍紀，使百姓可以安心生活，朱元璋的名氣也就此傳開。

在打下集慶之後，朱元璋受到了小明王的封賜，爲江南等處行中書省平章，李善長被封爲參議，宋思顏、李夢庚、陶安等皆爲屬僚，軍機的把握和賞罰之事多由李善長一人決定。

有一天朱元璋問他：「你常將我比作漢高祖，你自比酇侯，徐達可比淮陰侯，那留侯在哪裡呢？」李善長當即回答說：「金華人宋濂博學多才，又兼通象緯之學，可出此任。」朱元璋補充說：「據我所知，稱得上精通象緯之學的沒有比青田劉基更行的了。」此後，朱元璋便讓李善長請二人歸附帳下，共謀大業。

拜相封公

至正二十年（一三六〇年）夏，陳友諒率隊伍順流而下，並聯合張士誠一同夾攻應天，企圖一舉消滅朱元璋。朱元璋採取主動迎擊、速戰速決的戰術，這使得李善長大爲不解。朱元璋解釋道：「若等陳、張一同來夾擊，我如何抵擋，現在集中優勢，打敗陳友諒，張士誠也就不敢動了。」後來局勢的發展果然如此。

至正二十四年（一三六四年）正月，朱元璋自立爲吳王，李善長出任

明·五子登科鏡

明代銅鏡，圓紐，無紐座。鏡背素地，飾「五子登科」四字，每字內側對應一「喜」字，每字均用方欄圈起。「五」字兩側長方欄內鑄「胡聚盛號青銅明鏡」八字，「子」字兩側飾以蓮蓬紋，取「連生貴子」之意。「五子登科」是當時常用的吉語。

右丞相（當時制度以右爲尊）。此時李善長早已在多年的幕後工作中成長起來，他裁決果斷，擅長辭令，當時招納的文書多由他代爲起草。在許多大戰中，如攻克江州（今江西九江）、兩次平定洪都（今江西南昌）、安豐城救駕小明王（今安徽壽縣南、安豐塘北）等都是由李善長留守，隨其守城的將吏沒有一個不順服，居民也都能安心生活。明朝開國之前，各地戰事頻起，所有軍需用品也全是由李善長負責籌備轉調。

至正二十七年（一三六七年）九月，朱元璋平定東吳張士誠，論功封賞李善長爲宣國公。這時官體改制，以左爲尊，他被任爲左丞相。當時刑法過於嚴苛，常有連坐的條文，李善長建議除了大逆之罪外，都不要採取連坐的處罰，朱元璋令他與劉基一起，重新裁定律令，過於嚴重的刑罰得以緩和。

不久，李善長觀察天下大勢，認爲時機成熟，便上表勸朱元璋即皇帝位。朱元璋採納其建議，隨即稱帝，之後，任李善長爲大禮使，追封了他的祖、父三代，又令他主持冊立后妃、太子、諸王等事宜。李善長被授以太子少傅、銀青榮祿大夫、上柱國，並參與軍國重事。不久，他又上奏制定六部的官制，以及規定官民喪服及朝賀東宮的儀式等。洪武二年（一三六九年），朱元璋又令李善長負責監修《元史》，主編《祖訓錄》、《大明集禮》等典籍，規定不同等級的朝臣服色俸賜、封賜藩國及功臣爵位賞賜的標準，撫恤那些開國功臣們的遺孀等。洪武初期的所有典章制度的草擬工作，不論事務大小，皆由李善長和劉基、宋濂等重臣商量後制定。

風雨飄搖

李善長外表雖然寬仁，內心卻甚是刻薄，極度渴望權力。參議李飲冰、楊希聖稍有越權，他便嚴明其罪上奏皇帝。中書都事李彬是他的親信，犯了法，他去求情，劉基鐵面無私，依法紀殺了李彬。李善長懷恨在心，後來勾結朋黨迫使劉基致仕告老還鄉。

朱元璋早年依靠淮西勢力打開局面，做了皇帝之後，那些追隨他的淮西同鄉都成了開國功臣，在洪武初年的政局中，淮西人成了朝中最爲突出的一股力量。李善長更是憑著自己的老臣身分，驕橫專權，凌駕於百官之上，這使得那些非淮西派的人和朱元璋都很不滿。

在李善長還是左丞相的時候，一天，朱元璋和他閒聊，以論齋戒當以至誠爲由，暗示李善長讓賢。李善長聽出皇帝的意思，洪武四年（一三七一年）正月，稱病辭掉了在朝中的所有職務。朱元璋賜予田地、佃戶，大爲賞賜一番，將他送回了老家。洪武五年（一三七二年）病癒後，李善長被調去督建準備遷都鳳陽的宮殿，洪武七年（一三七四年），又提拔了他的弟弟李存義爲太僕丞，李存義的兩個兒子李伸、李佑擔任府州官員。後來朱元璋又將長女臨安公主下嫁給了李善長之子李祺，李家榮寵之至，當朝無人可及。

不過，李善長的政敵汪廣洋、陳寧告他狎寵自恣之罪，削除了李善長近一半的歲祿。洪武十三年（一三八〇年），由李善長一手提拔的朝中代言人胡惟庸，以謀逆罪被殺，引出李善長收賄弄權的醜事，李善長被責令自行請辭，回家養老。此次李善長未被牽連，主要原因是因爲朱元璋曾稱他爲開國第一功臣，不便自毀其說，落個殺功臣的罵名。

十年後，胡惟庸案舊案重提，年已七十七歲的李善長，最終因知逆謀而不舉之罪，被定爲大逆不道，全家七十餘口被殺，僅留他的兒子李祺一家，看在公主的份上，被流放江浦。不久李祺也死了，僅剩下李祺的兩個兒子李芳、李茂。誰也沒有想到，被喻爲明之蕭何的開國第一功臣，下場竟是如此悲慘。

明．樓閣人物金簪

此金簪運用了高超的掐絲工藝，在有限的空間內以細絲編織出多層次的精美紋樣，精緻巧妙至極。

太子朱標

身為朱元璋長子的朱標，從出生那一刻起，就注定了他將來的命運。在普通人的眼裡，他是幸運的，剛來到這個世界就享有尊貴的身分，然而，真實的朱標卻是不幸的，在充滿血雨腥風的宮廷中，他膽戰心驚地熬了三十七個年頭，就走向了生命的終點。

儲君生涯

朱標生於元至正十五年（一三五五年），母親正是賢德的馬皇后。當時朱元璋正在進行攻打太平府的戰役，朱標的降生爲整日處於戰爭中的朱元璋帶來了無比的歡喜。在得到這一喜訊後，朱元璋興奮地在當地一座山上刻下「至此山者，不患無嗣」八個字。朱元璋對這個兒子抱有極大的期望，因此朱標稍大一些，朱元璋便請當時的名儒宋濂來做他的老師。

元至正二十七年（一三六七年），以吳王自稱的朱元璋立朱標爲世子。爲了從小訓練朱標爲人君王的才幹，朱元璋令其去臨濠拜祭祖墓。臨行前，朱元璋勸導朱標應該學習商高宗和周成王，體恤小民百姓的疾苦，以便將來勤儉執政，做一個好君主。朱元璋還擔心朱標安於富貴，叮囑他沿途要多聽、多看，要好好體察民情，關心他們的生活，到了家鄉以後，還要去看望那裡的父老鄉親。

第二年，大明王朝建立，朱標被正式冊立爲皇太子，開始了他二十五年的儲君生涯。爲了使朱標成爲優秀的繼承人，朱元璋費盡了心機。他廣

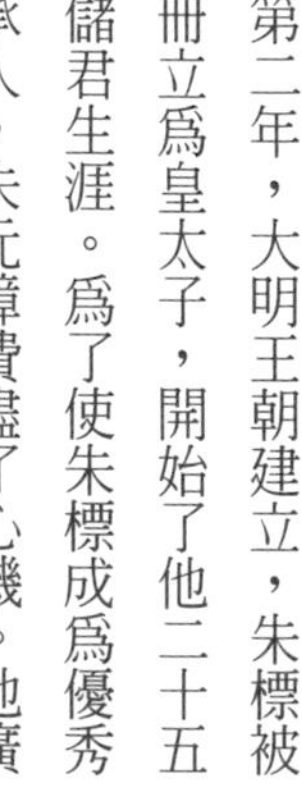

明．緙絲十二章袞服

招天下名儒，在宮中特別設立大本堂，以收藏古今各種圖書，讓諸位名儒輪流爲太子及諸王講學，並選出青年才俊與他們伴讀。

朱元璋教育太子，要想做個好君王，首先要正心，於是他除了讓太子學習儒家經典，還特別挑選出一批德行高雅的端正之士作爲太子的賓客和諭德，讓他們把帝王之道、禮樂之教以及自古以來的大事，還有民間稼穡之事，講授給太子。此外，朱元璋還常常親自教育太子，一再告訴太子創業的不易、守成的艱辛。爲了避免東宮官僚自成朋黨，與朝廷大臣對立的情況發生，朱元璋命李善長、徐達等朝廷重臣兼任東宮官僚，這樣一來，既方便控制結黨的發生，也達到了輔教太子的目的。

東宮心慈

正史中對朱標的記載少之又少，幾乎都是圍繞在朱元璋的紀錄，看不到他獨立的人生歷程。但是若透過這些正史的記載，不難看出朱標這位未及享國的儲君，其短暫的一生其實一直是被朱元璋這個龐大的陰影籠罩著。他在殘酷、陰暗的政治鬥爭之中，度過了長達二十五年的太子生涯。

朱標雖然是朱元璋的嫡長子，但是歷史上皇位爭奪、骨肉相殘的事情並不少見，因此朱元璋在對太子的態度上，多少也是有些顧慮和防範。洪武十年（一三七七年）之後，太子漸漸有了自己的處事觀點，在對一些政事的處理上，經常與朱元璋的意見相抵觸，這樣更加重了朱元璋的猜忌心理。

有一次，朱元璋在審決一批刑囚後，將刑囚的冊子交給御史袁凱，讓他拿給太子複審，聽聽太子的意見。這項看似簡單的工作，其實並不簡單。太子接到冊子後，看到上面人名太多，懲處面過廣，就主張從寬處理。朱標讓袁凱把自己的意見告訴父皇。袁凱不敢篡改太子的意思，就原原本本地把太子的話說了一遍。朱元

明·方於魯制有梅墨

此標有梅墨長十三·三公分，寬五·九公分，高一·六公分，長方形，繪刻結著果實的梅樹。

璋聽了之後，便問袁凱：「我和太子的意見相反，你看我們誰說的對呢？」袁凱不知如何應答，只好硬著頭皮答道：「陛下法正，太子心慈。」朱元璋聽了大怒，斥責袁凱這是狡猾之詞，不敢說眞話，將他趕了出去。袁凱回到家後怕朱元璋對自己的家人不利，第二天便開始裝瘋。朱元璋信以爲眞，准他告老回鄉。

府、州、縣學與社學

洪武二年（一三六九年）十月，朱元璋詔令府、州、縣設立學校，並規定了學校的規模。其中府學四十人，州學三十人，縣學二十人。主要的學官，府設教授，州設學正，縣設教諭。到了後來，府、州、縣學的學生規模屢有增加。府、州、縣學的學生，在學年久，可以保送到京師最高學府國子監深造，進而獲取一官半職，更多人則是直接透過科舉考試求得功名。在洪武八年（一三七五年），明朝政府又下令各地農村建立社學，用來教授民間子弟，後來因為地方官員擾民，曾一度停辦。至洪武十六年（一三八三年），又讓民間自辦社學，自己聘請老師教授學生。學校的功課主要有「五經」、「四書」、《御制大誥》、《大明律》等。

外柔內剛

儲君之位歷來是王朝政權爭奪的一大焦點。朱標的太子之位雖然沒有受到明顯的威脅，但是他的弟弟很多。在等待登基爲帝的過程中，朱標並不是眞的就能平平安安了。事實上，隨著太子與皇帝處理政務意見的不同，父子倆之間的衝突日益加劇。

有書記載，朱元璋早年征戰的時候，有一次受了傷，被敵兵追擊，馬皇后一個婦人背著他逃命。二十幾年後，馬皇后病逝，太子朱標失去了與父皇之間緩衝的空間，他考慮到自保，便將這件事繪成畫藏在懷中，以防萬一。

後來有一次，朱元璋又要大殺功臣，太子實在看不下去，就站出來勸說。朱元璋聽了之後沒有急著反駁，第二天他找來一條棘杖扔在地上，讓太子親自撿起來。棘杖上佈滿了利刺，當然不好拿，朱元璋見太子面有難色，說道：「你怕有刺，不敢去拿，我幫你把這些刺都去掉了，再交給你，那不是很好嗎？我今天所殺的人都是壞人，這些人得到了清理，你才可以安安穩穩地當這個家。」太子聽了之後，不以爲然，對道：「上有堯舜之君，下有堯舜之民。」意思就是說，要有像堯舜那樣的好皇帝，才會有忠於堯舜的子民。

朱標竟然敢如此直接地譏諷皇帝，朱元璋當然會被激怒，他隨手拿起椅子，朝太子砸了過去，並離席追打。朱標有意將那張畫掉在地上，朱元璋看到畫，感念夫妻舊情就寬恕了太子。

早逝之謎

朱標生性忠厚仁慈，認爲殺人不能解決根本問題。朱元璋要用全力來消滅那些被他認爲是敵人的力量，以鞏固皇權，太子卻想照顧那些立過汗馬功勞的功臣們，父子倆常因此發生爭執。尋常人家的父子爭吵一般沒有什麼問題，但這件事發生在皇帝和太子之間，加上皇帝又是一個嗜殺成性、猜忌成病的人，後果就有所不同了。朱標這位太子，在父親面前每時每刻都要承受著巨大的心理壓力。由於長期處於這種情況之下，太子朱標的壯志豪情完全被磨滅了。

朱元璋想殺掉朱標的老師宋濂，太子出面求情，朱元璋大怒道：「等你當了皇帝再來赦免他吧！」言外之意，是在提醒太子應該正視自己的地位。有一回太子巡視歸來，朱元璋又讓他去審判刑囚，令吏部尚書詹徽輔助太子。在審判中，太子幾次欲寬容罪犯，詹徽卻堅持要重判。朱元璋擺明態度支持詹徽，太子爭辯說：「立國應以仁爲本。」朱元璋怒道：「難道你想自己當皇帝，來教導我嗎？」太子驚駭不已，不知所措。

父子倆日漸惡化的矛盾衝突，在不知不覺間消耗著太子的心力，損害著他的健康。朱元璋怎麼也想不到，正是這些事間接害死了他最喜歡的兒子。

朱標先於父皇朱元璋而逝，謚稱懿文太子，到明惠帝即位後，又追尊爲明興宗，陪葬於南京明孝陵，即明東陵。

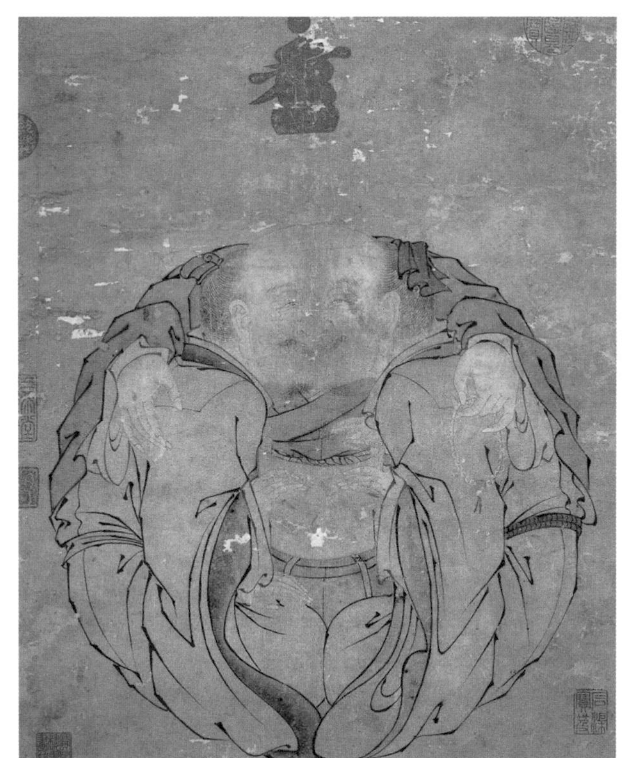

明．一團和氣圖

此畫構圖絕妙，粗看似一笑面彌勒盤腿面坐，體態渾圓。仔細觀看揣摩，可見在佛的左耳處，有一道教冠帽老者的髮髻，面左側坐；佛的右耳為一儒家打扮、戴方巾的老者，面右側坐。此二人團膝相接，仙臉相對，手各持經卷一端。第三人則手持佛珠，手搭在二人肩上，頭臉被遮，只露出光光的頭頂，當是佛教中人。

皇太孫的冊立

皇太孫朱允炆的大哥朱雄英早逝，朱元璋在再三考慮之後，終於將他立為儲君，而他在過了六年膽戰心驚的生活之後，終於告別了儲君之路，登上了皇位，然而這一切只是另一個悲劇的開始。

太祖立儲

朱元璋戎馬生涯十幾年，深知創業艱難，守業更加艱難，因此他對接班人的培養尤爲重視。朱元璋登上皇位的第一件事，就是冊立嫡長子朱標爲皇太子，並請當世名儒宋濂當太子的老師。不幸的是，太子朱標還沒有來得及登上帝位，就在洪武二十五年（一三九二年）去世了。

這樣一來，朱元璋制定的立嫡長子爲儲君的制度受到了考驗，朱元璋只能重新選擇繼承人。根據立嫡長子爲儲君的制度，朱元璋應該將皇位傳給朱標的長子朱雄英，可是，朱雄英早逝。這樣一來，朱標的二兒子朱允炆就成爲了皇位的第一候選人。

可是在朱元璋的心裡，這個比朱標還親近儒學的孫子，似乎不可能擔負起治理國家的重任。朱元璋也曾考慮過其他幾個兒子，二子秦王朱樉有雄心，但是荒唐成性。四子燕王朱棣文武雙全，又爲國家立過軍功，和自己有幾分相似之處，是個很好的人選。朱元璋一時猶豫不決，在一次與幾個心腹大臣的對話中，有意流露出要立燕王爲儲君的想法，想聽聽其他人的意見。

翰林學士劉三吾首先認爲不可，覺得這樣不合禮制。早在立國初期，朱元璋就一口氣爲二十幾個兒子都分了土地，立了王，其中第二、三、四子分別封爲秦、晉、燕三王，三人的

建文元年應天府銅權

衡器部件，高五・五公分、底徑二・五公分，是商業活動中不可缺少的工具。人們俗稱權為秤砣，砣的重量決定稱重能力，砣愈重，秤愈大。權一般用鐵、銅、石製作。這枚銅權是建文元年（一三九九年）由應天府（今南京）所製造。

封地皆爲邊疆重鎮，且手握重兵，一旦因爲立儲發生內訌，後果不堪設想。朱元璋覺得劉三吾說得有道理，最終將朱允炆立爲儲君。

洪武三十一年（一三九八年）閏五月，明太祖朱元璋駕崩，享年七十一歲，皇太孫朱允炆即位，年號建文，史稱建文帝。

建文新政

朱允炆登基後便著手改革，修改了朱元璋立下的一些弊政，史稱「建文新政」。他重用一批儒士文人實施新政，進行改革。建文帝主張實行惠民政策，他下令減免租賦、賑濟災民，老弱病殘皆由國家所養，重農業、辦學校，任用賢能，並派侍郎暴昭、夏原吉等二十四人任採訪史，專門巡視天下，體察民情。

建文帝還有意改變洪武時期尚武的風氣，加強文官在政事上的地位，於是大開科舉考試，廣招飽學之士並授以官職，很快在他的身邊聚集了很多人才，這些人成了建文帝一朝的重臣。在這種情況下，文人們的膽量也比先朝大了許多，他們勇於表達自己的想法，對建文帝更是忠心耿耿，這也是爲什麼後來會有大批文臣願爲建文帝殉難的原因。

立國之初，朱元璋以嚴刑酷法治國。朱允炆登基後，以《大明律》對照歷朝法律，修改了其中一些比較重的律法，即位僅一個多月，便對全國性的冤獄進行平反，一批無辜的人被釋放出來，監獄中的罪犯比洪武時期竟然減少了三分之二。

建文元年（一三九九年）正月，建文帝頒布詔令，減輕江浙地區的田稅。因爲朱元璋攻打張士誠的時候，江浙地區的鄉紳富甲們支持張士誠，使得朱元璋耗費了很大的力量。明朝創建後，朱元璋下令對江浙地區加以重稅。建文帝認爲重稅只可懲於一時，不應形成定制，於是減免了江浙地區的田稅。

改革削藩

建文帝早就看出這些割據一方的藩王擁兵自重，對皇權產生了極大的

明．游七星巖詩（局部）

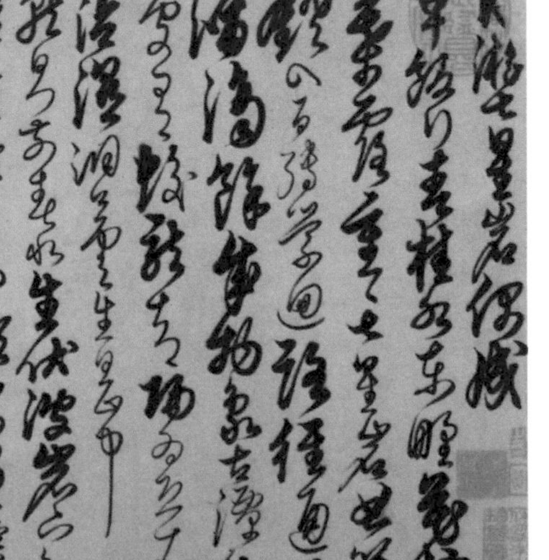

建文帝下落之謎

關於建文帝的下落，歷來眾說紛紜。一是自焚說。據永樂年間修成的《實錄》和清初《明史稿》等書記載，建文帝在燕王攻下南京城後，下令焚燒宮殿，他和皇后馬氏跳入火中自焚，妃嬪、侍從等大都隨他蹈火而死。燕王朱棣入宮後，搜查建文帝下落，從火堆裡掘出一具看不出是誰的屍體，朱棣下令將屍體用天子禮節埋葬了。二是削髮為僧說。據說建文帝看到大勢已去，想要自殺，一個內臣告訴他，朱元璋臨終前曾給他留下一個箱子，並讓他在大難時使用。建文帝開箱看到裡邊有三張度牒，上面寫著建文帝等三個人的名字，還有僧衣等物。建文帝和兩個隨從削髮出京，流落到民間為僧。

威脅，其中尤以四叔朱棣對他形成的威脅最大。在這些年與蒙古的作戰中，他的軍隊不斷壯大，對建文帝的皇權形成了巨大的衝擊。

建文帝登基後急於削藩，他削藩的第一個目標就是周王朱橚（朱元璋的第五個兒子）。他密令李文忠的兒子李景隆以北上備邊的名義，兵臨開封，趁周王不備，突然將他抓捕回京。接著，建文帝將周王遣送雲南，後來不放心，又召回京城禁錮起來。

建文帝之所以將周王列爲第一目標，主要是因爲他是燕王朱棣的胞弟，與朱棣的關係最近，先打擊他就有先去燕王手足的意思。隨後，建文帝又以各種罪名，先後廢掉了湘王、齊王、代王、岷王，然後把目標指向了燕王朱棣。

早在削藩朝議的時候，朝臣們就提出了四種方案。第一種是效仿漢代「推恩」法，將藩王屬地分封給諸子孫，而不是僅嫡長子一人，進而達到分權的目的。第二種是將諸藩王的意見領袖燕王調離藩地，再行大舉削藩。第三種是先從弱小的藩王削起，剪除燕王羽翼，待機再削燕王。第四種是擒賊先擒王，直接剷除燕王，其他諸王便無力反抗了。

其實建文帝清楚地知道此次削藩的主要目標只有燕王一人，因此這四種方案數第三種最差，可是建文帝偏偏採納了第三種方案，這實際上是在打草驚蛇。他沒有先削燕王，而是先拿燕王的同胞兄弟周王開刀，這種做法必然引起燕王的警惕，一場戰爭勢不可免。

靖難之役

爲了消滅燕王，建文帝朱允炆首先令張爲北平布政使，謝貴、張信掌北平都指揮使司，以觀察燕王朱棣在北平的一舉一動。接著，他又令都督宋忠、徐凱、耿屯兵開平、臨清、山海關三地，主要目的是封鎖朱棣的軍事要道，斷絕其外援。然而這一系列舉動並沒有達到預期的效果。

建文元年（一三九九年）六月，齊泰將燕使鄧庸收審，獲得朱棣謀反的罪狀，於是發兵逮捕燕王府的官屬，並密令張信抓捕朱棣，誰知張信是朱棣的舊部，不僅沒有抓捕朱棣，反倒投降朱棣，使朱棣有時間進行準備。七月，朱棣計殺張、謝貴，並令燕王府護衛指揮張玉、朱能率兵奪取北平九門，控制了整個北平。朱棣採納謀臣道衍的建議，根據祖訓，打出誅滅「奸臣」齊泰、黃子澄的清君側大旗，以「靖難」爲名，公然造反。

八月，朱允炆請出朱元璋留下的唯一舊將耿炳文任大將軍，率軍三十萬討伐燕王。耿炳文先鋒抵達雄縣（今河北雄縣），被燕軍大敗，戰死九千多人。接著又在眞定（今河北正定）交鋒，再次大敗。朱允炆派前朝名將李文忠之子李景隆接替耿炳文大將軍之職，調兵五十萬，圍攻北平。十月，朱棣親率精騎襲大寧，挾持寧王朱權和他的妃子、世子們，得到當時大明王朝最強的騎兵朵顏三衛，與李景隆戰於鄭灞，李景隆大敗。

建文三年（一四〇一年）二月，燕軍大舉南下，三月間連敗盛庸於滹沱河，敗吳傑於稿城。當時朱棣雖然勝多敗少，可是損失甚爲嚴重，而朝廷兵多且多有外援，燕軍在河北、山東攻下的城池，很快又被朝廷佔據，此時的戰局，朱棣的形勢要比朱允炆困難得多。

建文四年（一四〇二年）正月，朱棣避開敵軍主力，揮軍南下，連破何福、平安師、泗州、揚州等城，孤注一擲，拚死揮師直指南京。建文帝讓慶成郡主向朱棣乞求割地求和，朱棣不肯。六月，江防都督陳瑄率舟師降燕，朱棣乘勢打下鎮江，孤軍打到南京城下。南京城原本堅固無比，就算城內空虛，如若堅守待援，援兵一到，燕王朱棣就會處於腹背受敵的困境之中，但南京城中的谷王朱與李景隆反叛建文帝，竟然打開金川門迎降朱棣。僅僅在皇位上坐了不到四年的建文帝朱允炆，絕望之下火燒中宮，從此不知去向。

方孝儒紀念碑亭

分封諸子

朱元璋一生共有二十六子，由於他生性多疑，幾乎殺光了所有的功臣武將，因此他只能將自己的兒子們分封到各地為王，這樣既能使他放心，又能達到保國安民的目的。可是，這些分散各地、不斷繁衍的皇族後裔們，慢慢地竟成為了國家的尾大不掉的包袱。

多子多孫

中國歷朝歷代的皇帝，除了原配夫人之外，還有著無數的妾室。這些妾室在皇宮後院中依照地位的高低可以分貴妃、妃、嬪等許多等級。朱元璋在稱帝之前，除了原配馬氏，還有孫、胡、郭、闍四房妾室；稱帝之後，大大小小、各個民族的妃嬪就難以數清了。在朱元璋的妃嬪中除了漢族人，還有高麗人（今朝鮮）、蒙古人，這些後宮佳麗們有些是搶來，有些是從元順帝宮中接收過來，還有一些是從民間徵選上來。

早在打下滁州不久，朱元璋就看中了當時還是寡婦的胡妃。胡妃是濠州人，丈夫死後和母親住在一起，胡妃的母親不肯將女兒再嫁，就帶著女兒逃到異鄉。隔了一段日子，朱元璋打聽到胡家躲避到了淮安，便下令平章趙君用將母女二人接到軍中。在打太平的時候，朱元璋又托人說媒，娶了青軍馬元帥的女兒孫妃。當時太平被圍，孫妃拿出府中的金銀犒賞將士，幫助作戰。郭惠妃是郭子興的小女兒，後來朱元璋除掉小舅子郭天爵，順便將她收作了小妾。在打敗陳友諒，接管他的地盤的時候，朱元璋見陳友諒的愛妃闍氏貌美，隨即納爲

明‧鎏金銅獅（一對）
獅子均作張口露齒狀，頭上有鬣，頸下繫鈴和瓔珞，肢爪強勁有力。雌獅正伸出左腿戲斗小獅子，小獅子則作仰臥狀，口含大獅爪；雄獅則伸出右腿，正在玩耍繡球。

妾室，後來闍氏還爲他生個兒子，封爲潭王。

朱元璋一生有二十六個兒子，十六個女兒，孫子、曾孫更是數以百計。在後宮諸多妃嬪中，高麗妃和蒙古妃也爲他生育過子女，相傳他的第四個兒子朱棣，就是由一位蒙古妃子所生。

分封諸王

洪武二年（一三六九年）四月，朱元璋初編《皇明祖訓》的時候，擬定了分封諸子的制度。次年四月，朱元璋封第二到第十個兒子爲親王，不過他們眞正就藩卻是在洪武十一年（一三七八年），是朱元璋定都南京之後的事。從封王到就藩，總共間隔了九年，其主要原因是諸皇子還未成年，而都城也未能最終確定。等到定下京城那年，二子秦王封地西安，三子晉王封地太原。洪武十三年（一三八〇年），四子燕王封地北平。三個親王的封地沿長城一線展開，地理位置極爲重要。洪武十四年（一三八一年），五子周王封地開封，六子楚王封地武昌。洪武十五年（一三八二年），七子齊王封地青州。洪武十八年（一三八三年），又封潭王於長沙，封魯王於兗州。在此之後，其他皇子陸續成年，逐一得到封地並先後就位。由此二十幾個皇子散佈在全國各軍事要地上。

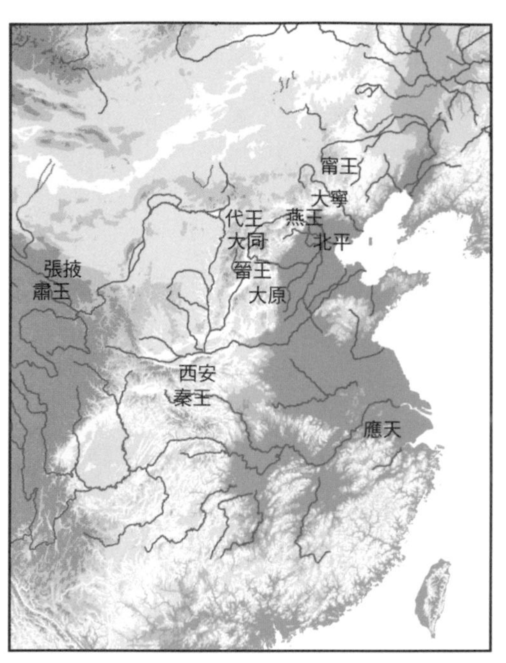

明初分封諸王圖

從封地的軍事環境來看，諸王的屬地可分作一線和二線，一線諸王的任務是防禦蒙古來襲，憑藉天險，建立軍事據點，有塞上王之稱。二線諸王的任務，則是以其所在封地，控扼後方，進可支援邊疆，退可拒守要隘，從地圖上來看，可算得是絕好的防禦體系。

諸王在封地的待遇僅次於皇帝，公侯大臣見了他們也要俯首參拜。諸王的地位雖然極爲高貴，但卻不能干預民政和王府以外的事，全由朝廷所任命的官員們管理，他們唯一的特權就是軍權。不過即便在軍權上，諸王也還是有所限制，按規定，親王府設護衛指揮使司，有三個護衛，每個護衛擁有三千甲士，多的到一萬九千人。塞上王要抵禦外敵，對此擁有特權，拿寧王來說，他所部擁有甲士八萬，革車六千，所屬朵顏三衛是當時全國最強大的騎兵。秦、晉、燕三王的護衛也是經過朝廷特許而補充加強的。這些親王的藩國決策軍務，具有攘外安內的作用，國都即使遠在東南，國家也安如磐石。

性格各異

由於朱元璋沒有受過良好的教育，所以他非常重視兒子們的教育問題，對他們的期望都很高，因此諸王們成年後大多數都很能幹。

在文學方面，諸皇子的成就各有不同。五子周王自小喜好詞賦，著《元宮詞》上百章，又組織人手研究草類，選出可以救饑的植物草類四百餘種，畫爲圖譜，編成《救荒本草》一書。十七子寧王著有《通鑑博論》、《漢唐秘史》、《史斷》、《文譜》、《詩譜》等十幾種著作。八子潭王、十子魯王、十一子蜀王、十六子慶王也都是飽讀詩書，對文學充滿興趣的尙禮之士。十二子湘王更是文武全才，常常讀書至深夜，而且膂力過人，弓馬純熟，他喜歡道家思想，自號紫虛子，氣質、風貌儼然一代名士的模樣。

朱元璋諸子之中雖多俊傑之士，但也有紈褲之徒，第十三子代王鬚髮花白還帶著幾個不肖子窄衣禿帽當街袖錘以殺傷人命取樂。封地洛陽的末子伊王，年少失教，喜歡舞刀弄槍，整天在郊外策馬奔馳，有人逃避不及被他撞傷也毫不在意，更荒唐的是，他喜歡把平民男女扒光了衣服，看人家的窘態，自己卻高興地大笑。

明·宮中圖（局部）

皇族的祿餉

皇帝子女眾多，子女們又有子女，偌大一個家庭，完全要由國家來供養。洪武九年（一三七六年），朱元璋對皇族的子孫發布了一個祿餉的標準。親王、公主、郡王、郡主每年

潭王的傳說

朱元璋的第八子朱梓被封爲潭王，封地在長沙，他的生母闍氏原是陳友諒的愛妃。

民間傳說潭王朱梓是陳友諒的遺腹子。在朱梓成人受封之後，闍氏哭述往事，告訴了朱梓身世眞相，叫他要爲父報仇，爲母雪恥。後來，潭王果然起兵造反。朱元璋大怒，令太傅徐達的兒子前去討伐。潭王不是對手，緊閉了城門，掛出一面銅鑄的大牌子，上面寫著：「寧見閻王，不見賊主！」然後縱火燒了自己的宮殿，抱著小兒子一同跳下隍塹，自殺而死。

這個故事在後人聽來非常眞切，其實漏洞很多。首先，陳友諒戰死於至正二十三年（一三六三年）的鄱陽湖之戰中，而潭王出生於第一次北伐即將結束的洪武二年（一三六九年），前後相隔六年；其次，潭王與朱元璋第七子齊王朱同是闍氏所出，若說遺腹子，七子齊王似乎更有可能；第三，潭王之死極有可能是因爲他妃子的父親牽涉胡黨，潭王擔心牽連到自己，所以自盡身亡。

都有相應的基本生活用品作爲祿餉，其中主要包括米、鈔、棉、紗、絹、布、綿、鹽、茶等，甚至還包括養馬用的料草。親王嫡長子滿十歲，立爲世子，長孫立爲世孫，世代承襲。諸子封郡王，郡王的嫡長子承襲，封鎮國將軍，孫封輔國男將軍，曾孫封奉國將軍，四世孫封鎮國中尉，五世孫封輔國中尉，六世以下爲奉國中尉，依次延續遞減。

皇帝的女兒封爲公主，親王的女兒封郡主，郡王的女兒封爲縣主。公主的丈夫爲駙馬，郡主、縣主的丈夫稱儀賓。所有皇族出生均由禮部命名，成人後由皇家主婚、擇偶，總之皇族子孫從生到死的所有費用，全部由國家負擔。

洪武二十八年（一三九五年），由於皇族人口劇增，國家負擔不起，不得不大幅度減少皇族們的祿餉。即便如此，不到兩百年的時間，皇族人口已超過五萬戶，僅供應諸王的祿米一項就比供應整個京城的官員還要多出一倍，即便用盡地方經費，仍然無法支付皇族祿餉的一半。

無奈之下，朝廷只好先拖欠部分皇族祿餉不發。郡主以上的日子還能維持，那些被疏遠的皇族子弟，不能科舉、做官，又嚴禁務農、做工、行商，怕傷了皇家的體面。皇族子弟只能做一些非法勾當過活，反倒擾亂了社會秩序。

皇族人數的增多，使禮部的命名也存在一定難度。他們怕重名，只能用金木水火土作爲偏旁，隨便配上些怪字，充作賜名。這些落魄的皇族子孫，如果沒有錢去賄賂禮部官吏，有的一輩子也沒有個名字，就算等到頭髮都白了，還是不能婚嫁。直到明朝末年，國家才解除了科舉和政治的封鎖制度，自此皇族也可以考官，自謀出路。

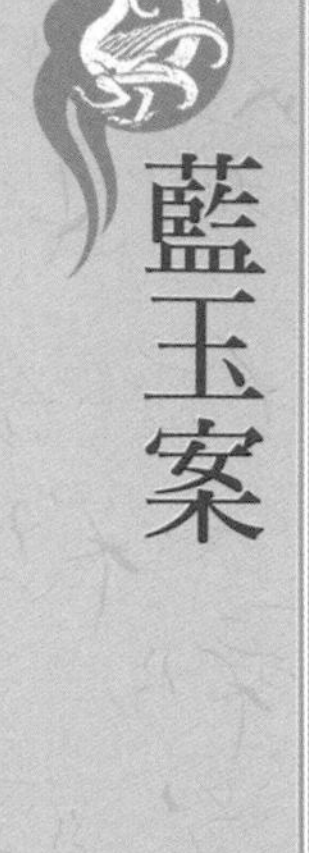

藍玉案

藍玉是洪武後期最為有名的將領，他隨軍征戰沙場數十年，頗具軍事才華，只因身為晚輩，又生在一個良將如雲的時代，所以一直沒有表現。洪武二十一年（一三八八年），藍玉終於等到了一個機會，一戰成名，建立了不朽的功勳，但是他張揚、蠻橫的性格卻注定了他悲劇的結局。

雪夜建軍功

大明王朝開國之前名將如雲，藍玉雖爲常遇春的內弟，卻始終無用武之地。洪武五年（一三七二年），徐達遠征沙漠，藍玉被徐達選爲先鋒官，這才有了表現的機會。後來，他又隨傅友德出征雲南、大理，立下了不少戰功，被封爲永昌侯，軍事才能逐漸得到顯露。

洪武二十年（一三八七年），朱元璋決定再次遠征北元，此次的目標是要收服佔據松花江以北的元太尉納哈出。納哈出手握重兵二十萬，佔據了遼東大片土地，對明朝東北邊境是個極大的威脅。朱元璋令藍玉爲右副將軍，傅友德爲左副將軍，隨主帥馮勝領兵二十萬出征。

二月初三，大軍抵達通州，藍玉爭取到了先鋒的位置，率騎兵進軍慶州（今內蒙古巴林左旗）。當時的天氣非常惡劣，漫天的大雪使大軍前進極其困難，正因爲如此，敵軍放鬆了警惕，他們沒有想到藍玉會冒雪連夜急行。慶州在元軍毫無準備的情況下被攻佔了。坐鎮通州的馮勝得到捷報之後，率軍出松亭關，駐兵大寧（今內蒙古寧城）。五月二十一日，馮勝留五萬人馬駐守大寧，親率大軍直搗遼河，打開了通向遼東的通道，並與藍玉會師，準備與納哈出決戰。

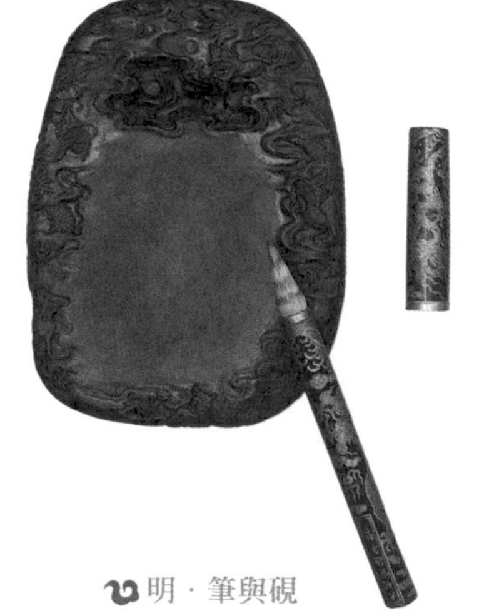

明．筆與硯

勸降風波

不過這次決戰並沒有進行，朱元璋在馮勝遠征的時候，派來了一個使者乃剌吾。他原是納哈出的部下，這次他的使命是來勸降納哈出。想叫一個手握二十萬大軍的人投降，是極爲困難的事。納哈出在衡量了敵我實力和朱元璋對蒙古人的政策後，猶豫不定。馮勝和藍玉失去了耐性，下達了最後通牒，並將兵營設在了元軍門口，納哈出只好投降。

明・苦瓜鼠圖

投降之前，藍玉將納哈出請到了自己的營房，設宴款待，他也注意到了要給對方留些臉面。雙方氣氛開始還很融洽，酒過三巡之後，納哈出向藍玉敬酒，藍玉見納哈出衣服有些舊了，便脫下自己的外衣要給他穿上，藍玉本是好意，但民族習慣的不同導致相互之間產生了誤解。一個不喝就不穿，一個不穿就不喝，僵持不下，態度愈來愈蠻橫，最後大打出手。常遇春的兒子常茂一刀砍傷了納哈出的肩膀，眼看著一場打鬥就要爆發，幸好都督耿忠保持了冷靜，忙叫軍士護送納哈出去見主帥馮勝。馮勝是個謹慎的人，費盡周折，總算安撫住了納哈出和他們的部隊，這次遠征最終取得了圓滿的結局。不過，這件事也暴露出藍玉處事過於強橫、考慮問題不周全的性格缺陷。

戰績赫赫

洪武二十一年（一三八八年）三月，朱元璋將十五萬北伐大軍的指揮權交給了藍玉。這一次藍玉不再是副手，而是這支北伐軍的最高統帥。

此時的北元年號爲天元，皇帝是脫古思帖木兒。出征之前，朱元璋已多次派使通好，均遭拒絕，這使得朱元璋大爲惱怒，這次出兵的目標只有一個，那就是徹底消滅北元。不過此次作戰與從前不同，脫古思帖木兒早就認清了自己不是大明軍隊的對手，他們採取了主動迴避的戰術，不想與明軍展開決戰。

此時藍玉的首要目標是先找到元軍，他得到消息說元軍駐紮在捕魚兒海，可是大軍一直走到距離捕魚兒海四十里的百眼井，也絲毫感覺不到敵軍的存在，有可能敵軍早已轉移。此時的部隊由於長途跋涉，糧食和水都有些不足，在這種情況下，隊伍中出現了兩種不同的意見，主張撤退的佔了多數，因爲一旦耗盡了糧食和水，十幾萬人會被活活在這裡餓死渴死。

當大軍抵達捕魚兒海南岸的時候，總算看到了元軍的蹤跡。其實北元的皇帝脫古思帖木兒此時就在捕魚兒海的東北邊和大臣們宴會。

於是，在元軍根本想像不到的時候，藍玉的大軍突然出現在他們面前。明軍將士在充滿興奮的喊殺聲中，揮舞著戰刀衝入了元軍大營。而那些手足無措的元兵，就這樣在昏暗的飛沙中被糊里糊塗地殺死了。營帳中還在喝酒的脫古思帖木兒搶了一匹馬，藉著漫天黃沙的掩護，逃出了重圍。

明．竹院品古圖

此圖以竹林中屏內人士觀畫為主題。其中還穿插有奉茶侍女，或持古物侍立、或扇爐煮茶的童子，整個場景展現了文人雅士們清悠閑雅的生活方式。

這場戰鬥，藍玉徹底摧毀了北元的武力，俘虜了北元皇帝的次子地保奴、太子妃及公主等王公貴族三千餘人，元兵七萬餘人，牛羊十萬餘頭，並繳獲了元朝皇帝使用了上百年的印璽。朱元璋聽到這個消息後欣喜若狂，將藍玉比喻成漢朝大將軍衛青和唐朝名將李靖。北元也在這次大戰後就此滅亡。

積案難返

誰知，在得勝回朝的途中，得意忘形的藍玉竟然見色起意，強姦了北元皇帝的妃子，而這個妃子性情剛烈，竟然羞憤自殺了。藍玉的這一行爲，嚴重違背了朱元璋的民族政策，朱元璋非常憤怒，但考慮到藍玉的大功，並沒有追究他的過錯，這使得藍玉更加得意起來。

藍玉回到喜峰關口的時候已是深夜，隊伍叫了半天，守關的衛士才跑來開門，可是此時的藍玉好似一個喝得大醉的酒徒，下令屬下士兵發起攻擊，撞破城牆，強行衝過關口。

這兩件事讓本來還在爲消滅北元高興的朱元璋，大爲惱怒，他把原本要加封給藍玉的梁國公的封號，也改成了涼國公，把棟「梁」的「梁」，改成了冰「涼」的「涼」，可見已是十分不滿。

藍玉之死

洪武二十六年（一三九三年）二月，錦衣衛指揮使告發藍玉謀反，洪武四大案之一的藍玉案終於爆發了。藍玉很快被捕入獄，在錦衣衛的審理下，沒有深厚根基、沒有充足準備的藍玉，不但招了供，還寫出了長篇供詞及策劃謀反的周詳計畫，一萬五千人成爲了藍玉的同黨。在這些被殺的人當中，有一個公爵、十三個侯爵、兩個伯爵以及各級官員，那些僥倖從胡惟庸案活下來的功臣們，又有一批被捲入此案，藍玉本人也被滅了族。

朱元璋藉著藍玉案，把洪武年間前期剩下的功臣幾乎全部殺光。朱元璋之所以要借藍玉案牽連這麼多的人，其內情並不是很難理解。在洪武二十五年（一三九二念）四月，太子朱標病逝，朱標的次子朱允炆即太子位。在朱元璋看來，這個還不滿二十歲的皇太孫年紀太小了，他不像朱標那樣，經歷過開國時期的艱苦。像藍玉這批開國功臣們，有謀略，善作戰，朱允炆這個小孩子怎麼可能壓得住這個陣勢，自己辛苦幾十年打下來的江山，當然不能讓與他人，只有清除乾淨這些人，才能確保皇太孫坐穩皇位，殺藍玉而保社稷，成了朱元璋必須走的一步棋。

藍玉案的另一種說法

藍玉案的另一種說法出自《明通鑒》，說藍玉的死與燕王朱棣有著緊密的關係。藍玉是常遇春的內弟，而常遇春的女兒嫁給了太子朱標，所以藍玉和太子的關係一向很好。在遠征納哈出回朝後，藍玉覺得朱元璋的四兒子朱棣野心勃勃，就找了個機會，提醒太子燕王遲早會造反，還說找人偷偷觀察過朱棣的脈氣具有天子之象，叫太子多加小心。

藍玉找朱標說這樣的話，只是希望太子能夠事事小心謹慎，謹防燕王，可是他忘記了「疏不間親」，藍玉只不過是個外戚，怎麼可能親得過有著血緣關係的親兄弟呢。一次與燕王閒聊時，太子不小心把藍玉的話漏了出去。朱棣馬上到朱元璋那裡狠狠地告了藍玉一狀，最終挑撥朱元璋殺了藍玉全族。

功臣的下場

行伍出身的朱元璋，行事果斷狠絕，猜疑心又極重。為保大明江山千秋萬代，為保朱氏子孫免除戰亂之災，他視功臣名將如反賊，無時無刻不在想著如何為子孫除去這些後患，於是洪武一朝的功臣幾乎沒有好下場。

嗜殺成性

朱元璋爲了替子孫清除後患，以胡惟庸案和藍玉案兩起案件爲藉口，大肆屠戮功臣，可是這仍然不能滿足他的需要，在兩起大案之外，開國功臣被殺的也有很多。洪武八年（一三七五年），朱元璋以涉用龍鳳不法的罪名，賜死了在瓜步江面謀殺小明王的德慶侯廖永忠；十三年（一三八〇年），永嘉侯朱亮祖父子因頂撞皇帝的罪名，在殿堂之上被鞭死；十七年（一三八四年），臨川侯胡美犯禁伏誅；二十五年（一三九二年），江夏侯周德興以帷薄不修、曖昧的罪名被殺；二十七年（一三九四年），定遠侯王弼、永平侯謝成、穎國公傅友德被殺；二十八年（一三九五年），宋國公馮勝被殺。在這些被殺的侯爵、公爵中，周德興曾是朱元璋兒時同甘共苦的小夥伴，傅友德、馮勝皆是當過大將軍、統帥過幾十萬人馬平定邊疆的大功臣。

當時朱元璋不但殺死了有功的武將，甚至連爲他決勝千里、奠定大明基業的劉基，在回鄉避禍期間，也被疑爲懷有謀反居心，硬從青田拉回南京，最終病死。開國第一名將徐達，一生小心謹愼，就連病重也難逃朱元璋的迫害。

武官們是朱元璋首先要清除的對象，文官能夠逃過此劫的也沒有幾人。宋思顏、夏煜、高見賢、凌說、孔克仁這些人都是朱元璋起兵時期的幕僚，宋思顏所處地位僅次於李善長。夏煜是個詩人，和高見賢、楊

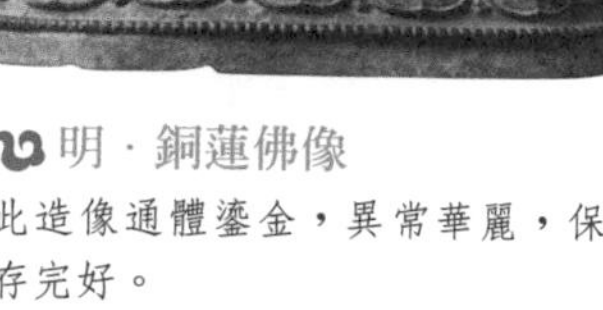

明．銅蓮佛像

此造像通體鎏金，異常華麗，保存完好。

憲、凌說同夥，專門做一些告密栽贓的事情，最後反倒被別人告密送了性命。除此之外，外省官員連同訓導這類官，只要話不投機，不是被處以廷杖，就是被降官，更有甚者被腰斬。

逼父殺子

洪武十七年（一三八四年），傅友德因爲戰功顯赫，被晉封爲穎國公，此後又因功加封爲太子太師。洪武二十五年（一三九二年），太子朱標病死，朱元璋立朱標次子朱允炆爲皇太孫，沒多久便召回正在山西、河南練兵的傅友德和馮勝，對他們的職務另作了安排，幾天之後，又令傅友德回鄉養老。回鄉之後的傅友德懇請皇帝在他的家鄉賜一片土地給他。朱元璋一向很反感這類事情，將傅友德傳到京中嚴加斥責，傅友德倍感羞愧，再度回鄉。

洪武二十七年（一三九四年）十一月二十九日，朱元璋召集群臣舉辦大宴，當他路過宮門口的時候，看到有一個守衛沒有按規定佩帶劍囊，而這個守衛正是傅友德的兒子傅讓。

朱元璋等大家坐好之後，當著百官的面把傅讓一頓痛斥。傅友德疼惜愛子，連忙站起來準備替愛子求情。朱元璋借題發揮，他怒斥傅友德。傅友德不敢多說話，只好又坐回原位，這下朱元璋更惱火了，他喝令傅友德把他的兩個兒子都叫來，傅友德心有怨氣，一句話也不說，轉身去叫他兒子。朱元璋越加惱火，扔了一把劍厲聲說道：「乾脆把你兩個兒子的首級帶過來吧！」

傅友德只是一愣，毫不猶豫地抓起寶劍出了門，沒一會兒，帶回兩顆血淋淋的人頭往朱元璋面前一扔，大聲冷笑了一陣，冷冷地對朱元璋說：「你不就是想要我們父子的人頭嗎？今天就遂了你的心願！」說罷揮劍當場自刎。

明・高士圖

此圖繪一高士坐於奇石上，正執筆展紙將作文章。圖左有一花瓶，內置牡丹等花卉。此外別無他物，畫面的上方大片的空白，令人有神遊天外之想。

忍讓的湯和

湯和比朱元璋大三歲，他引薦朱元璋入伍，幫助朱元璋獨攬郭子興部隊並另開闢自己的人馬。湯和善忍，不爭功逐利，以平和的心態處事。開國時大封功臣，朱元璋有意把湯和與後輩子侄小將們歸到侯爵級別。許多人爲此大鳴不平，湯和卻更加謹慎，不發半句牢騷，仍像往常一樣認眞地做事，這才又重新得到朱元璋的信任，幾年後被封爲信國公。

湯和很聰明，懂得迎合朱元璋的心思。當他知道朱元璋擔心這些掌握兵權的老臣們時，便以身體不適爲由，主動交出兵權。朱元璋大悅，馬上在老家蓋了府地，賜了田土，讓湯和衣錦還鄉，因此湯和也是第一個自請解除軍權的人。

回到家鄉後，湯和低調做人，約束子孫家奴，善待鄉鄰，不結交地方官吏和當地鄉紳，也不談國事，這讓朱元璋很放心。正因爲如此，湯和才能活到了洪武二十八年（一三九五年），七十歲時才壽終正寢，死後被追封爲東甌王，謚襄武。

火燒慶功樓

據說朱元璋登基做了皇帝之後，命人在京城鼓樓崗的山坡上建造了一座慶功樓，準備用來宴請開國功臣。跟隨朱元璋打江山的功臣們聽說此事後均興高采烈，誇皇帝英明，只有軍師劉基倍感憂心，主動懇請朱元璋允許他辭官歸田。朱元璋再三挽留都留不住，只好同意。

劉基出了皇宮，直接來到徐達府上，在向徐達辭行時叮囑徐達，若有一天皇帝在慶功樓上大宴功臣時，要千萬緊隨皇帝左右。徐達不明白劉基的意思，劉基又不肯明說，只好把話暗自記在心裡。

慶功樓建好了，朱元璋選好了日子，邀請大批功臣來此赴宴。功臣們完全沉溺在一片歡歌笑語聲中，只顧著相互的道賀、恭喜，只有徐達心裡記著劉基的話。酒宴進入高潮，朱元

明・銅觀音坐像

馮勝之死

馮勝是朱元璋所殺的諸多功臣中最冤的一個。他初名國勝，又名宗異，後更名勝，與李善長、胡惟庸是同鄉，喜讀書，精通兵法。早年天下大亂時期，馮勝與兄長馮國用結寨自保，兩人在朱元璋準備攻打滁州的時候投到麾下。北伐之時，馮勝先克潼關，又取華州（今陝西華縣），再下鳳翔，攻佔臨洮，後取慶陽，曾跟隨徐達擊潰王保保於定西，襲取興元（今陝西漢中），移兵吐蕃，因功受封宋國公，食祿三千石。

洪武五年（一三七二年），明軍再次北伐，三路出塞，兩路皆嘗敗績，唯獨馮勝一路大獲全勝，繳獲戰利品極多。洪武二十年（一三八七年），馮勝掛帥統軍二十萬，開往東北，收服納哈出，因私匿良馬等罪名，被收回大將軍印。洪武二十五年（一三九二年）加封爲太子太師，調往山西、河南練兵。洪武二十六年（一三九三年）二月藍玉案發，馮勝被緊急召回，閒於家中，二十八年（一三九五年）二月，在沒有任何理由的情況下，被朱元璋無端賜死。

由於馮勝是諸多功臣之中唯一一個沒有任何理由被處死的名將，所以後世人均認爲朱元璋最終目的是要殺盡功臣，甚至聯想到徐達、常遇春等人的暴卒，認爲他們也是爲朱元璋所害。

璋悄然離席，徐達緊隨其後，朱元璋問他爲何離席，徐達哀切地回答：「陛下，您難道眞的一個也不留嗎？」朱元璋面無表情，知道自己的計畫已被識破，不知說什麼好。這時徐達又說道：「如果陛下要臣回去，臣不敢抗命，只希望日後代爲照顧我的妻兒老母。」說完轉身就要回到樓內。朱元璋受到感動，一把抓住徐達，將他帶離了慶功樓，沒走出多遠，身後傳來了轟鳴聲，那座專爲功臣而建的慶功樓頓時成爲一片火海。

此事之後，徐達嚇得不敢出門，沒幾日背後生疽，朱元璋親賜了他病中忌食的蒸鵝，這位在火燒慶功樓中倖免遇難的功臣，最終仍然沒有逃脫死亡的厄運。

這個傳說還有另一個版本，說劉基與朱元璋鄰座，他故意將皇帝衣袍的一角壓在自己的椅子下。當朱元璋認爲時機成熟，悄然離開的時候，衣角牽動，引起劉基的警覺，於是他隨朱元璋一起離開了慶功樓，終於免遭枉死。

這兩種說法都與史實存在明顯的差距。據史書記載，多數功臣是在胡惟庸案後，也就是洪武十三年（一三八〇年）以後才一批批地遇害，那時劉基早死了五年以上了，若眞有慶功樓事件，那樓裡燒死的功臣都有哪些呢？朱元璋並非庸人，他也不會在毫無藉口的情況下殺害這麼多功臣。不過，從這個民間廣爲流傳的傳說中，還是可以看出無論是朝臣還是百姓，對朱元璋濫殺功臣的做法，都極爲憎惡。

淒涼晚景

朱元璋是中國歷史上出身最為貧賤的帝王，他年少時便孤苦無依、四處漂泊。雖然生活在社會的最底層，卻能憑著果敢勇決和識人善任，在時機成熟時一躍成為權傾天下的君王，實在令人可敬可佩。然而，身為開國君王，他的極度自私與無情，卻注定了淒慘悲涼的晚年。

座談往事

縱觀朱元璋的一生，不得不承認他是個了不起的人。大明王朝立國後，朱元璋曾對自己當年的戰略戰策進行了一次總結，他說：「我出生在天下大亂的時候，被逼無加入軍旅，原本就是爲了活命，直到渡江的時候，才看清楚那些擁兵一方、割據稱王的豪強們不過是打家劫舍的強盜，全不是成大事的人。這些人中，張士誠、陳友諒最爲強大，一個有錢，一個有兵，我沒有什麼可值得誇口的，所依靠的只是不亂殺百姓、說話算話，和大家齊心協力，才有了今天的基業。

開始的時候，夾在張士誠和陳友諒之間，尤其是張士誠逼得最緊，有人主張先打東吳，我的看法卻是陳友諒志驕，張士誠器小，志驕易生事端，要爭取主動，器小沒有長遠的打算，所以決定先打陳友諒。鄱陽湖一戰，張士誠果然沒有出軍呼應。如果當時我先打東吳，陳友諒必然乘虛而來，這將迫使我兩線作戰，腹背受敵。

在平定了江南之後，我舉兵進行北伐，之所以先取山東，再下河洛，扼住潼關西進之師，不急於發兵攻取

明．銅印壽龍紐璽印

此印為銅質，以騰龍作紐，印紐周圍浮雕各種圖案，雕工精美。

秦隴之地，就是因爲有擴廓帖木兒、李思齊、張思道這些身經百戰的元將，他們決不會輕易臣服，而且大兵西進反倒促成了他們的聯合，團結起來攻打我們，我們就一點便宜也佔不到了。

當我們出其不意地攻取了大都，然後再西進，張、李見勢盡，自然也就不戰而降了。可是擴廓還是堅持到底，耗費了我們很多精力。假如當初不取北平，就與關中諸軍決戰，兩線作戰勝敗如何就不可知了。」

孝陵碑亭

孝陵碑亭內有一塊完整的大石碑，高達八・七八公尺，為朱棣所立。碑文以工整的楷書頌揚了朱元璋的功績，這就是「大明孝陵神功聖德碑」。由於此碑的碑亭已毀，只留下中間的碑及四面的圍牆和門洞，所以被後人稱做「四方城」。

致命打擊

登上皇帝寶座後，朱元璋每天除了要處理堆積如山的公務，還要處處防備他假想出來的敵人，他的身體狀況愈來愈差。他時常發高燒，做一些奇怪的夢。

看到皇帝的身體狀況大不如前，宋濂曾勸說朱元璋要清心寡慾，可是他喜怒無常的性格，根本無法改變。他常常暴怒到失去常態，有時僅僅因爲一句話、一個字，就要打人、殺人，甚至想出很多離奇的刑罰。

朱元璋對太子朱標寄予了很高的期望，然而太子從小受到大儒們的教育，性格忠厚仁慈。朱元璋在撤了相權之後，在精力不支的情況下，也分出一些政務交給太子，以訓練太子處理政務的能力。不過他們父子倆性格完全相反，常常因爲意見不和而衝突。朱元璋擔心太子將來受人挾持，索性親自動手，大興黨獄，殺掉了那些他認爲會造成後患的文臣武將，爲太子日後治國鋪路。

經過幾年的努力，「荊棘」基本

朱元璋的畫像

洪武之後，朱元璋的相貌被廣為傳說，竟有十數個版本之多，總結來看，不外乎兩類，一類是兇惡醜陋滿臉麻子，上額與下巴突出，臉向裡凹；另一類則是慈愛祥和。

民間流行著一個傳說，朱元璋老了的時候相貌尤其醜陋。他請了許多畫師為他畫像，前幾個畫得很逼真，連臉上的麻子顏色也極為相似，都不合他心意，一怒之下，竟把畫師們全殺了。最後一個畫師吸取前人的教訓，只畫了相似的輪廓，面部卻特意美化，一臉和氣，充滿了慈祥。朱元璋看完這張畫後很滿意，下令畫師臨摹多張賜給諸王子。就這樣，宮裡和民間流傳下來的畫像，成了反差極大的兩個版本。

除盡，太子處理政務的能力也有了進步，剛剛看到希望的朱元璋，卻在洪武二十五年（一三九二年）受到了致命的打擊——太子竟然病死在他前面。六十五歲的他短時間內竟然鬚髮全白，本就不好的身體更加虛弱了。

淒慘離世

早在皇太子冊立之後，為了使諸王心服，共同扶持他維護江山社稷，朱元璋在洪武五年（一三七二年），就命群臣採集漢唐以來的藩王善惡的典故，編成《昭鑒錄》一書，發給諸王。冊立皇太孫以後，朱元璋按照同樣的思考模式又編了一本《永鑒錄》，可是他還放心不下，又於洪武二十八年（一三九五年）頒布了《皇明祖訓》條章，這裡記載了一切做皇帝、做藩王和臣下應該遵守的與不該做的事，並下令後人不得更改祖訓。他對臣屬們可用殺戮以絕後患，對子孫們，也只能把希望寄於教育和制度上，使諸王忠心服從這位未來的小皇帝了。

可歎朱元璋的這一番苦心到底還是白費。太子生前，次子秦王、三子晉王都是抱有雄心的人，他們見太子仁厚，都很不安分，朱元璋發覺後，要重治他們，太子盡力解勸才算無事。太子死後，秦王和晉王也相繼去世，由於他們都死在朱元璋之前，所以沒有鬧出什麼事端。不過，他們的這種野心，對朱元璋還是造成了不小的打擊。

病魔纏身的朱元璋，在經歷了一次又一次打擊之後，身體更加衰弱，精神難以安定，他無時無刻不在猜疑身邊的人，脾氣壞到了極點。在體力、心力、精神三方面的交互影響下，這位風雲一時、勞心一生的皇帝終於在洪武三十一年（一三九八年）五月病倒了。在床上躺了三十天後，朱元璋告別了他一手創立的大明帝國，結束了他勞心勞力的一生，走向了生命的終點。

朱棣奪位

洪武三十一年（一三九八年），朱元璋駕崩，死後諡號「聖神文武欽明應運俊德成功統天大孝高皇帝」，廟號「太祖」。朱元璋將自己的陵墓修在了鍾山南麓，稱爲孝陵。明孝陵建於洪武十四年（一三八一年），馬皇后即葬在此陵，因馬皇后諡號「孝慈」，所以此陵稱「孝陵」。明孝陵規模宏偉，朱元璋去世後與馬皇后合葬在一處。

在朱元璋的遺囑之中有一句話：「朕膺天命三十一年，憂危積心，日勤不怠。」由此可以看出這位開國皇帝一直在猜疑、恐慌中度日，沒有一天不是在盡心盡力地維護著他的王朝，這個王朝就是朱家王朝。

不過朱元璋的「憂危積心，日勤不怠」，所換來的並不是他所期待的穩定基業。在皇太孫朱允炆即位不到一年的時間，他的四兒子燕王朱棣便起兵造反，而造反的理由，恰恰引自他精心編定的祖訓。短短四年之後，燕王朱棣便以靖難之名奪取了皇位，成爲明成祖。

明十三陵大牌坊

明代帝王延續厚葬的傳統，在自己的陵墓上不惜動用大量的人力、物力。明代帝王的陵墓主要由明皇陵、明孝陵和明十三陵組成。其中，朱元璋葬於明孝陵，朱棣葬於明十三陵。

巍巍明孝陵

明孝陵是中國現存古代最大的皇家陵寢之一，距今已有六百多年歷史。明孝陵建於明洪武十四年（一三八一年），因馬皇后死後葬於此陵，且謚號「孝慈」，所以此陵命名為「孝陵」。洪武三十一年（一三九八年），朱元璋病逝，與馬皇后合葬於此陵。明永樂十一年（一四一三年），「大明孝陵神功聖德碑」建成，至此整個孝陵全部完工，前後歷時三十餘年。

明清皇家第一陵

明孝陵位於江蘇省南京市東郊紫金山（鍾山）南麓獨龍阜玩珠峰下，距今已有六百多年。作爲中國現存建築規模最大的古代帝王陵墓之一，明孝陵既繼承了唐宋及之前帝陵「依山爲陵」的建築特點，又透過改方墳爲圜丘，開創了陵寢建築「前方後圓」的基本格局，而這種建築模式一直影響著後來明清兩代五百多年二十多座帝陵的建築風格，堪稱明清皇家第一陵。

在朱元璋死後的明朝二百年間，僅僅負責看守明孝陵的護衛軍就有五千餘人。陵園內植有松樹十萬餘棵，養鹿上千頭，每頭鹿的脖頸上均掛有「盜墓者死」的銀牌，遍野鹿鳴之時，明孝陵尤顯恢弘之氣。

明孝陵依照地理位置，大致可以分爲兩個部分，第一部分是從下馬坊到正門；第二部分是從正門到寶城、崇丘。在明孝陵入口處立有一座兩間柱的石牌坊，名爲「下馬坊」，上面用楷書刻有「諸司官員下馬」六個大字，當時不論文武官員到此必須下馬步行，方可進入陵園。明孝陵內，有明成祖朱棣爲其父朱元璋立的「大明孝陵神功聖德碑」，堪稱南京地

明孝陵享殿遺址上的石雕螭首

享殿是孝陵的主要建築，台基四角有石雕螭首，大殿前後各有三道踏垛，尚存六塊浮雕雲龍山水大陛石。

區現存的最大石碑。

在中國古代帝王陵中，明孝陵的神道石刻是唯一不取直線的皇家陵園，整條神道從下馬坊到文武方門，全長二・四公里，中間因環繞過建於梅花山的孫權墓，呈現出一個彎曲的形狀，整條神道恰似北斗七星。在神道的兩側，立有數十對石像，依次排開，綿延長達一里有餘。這些莊嚴肅穆的石刻，線條粗略，簡而生動，是明朝初期石刻的代表作。

雖然明孝陵地面木製建築多毀於清代太平天國時期，但仍然無法掩蓋皇家陵園嚴謹、雄渾的佈局。明孝陵的「前朝後寢」三進院落制，是中國古代第一個以皇宮爲佈局的皇陵，也是第一座突出君王個性的皇帝陵園。

別具一格的風水佈局

在中國風水學理論中，自古帝王陵寢便有「龍穴砂水無美不收，形勢理氣諸吉咸備」之說，這些所謂的「風水」學說到了明朝才開始完備。朱元璋出身平民，早在他的父母下葬時，便有平地起墳的傳說，雖然自己成了皇帝，但朱元璋對風水一說卻更加迷信，他要利用自己的陵寢，賜福朱氏子孫萬代。

明孝陵一改歷代帝陵神道取直的佈局，幾百年來引人爭議。有人認爲是受地質影響，也有人認爲是爲了避開梅花山的孫權墓，其實不然。

朱元璋生前曾寫過一首氣勢恢弘的詩：「天爲帳幕地爲毯，日月星辰伴我眠；夜間不敢長伸腿，恐把山河一腳穿。」由此可見他對術數之學的崇仰。如果將明孝陵七座主要建築排開來看，其佈局正好與北斗七星暗合，這也正是朱元璋所信奉的魂歸北斗、天人合一的帝王風水學說。

太祖下葬之謎

朱元璋生性多疑，擔心死後會有人盜墓，損壞自己的屍身，於是他決定效仿曹操

明孝陵享殿遺址

現在的享殿為清同治十二年（一八七三年）復建，原孝陵殿已毀，尚存三層須彌座台基，通高三・〇三公尺，台基上有大型柱礎五十六個。享殿後是一片非常寬敞的空地，是當年露天祭祀的場所，中間有甬道，兩邊林木茂盛。

七十二疑塚的典故爲自己出殯。洪武三十一年（一三九八年）五月，朱元璋死於南京，在遺體送往地宮的出殯過程中，他的後人遵照遺囑，以完全相同的規格，同時在南京十三個城門出殯。國喪期間，民間已流傳出太祖沒有葬於孝陵，孝陵僅是衣冠塚的傳說，又傳說朱元璋其實被葬於朝天宮三清殿下，這種說法被清代浙東學派加以肯定。

除此之外，在南京民間傳說當年朱元璋死後，每到深夜，從孝陵地宮裡都會傳出一個女子的哭聲，附近膽子大些的百姓半夜裡偷偷潛入孝陵的地宮口，與那個每晚哭泣的女子對話，才知道原來這個女子便是馬皇后，因爲孝陵裡面只放了朱元璋的衣冠，馬皇后孤單一人住在裡面，很想念她的丈夫，所以才會如此痛哭。

從這些史料記載和民間傳說中可以看出，朱元璋是否葬於孝陵，成爲了洪武朝留給後世的一大謎團。隨著時光的流逝，又發展出明太祖葬於北京萬壽山的說法。

民國九十三年（二〇〇四年）初，考古學家利用先進的探測技術，對明孝陵進行大範圍的探測。探測結果首先明確了明孝陵地宮的中心位置，之後，可以確定傳說中的朱元璋地下玄宮，就是在紫金山南麓玩珠峰地下數個十公尺深處。朱元璋留給後人的這個下葬之謎，在數十代人猜測了六百多年之後，終於揭曉了。

孝陵方城明樓

方城是孝陵寶頂前面的一座巨大建築，外部用大條石建成，東西長七十五・二六公尺，南北寬三十・九四公尺、前高十六・二五公尺、後高八・一三公尺，底部為須彌座。沿方城左右兩側步道即可登上明樓。明樓在方城之上，原為重簷黃瓦大屋頂建築，屋頂早已毀，僅存四壁磚牆，東西長三十九・四五公尺，南北寬十八・四七公尺，南面開三個拱門，其餘三面各開一個拱門。

東陵太子墓

洪武二十五年（一三九二年）四月，朱元璋的長子朱標病逝，終年三十七歲，謚稱懿文太子，追尊爲明興宗。由於朱標生前並未即位，朱元璋僅以皇太子標準，將朱標葬於孝陵之東，後人稱之爲東陵。

東陵的墓道起始於明孝陵的方城，向東北方向斜著延伸到紫霞湖西南角的小山裡，那裡正是東陵的玄宮所在。東陵的地理位置安排，與其他陵寢有所不同，其他陵墓多以背靠山坡面朝南爲主，東陵的玄宮卻是背臨紫霞湖，前面也是空蕩蕩的，並無遮擋，可謂「空前絕後」。東陵的另一特點，是沒有自己獨立的神道、石刻、御橋，而是與朱元璋的明孝陵共用一個神道。明孝陵這樣的佈局，首創了開國帝王與後世子孫共用神道的制度。

明孝陵殉葬妃嬪

洪武三十一年（一三九八年），朱元璋病逝，其孫朱允炆即位後，遵從遺詔，將沒有生育過的後宮妃嬪，全部殉葬。負責此事的官員出於私利，將一些已經生育過的妃嬪也列入殉葬名單之中，殉葬的宮女更是不計其數。

據說這些殉葬的妃嬪和宮女們或是被賜上吊自盡或是爲了保持嬌好的容顏，被內侍太監們灌了放有迷魂藥的茶，睡著後太監們往她們的身體內灌注水銀，這樣她們就再也不會醒來了。

這些爲朱元璋殉葬的妃嬪、宮女們，分別被葬於南京植物園和明孝陵宮牆外西南角及位於明孝陵右側的妃嬪墓區，與東陵形成左輔右弼的建築格局。

孝陵南北中軸線上的金水橋

金水橋位於明孝陵神道的盡處，與陵宮處於同一南北中軸線上。目前由三個拱橋組成，是直通陵宮的橋樑。

洪武帝大事年表

一三二八年	元天曆元年	朱元璋出生於濠州鍾離東鄉（今安徽鳳陽）。
一三四四年	元至正四年	春，淮北大旱，瘟疫橫行。九月，朱元璋在皇覺寺（今安徽鳳陽龍興寺）出家爲僧，五十幾天後開始雲遊淮西。
一三四八年	元至正八年	方國珍起兵海上。朱元璋結束雲遊生涯，重返皇覺寺。
一三五一年	元至正十一年	四月，紅巾軍起義爆發。十月，徐壽輝在蘄水稱帝，立國號宋，後改天完。
一三五二年	元至正十二年	朱元璋投軍濠州，娶郭子興義女馬氏爲妻。
一三五五年	元至正十五年	朱元璋攻取和州。劉福通在亳州擁立韓林兒稱帝，自稱小明王，國號宋，建元龍鳳。六月，朱元璋發動渡江戰役，攻佔采石、太平。九月，朱元璋二度攻打集慶。
一三五六年	元至正十六年	三月，朱元璋三次攻打集慶，攻克之後，改爲應天府。七月，小明王封朱元璋爲樞密院同僉，又升任江南等處行中書省平章政事。九月，朱元璋親臨鎭江，祭拜孔廟，並派遣儒士勸課農桑、築城開墾。
一三五七年	元至正十七年	四月，朱元璋督師攻克寧國路（今安徽寧國），當地名儒朱升獻「高築牆・廣積糧・緩稱王」之策。
一三五八年	元至正十八年	朱元璋親自領兵攻佔婺州，設江南等處行中書省分省；召宋濂爲五經師，開辦學堂；遣使招降方國珍。
一三五九年	元至正十九年	小明王封朱元璋爲儀同三司、江南等處行中書省左丞相。
一三六〇年	元至正二十年	朱元璋採納劉基之計，大敗漢軍。
一三六一年	元至正二十一年	正月，小明王加封朱元璋爲吳國公。

一三六四年	元至正二十四年	正月，朱元璋在應天稱吳王，置百官。
一三六八年	元至正二十八年，明洪武元年	正月，朱元璋在應天稱帝，國號大明，年號洪武；立皇后馬氏，皇太子朱標；以李善長爲左丞相。五月，朱元璋親臨汴梁，改名爲開封府。朱元璋以應天爲南京，置六部官制。
一三七〇年	洪武三年	正月，徐達被任命爲征虜大將軍，李文忠、馮勝、鄧愈、湯和等爲副將軍，分兵兩路展開二次北伐。擴廓帖木兒大敗，逃往和林。元順帝在應昌病死，其子愛猷識裡達臘即位，史稱北元。李文忠率部攻克應昌，元嗣君再次北逃。
一三七一年	洪武四年	左丞相李善長告病辭職，汪廣洋被任命爲右丞相。朱元璋令湯和爲征西將軍、傅友德爲前將軍，分兵兩路進取四川大夏政權。六月，湯和率兵進駐重慶，明升出城投降，大夏政權宣告滅亡。
一三七二年	洪武五年	正月，徐達、李文忠、馮勝兵分三路再次北伐。此次出征徐達在嶺北敗於擴廓帖木兒，李文忠追擊元兵至稱海，馮勝兵取甘肅，傅友德七戰七捷。
一三七三年	洪武六年	正月，貶汪廣洋外放廣東行省參知政事。七月，胡惟庸被任命爲右丞相。
一三七四年	洪武七年	頒行《大明律》；遷徙山西河曲府二千餘戶百姓到塞內屯田。九月，撤除寧波、泉州、廣州三個市舶司。同年，將江南十四萬百姓遷徙到鳳陽。
一三七五年	洪武八年	四月，劉基病死青田。朱元璋出巡中都。八月，元朝最後的名將擴廓帖木兒死於和林。九月，南京大內宮殿進行大改建。空印案發生。
一三七七年	洪武十年	正月，宋濂告老還鄉。六月，皇太子朱標開始輔政。九月，胡惟庸被任命爲左丞相，汪廣洋被任命爲右丞相。
一三七八年	洪武十一年	正月，正式詔改南京爲大明京師，撤銷開封的北京之稱。四月，元嗣君愛猷識裡達臘去世，其弟脫古思帖木兒即位。
一三八〇年	洪武十三年	正月，胡惟庸案發。罷除中書省，永廢丞相，更定六部。
一三八一年	洪武十四年	九月，傅友德被任命爲征南將軍，藍玉、沐英爲副將軍，出師征討雲南。
一三八二年	洪武十五年	正月，藍玉、沐英攻取昆明。二月，攻克大理。八月，馬皇后病逝。

一三八三年	洪武十六年	三月，朱元璋召回傅友德、藍玉軍隊，留沐英鎮守雲南。
一三八五年	洪武十八年	二月，徐達病死。三月，郭桓案發，各省官員牽連治罪者達數萬人。十月，頒布《大誥》。
一三八六年	洪武十九年	三月，頒布《大誥續編》。四月，設立工匠輪班制度。十二月，頒布《大誥三編》。
一三八九年	洪武二十二年	八月，修訂《大明律》。十一月，脫古思帖木兒被速迭兒所殺，元朝徹底滅亡。
一三九〇年	洪武二十三年	正月，晉王朱棡、燕王朱棣率兵出征北元丞相咬住、太尉乃兒不花。五月，李善長以牽連胡黨罪名被殺。朱元璋頒布《昭示奸黨錄》。
一三九二年	洪武二十五年	三月，皇太子朱標病逝。
一三九三年	洪武二十六年	二月，藍玉以謀反罪被殺。朱元璋頒布《逆臣錄》。
一三九四年	洪武二十七年	三月，工部頒布公文，教授百姓多種桑棗。八月，遣國子監生到各地督導民間興修水利。十一月，傅友德被殺。
一三九五年	洪武二十八年	二月，馮勝被殺。三月，秦王朱樉病逝。八月，湯和卒。閏九月，重新制定皇親後嗣歲祿。修訂《祖訓錄》爲《皇明祖訓》。
一三九六年	洪武二十九年	九月，重新修建廣西興安靈渠。
一三九七年	洪武三十年	三月，頒布嚴禁私茶出境法令。六月，駙馬歐陽倫販運私茶被處斬。
一三九八年	洪武三十一年	三月，令耿炳文修復涇陽縣洪渠堰。晉王朱棡卒。閏五月初十，朱元璋病死西宮。十六日，皇太孫朱允炆即位，葬太祖朱元璋於孝陵。

國家圖書館出版品預行編目 (CIP) 資料

洪武王朝 / 童超主編 . -- 第一版 . -- 新北市：
風格司藝術創作坊出版：知書房出版發行，
2021.03
面； 公分 . -- (圖說天下) (中國大歷史)
ISBN 978-986-5493-07-3(平裝)

1. 明太祖 2. 傳記 3. 明史

626.1 110003302

洪武王朝

主　　編：童　超
責任編輯：苗　龍
發　　行：知書房出版
出　　版：風格司藝術創作坊
地　　址：235 新北市中和區連勝街 28 號 1 樓
Tel：（02）8245-8890
總 經 銷：紅螞蟻圖書有限公司
Tel:（02）2795-3656　Fax:（02）2795-4100
地　　址：台北市內湖區舊宗路二段 121 巷 19 號
http://www.e-redant.com
版　　次：2021 年 6 月初版　第一版第一刷
訂　　價：320 元

ISBN　978-986-5493-07-3　Printed in Taiwan